JN197166

現代のリスクファイナンシング入門

基礎理論から
各国の実際の事例まで

李洪茂

HAKUEISHA

目次

目次 i

目次（図）.. ix

目次（表）.. xii

はしがき xv

第一部　リスクマネジメントとリスクファイナンシング　　　1

第1章　ISO RM フレームワーク..2

1. ISO の組織とリスクマネジメント規格 2

2. リスクとリスクマネジメントの定義 4

3. ISO 31000 の体系 5

4. 原則 (ISO 31000:2018) 7

5. フレームワーク (ISO 31000:2018) 10

6. プロセス (ISO 31000:2018) 12

7. ISO 31000 の特徴 15

予習と復習 17

第2章　リスクファイナンシングと ART 18

1. リスクアセスメントとリスク対応 18

  (1) リスクアセスメント 18

  (2) リスク対応の概要 20

2. リスク対応の手段 21

  (1) リスク対応の手段の概要 21

(2) リスクコントロール 23

(3) リスクファイナンシング 25

3. リスクファイナンシングの手段 27

(1) リスクファイナンシングとリスクファイナンス 27

(2) 保険と ART 29

4. 金融市場 34

5. ART の財務への影響 35

予習と復習 39

第3章　リスクファイナンシング手段としての保険の限界 40

1. 保険とリスクファイナンシング 40

2. 被保険利益と保険 41

(1) 被保険利益と利得禁止 41

(2) 保険価額と保険金額の関係 44

(3) 代位 46

3. 米国における保険危機 48

(1) 米国における保険危機の発生 48

(2) アンダーライティング・サイクル 50

(3) キャッシュ・フロー・アンダーライティング 50

(4) 懲罰的損害賠償 52

(5) PL(Products Liability) 訴訟 54

(6) 裁判制度 55

予習と復習 57

第二部　ART の種類　　59

第4章　キャプティブ保険会社とファイナイト保険 60

1. キャプティブ保険会社 60
   (1) キャプティブ保険会社の定義 60
   (2) キャプティブ保険会社の形態 62
   (3) 日本の事業会社とキャプティブ保険会社 66
   (4) キャプティブ保険会社のメリット 69
2. ファイナイト保険 71
   予習と復習 76

第5章　コンティンジェント・キャピタル 77

1. コンティンジェント・キャピタルの概要 77
2. コンティンジェント・デット 79
   (1) コミットメント・ライン 79
   (2) コンティンジェント・ローン 82
3. コンティンジェント・エクイティ 84
   (1) コンティンジェント・エクイティ（CoCo ボンド）.................84
   (2) コンティンジェント・サープラス・ノートとコンティンジェント・
       エクイティ・プット 87
   予習と復習 90

第6章　証券化とリスク 91

1. 資産担保証券 91
2. 不動産の証券化 92
3. 債権の証券化 94
4. 証券化と金融危機 99

(1) サブプライムローン 99

(2) CDS 102

(3) CDS とサブプライム 103

予習と復習 106

第 7 章　保険リンク証券の仕組み 107

1. 保険リンク証券 107

(1) 保険リンク証券の登場 107

(2) 保険リンク証券の仕組み 111

(3) トリガー 113

2. 日本の地震保険 115

3. 地震リスクと保険リンク証券 127

予習と復習 129

第 8 章　保険リンク証券の種類 130

1. キャットボンド 130

(1) キャットボンドの仕組み 130

(2) キャットボンドの効果 132

(3) キャットボンドのメリット 134

(4) キャットボンドの発行事例 135

2. サイドカー 141

3. ILW 143

4. 担保付再保険 146

予習と復習 149

第9章　デリバティブと保険デリバティブ 150

1. デリバティブ 150
　(1) デリバティブの概要 150
　(2) 先物 154
　(3) オプション 156
　(4) スワップ 162

2. 保険デリバティブ 165

予習と復習 169

第10章　天候デリバティブ 170

1. 天候リスクと企業 170

2. 天候デリバティブ 173
　(1) 天候デリバティブの特徴 173
　(2) 天候デリバティブの形態 175
　(3) 天候デリバティブの効果 178

3. 天候デリバティブ取引 180
　(1) CDD と HDD 180
　(2) 天候デリバティブの上場 182

4. 日本における天候デリバティブ 184

5. 天候デリバティブ商品の事例 186
　(1) リスク交換取引 186
　(2) 損害保険会社の商品 187

予習と復習 190

第三部　日中韓における災害リスクとリスクファイナンシング 191

第 11 章　日本における災害リスクと公的支援...................................192

1. 災害の定義および現状 192

2. 災害に関する法律 195

   (1) 災害対策基本法 195

   (2) 災害救助法 196

   (3) 災害弔慰金の支給等に関する法律 197

   (4) 被災者生活再建支援法 198

   (5) 激甚災害に対処するための特別の財政援助等に関する法律.............198

   (6) 自然災害義援金差押禁止法 199

3. 災害時の支援金・弔慰金など 200

   (1) 罹災証明書 200

   (2) 被災者生活再建支援制度 200

   (3) 応急修理制度 202

   (4) 災害障害見舞金 202

   (5) 災害弔慰金 203

予習と復習 204

第 12 章　日本における災害リスクとリスクファイナンシング...........205

1. 災害リスクと保険 205

   (1) 人的損害と保険 205

   (2) 自然災害と火災保険 206

   (3) 地震保険 208

   (4) 原子力損害 215

   (5) リスクファイナンシングの課題 217

2. 災害リスクと ART 218

  (1) 地震リスクと ART 218

  (2) ART の事例 220

3. 論点 224

予習と復習 226

第 13 章　韓国における災害とリスクファイナンシング 227

1. 災難の分類と所管官庁 228

  (1) 災難の分類 228

  (2) 所管官庁 230

2. 自然災害の特徴 230

  (1) 自然災害の状況 230

  (2) 地震災害 231

3. 自然災難と政策保険 234

  (1) 災難政策保険の運営 234

  (2) 風水害保険 237

4. 社会災難と賠償責任保険 241

  (1) 社会災難と強制保険 241

  (2) 災難賠償責任保険 245

5. 要約 247

予習と復習 248

第 14 章　中国における自然災害とサイバーリスク 249

1. 中国の地震リスク 249

  (1) 中国における地震の特徴 249

  (2) 大規模地震 250

  (3) 地震保険 252

　　2. 台風・洪水 255

　　　(1) 災害の発生 255

　　　(2) 農業災害保険 257

　　3. サイバーリスク 260

　　　(1) サイバーセキュリティ法 260

　　　(2) サイバーリスクと保険 263

　　4. パンデミック 266

　　　(1) パンデミックの歴史 266

　　　(2) 伝染病と保険 269

　　予習と復習 270

参考・引用文献 271

目次（図）

図 1 「原則 (Principles)」、「フレームワーク (Framework)」と「プロセス (Process)」(ISO 31000 : 2018) 6

図 2 RM の原則 (Principles)(ISO 31000:2018) 8

図 3 RM のフレームワーク (ISO 31000:2018) 10

図 4 PDCA Cycle 12

図 5 RM のプロセス (ISO 31000:2018) 14

図 6 RM のプロセスとリスクアセスメント (ISO 31000:2018) 19

図 7 リスク対応の手段の分類 22

図 8 リスクマトリクス (Risk Matrix) とリスク対応 23

図 9 リスクファイナンシングと ART の分類 31

図 10 リスクマネジメントにおける ART の分類 32

図 11 リスク移転経路における段階 ART の対応 33

図 12 金融市場 (Financial Market) の分類 34

図 13 ART の種類と財務への影響の関係 (B/S) 37

図 14 ART の種類と財務への影響の関係 (P/L) 37

図 15 請求権代位 47

図 16 ロング・テール (Long Tail) 51

図 17 再保険キャプティブ保険会社 64

図 18 プロテクティド・セル・キャプティブ保険会社 66

図 19 海外に設立される再保険キャプティブ保険会社の保険経路 68

図 20 ファイナイト保険とリスク移転 72

図 21 コンティンジェント・キャピタルの分類 78

図22 コミットメント・ラインにおけるバイラテラル (Bilateral・相対型) 方式...81

図23 コミットメント・ラインにおけるシンジケート (Syndicated・協調型) 方式...81

図24 コンティンジェント・ローン (非常時融資枠予約) 84

図25 コンティンジェント・エクイティ (CoCo ボンド).....................................86

図26 コンティンジェント・サープラス・ノートとコンティンジェント・
エクイティ・プット 88

図27 不動産の証券化の仕組み 92

図28 フラット 35 (買取型)...96

図29 フラット 35 (保証型)...97

図30 CDO の仕組み 98

図31 アメリカにおける住宅ローンの証券化 (MBS) 101

図32 CDS 取引 (現物決済) の仕組み 103

図33 保険リンク証券の種類 108

図34 元受保険と再保険の仕組み 109

図35 保険リンク証券と流通市場の関係 112

図36 日本の地震リスクと ILS 116

図37 日本の地震保険の再保険の仕組み 117

図38 マグニチュードと震度の関係 121

図39 1995 年 兵庫県南部地震による損害 125

図40 東日本大震災の損害 126

図41 日本の地震リスクと ILS の経路 128

図42 キャットボンド (CAT Bond) の仕組み 131

図43 台風リスク証券「AKIBARE II」(三井住友海上) 137

図44 「Akibare Re 2018-1」の仕組み (発行時点) 139

図45 「Akibare Re 2018-1」の仕組み (災害発生時) 139

図46 サイドカー (Sidecar) 141

図47 サイドカーの仕組み 142

図48 再保険形式の ILW 144

図 49 スワップ形式の ILW 145

図 50 担保付再保険の仕組み 147

図 51 デリバティブの利用目的 152

図 52 コール・オプションの損益（行使価格 1,000 円、プレミアム 100 円の例）158

図 53 プット・オプションの損益（行使価格 1,000 円、プレミアム 100 円の例）159

図 54 キャップ (Cap) 付ローンの仕組み 161

図 55 金利スワップの仕組み 164

図 56 天候デリバティブのコール・オプション取引の損益 176

図 57 天候デリバティブのプット・オプション取引の損益 176

図 58 天候デリバティブのスワップ取引の損益 177

図 59 天候デリバティブのカラー (Collar) 取引の損益 178

図 60 日本における天候デリバティブの販売経路 185

図 61 中国電力株式会社と広島ガス株式会社の気温リスク交換の概略 187

図 62 日本における 1985 年〜 2018 年の自然災害の被害額の割合 (%) 194

図 63 日本における過去 20 年間水害被害額（名目額）（単位：百万円）........ 194

図 64 日本の地震保険の再保険の仕組み 209

図 65 損害区分と保険金の支払 212

図 66 兵庫県南部地震による損害（1995 年）..................................... 212

図 67 2011 年東日本大震災の損害 213

図 68 地震保険の世帯加入率と付帯率 215

図 69 原子力損害賠償の仕組み 217

図 70 キャットボンド (Cat Bond) の仕組み 220

図 71 台風リスク証券「AKIBAREII」（三井住友海上）...................... 222

図 72 「Akibare Re 2018-1」の仕組み（発行時点）............................. 224

図 73 「Akibare Re 2018-1」の仕組み（災害発生時）......................... 224

図 74 韓国における 2011年から 2020年の自然災害の種類別の平均損害額 (%)..231

図 75 韓半島における M3 以上の地震発生件数の推移 232

図 76 災難政策保険の財政支援の仕組み 236

目次（表）

表 1	ISO 31000 の補完規格	16
表 2	リスクファイナンシングの手法	30
表 3	トリガー (Trigger) の種類	114
表 4	地震保険における損害程度別の保険金	119
表 5	地震保険における損害の認定基準	119
表 6	地震保険における津波による損害、地盤液状化による損害の認定基準	120
表 7	1900 年以降に発生した地震の規模の大きなもの	122
表 8	震度と揺れの強さ	123
表 9	1995 年兵庫県南部地震に関連した保険金・共済金の支払	125
表 10	東日本大震災に関連した保険金・共済金の支払	126
表 11	「Akibare Re 2018-1」の概要	138
表 12	世界銀行初のキャットボンド	140
表 13	デリバティブ (Derivatives) の種類	151
表 14	デリバティブの取引市場	154
表 15	A 社と B 社の資金調達コスト	163
表 16	収益減少の天候リスクと業種	172

表 17	天候デリバティブのサービスへの付加価値（購入効果）	179
表 18	業界別の天候リスク	188
表 19	低温・多雨の事例	188
表 20	晴れたらいいな 2（旧ニッセイ同和損害）	189
表 21	罹災（りさい）証明書の被害区分（2021 年現在）	200
表 22	住宅の被害程度に応じて支給される支援金（基礎支援金）	201
表 23	住宅の再建方法に応じて支給される支援金（加算支援金）	201
表 24	保険の種類別の死亡保険金	206
表 25	火災保険の種類別担保内容	207
表 26	地震保険における損害の認定基準	211
表 27	1995 年兵庫県南部地震に関連した保険金・共済金の支払	213
表 28	2011 年東日本大震災に関連した保険金・共済金の支払	214
表 29	「Akibare Re 2018-1」の概要	223
表 30	浦項地震による損害	233
表 31	災難政策保険の状況（2021 年 10 月基準）	234
表 32	災難支援金の支援対象及び金額（2020 年基準）	237
表 33	風水害保険の種類と内容	239
表 34	風水害保険の運営における財政リスクの分散	241
表 35	大規模災害発生後に制定または改定された法律	242
表 36	強制保険の根拠法律及び所管官庁	243

表 37	災難賠償責任保険の補償限度額	246
表 38	住宅地震巨大災害保険	254
表 39	中国における台風・洪水	256
表 40	中国サイバーセキュリティー法の概要	261
表 41	中国サイバーセキュリティー法における運営者の義務	263
表 42	外資系各会社のサイバーセキュリティ保険	264
表 43	中国の国内のサイバーセキュリティ保険	264
表 44	中国の金融・商業サービスに対するサイバーセキュリティ保険	265

はしがき

　拙著『リスクマネジメント論（2019 年）』（成文堂）が出版された後に、コロナという感染症が世界的に流行する大きなリスクが発生し、サイバーリスクや気候変動リスク、信用リスクが強く認識されるようになった。近年、リスクは急変しており、これに対応してリスクマネジメントも変わる必要性がある。また、私が奉職する早稲田大学商学部でも学部全体のカリキュラム改革があり、「保険・リスクマネジメント」がトラックとして独立して独自のカリキュラムを組むようになった。これを機にして、既存の『リスクマネジメント論（2019 年）』（成文堂）を、入門（総論）部分と各論のリスクファイナンシングに分離し、現代の社会が必要とする内容に再編し、新たに執筆することになった。

　この本は、リスクマネジメント総論の各論として、リスクファイナンシング部分を執筆したものである。執筆の際に、既存の『リスクマネジメント論（2019 年）』（成文堂）の第二部リスクファイナンシングの内容で変更の必要のない部分は、そのまま活用し、変更点や追加される部分は新たに執筆した。

　企業リスクマネジメント（ERM : Enterprise Risk Management）の導入の理由は、環境変化への対応から、競争優位に立つための合理的な経営まで多岐にわたる。2001 年 9 月 11 日に発生したアメリカにおける同時多発テロは、ERM の導入の必要性を強く認識させる契機となった。

　さらに、2001 年 12 月のエンロンと 2002 年 6 月のワールドコムなどの会計不正事件が背景となり、企業の会計不正を防ぐため、アメリカの SOX 法、日本の金融商品取引法・会社法などの法律が各国で制定または改訂され、急速な企業リスクマネジメントの普及につながった。このようなことが背景となり、COSOの ERM フレームワークや国際標準化機構（ISO）による RM のフレームワークが発表された。筆者は、この RM のフレームワーク論争は、リスクマネジメント論を体系化する可能性を示すものであり、学問としてのリスクマネジメント論を飛躍的に発展させるものとして認識した。

　一方、2011 年 3 月 11 日に発生した「東日本大震災」は、甚大な損失をもたらした。地震に対する対策として、政府の再保険による地震保険があるが、そ

れは、震災による損失の回復が目的ではなく、被災者に対する生活安定のために、住居と家財に対して制限された金額の補償が提供されるものである。この政府の再保険による地震保険は、商業物件を対象にしておらず、企業の地震対策として提供されるものではない。

　近年、地震のみならず、洪水・台風などの自然災害は、気候の変動と共に増加している。企業は、その企業活動をめぐる自然災害に対する総合的かつ体系的な対策を用意することが求められている。環境変化と不確実性の増加によって、企業リスクマネジメントは重要性を増しており、頻発する企業不祥事や事故などを背景に、企業リスクマネジメントの改善・徹底の必要性が社会的にも強く求められている。

　この企業リスクマネジメントは、立場によって、その理解が異なる。会計担当者は、適正な会計処理のための内部統制の手段として理解する傾向があり、金融機関などでは、監督基準を満たすために行政当局が求めるリスクの数値化として理解する。したがって、企業リスクマネジメントの概説書の内容もその用途別またはリスクファイナンシングなどのトピック別に書かれたものが殆どであり、リスクマネジメント論の体系的な概説をしたものはあまり見当たらない。

　本書は、全体のリスクマネジメントのフレームワークからリスクファイナンシングの位置付けを理解するようにした。さらに、代替的リスク移転手段（ART）を中心に各種 ART の実際の手法の事例を交えて解説した。さらに、日中韓の巨大災害に対するリスクファイナンシングの取り組みを詳細に概説している。

　これらの概説を通じてリスファイナンシングの体系や手法を体系的に理解できるようにした。本書が、様々な立場からの企業リスクマネジメントの体系的な基礎知識を理解するための概説書として、活用されれば幸いである。

2024 年 4 月 22 日

李洪茂

第一部

リスクマネジメントとリスクファイナンシング

第1章

ISO RM フレームワーク

　リスクマネジメントの国際規格として、ISO によるリスクマネジメントのフレームワークが発表された。本章では、ISO 31000 を中心にしたリスクマネジメントのフレームワークについて概説する[1]。

01　ISO の組織とリスクマネジメント規格

　ISO (International Organization for Standardization：国際標準化機構) は、スイスのジュネーヴに本部を持つ民間の非政府組織の国際機関として、1947 年に発足し、電気分野を除くすべての分野において、国際規格または標準を制定している。各国から 1 機関だけが参加できるが、日本からは、日本工業規格 (JIS)[2] の調査・審議を行っている日本工業標準調査会 (JISC)[3] が、1952 年に加入した。

　ISO 規格には、品質マネジメント・システム規格 ISO 9000 シリーズや環

---

[1] 本章は、拙著『リスクマネジメント論 (2019 年)』(成文堂) の第 5 章の内容を修正加筆して再録した。

[2] JIS(Japanese Industrial Standards) (日本工業規格) とは、工業標準化の促進を目的とする工業標準化法 (昭和 24 年) に基づき制定される国家規格である。

[3] 日本工業標準調査会 (Japanese Industrial Standards Committee、略称 JISC) は、工業標準化法 (昭和 24 年 6 月 1 日法律第 185 号) 第 3 条第 1 項の規定により経済産業省に設置される審議会である。

境マネジメント・システム規格 ISO 14000 シリーズなどがある。ISO 9000 シリーズは、製品の設計・製造から検査までの品質管理システムの認証であり、ISO 14000 シリーズの中の環境マネジメント・システム(EMS：Environmental Management Systems)の構築を要求した規格が ISO 14001 である。

さらに、リスクマネジメント規格として、2009 年 11 月 15 日、ISO 31000「リスクマネジメント原則及び指針」（ISO 31000:2009 Risk management – Principles and guidelines）とリスクマネジメントの用語に関する定義集である ISO Guide73 が公表された。この ISO 31000 は、日本・オーストラリア・ニュージーランド・英国などで使われていたリスクマネジメント規格を基に作成された。この ISO 31000 の発行を受け、2010 年 9 月 21 日、RM システム規格 JIS Q 31000「リスクマネジメント原則及び指針」が制定された[4]。さらに、2018 年 2 月に、ISO 31000 の第二版である「ISO 31000「リスクマネジメント指針」（ISO 31000:2018 Risk management – Guidelines)」が発行された。ISO 31000:2018 は、大枠では ISO 31000:2009 と大きな違いはないが、用語をわかりやすくしたり、監督機関やトップ・マネジメントの責任を明確にしてガバナンスを強めたりしている。

ISO 31000:2018 は、あらゆる組織のあらゆるリスクを対象とするリスクマネジメントのガイドライン（Guidelines）すなわち指針である。この指針とは、実践することが望ましい事項であり、基準または仕様と称される実践しなければならない事項とは異なり、参考書的な位置付となる。

---

[4] 1995 年 1 月の阪神・淡路大震災を契機に設置された「危機管理システム規格検討委員会」との継続性のある「リスクマネジメント規格委員会」によって、危機管理からリスクマネジメントへと適用範囲の概念を拡大し、広範なリスクマネジメントのガイドラインとなる「JIS Q 2001 リスクマネジメント・システム構築のための指針」が 2001 年 3 月に制定されていた。JIS Q 31000 の発効に伴い、JIS Q 2001 は廃止された。

ISO 31000:2018 には、「リスク」は、「諸目的に対する不確かさの影響 (Effect of Uncertainty on Objectives)」と定義されている。その結果、好ましくない (Negative) 影響をもたらすリスクだけではなく、好ましい (Positive) 影響をもたらすリスクもリスクマネジメントの対象に含まれる[5]。その結果、このリスクの定義には、自然災害のように損害発生の可能性のみが存在する純粋リスクに加えて、価格変動のように損害発生の可能性と利益の発生可能性が併存する投機的リスクも含まれる。

ISO 31000 におけるリスクの定義に、好ましくない影響だけではなく、好ましい影響をも含むことによって、ISO 31000 を投機的リスクが含まれる経営全般に適用できるようにした。仮に、リスクの定義を好ましくない影響だけに限定している場合は、リスクマネジメントは、純粋リスクを対象とする防災活動や安全活動などに限定されることになる。また、「諸目的に対する不確かさの影響」とは、リスクを組織の目的達成に影響を与える要素として捉えていることであり、それによってリスクマネジメントを、組織の目標達成を支援するものとして位置付けている。

一方、リスクを「諸目的に対する不確かさの影響」と捉えているため、ISO 31000 によるリスクマネジメントの範囲は、リスクに対応するための事前活動に限定され、リスクが顕在化した後の対応である危機管理（緊急時の対応）や事業継続マネジメント（BCM）等については、ISO 31000:2018 の適用の範囲外となっている。

また、ISO 31000:2018 では、不確実な状況下での意思決定のあり方や経営陣の責務に重点が置かれた。加えて、限られた知識しかない中、効率的に

---

[5] ISO/IEC Guide 73:2002 では、リスクは、「事象の発生確率と事象の結果の組み合わせ (combination of the probability of an event and its consequence)」であるとし、好ましくない結果を得る可能性として考えられていた。

意思決定を行うことにも力点が置かれた。経営陣のリーダーシップでは、組織のガバナンスをはじめ、組織全体の活動に対しリスクマネジメントを組込むことを徹底する責務があるとした。

　一方、ISO 31000 でのリスクマネジメントの定義は、従来通り、「リスクについて、組織を指揮統制するための調整された活動（Coordinated activities to direct and control an organization with regard to risk）」となっている。リスクマネジメントは、個人としての活動にも適用できるものではあるが、ISO 31000 は、組織としての活動に適用される規格を意図している。

　この ISO 31000 では、ERM の定義は行われておらず、リスクマネジメントをあらゆる段階で適用できる規格として作られている。したがって、この規格を企業のあらゆる組織とリスクに適用することによって、ERM の体制の構築が可能となる。

　COSO ERM は、事業体全体としてのリスクマネジメントを目的としているが、ISO 31000 は、組織体のどのレベル、規模であっても適用可能なリスクマネジメントのフレームワークを示している。また、ISO 31000 は、あくまでもリスクマネジメントに関するガイドラインであり、認証を目的としたものではない。この ISO 31000 には、その理念や手法を個々の組織の事情に応じて臨機応変に応用して利用するべきであると記されている。

03　ISO 31000 の体系

　ISO 31000 は、一般的な概念の提供を意図しており、特定分野に適用されることや、認証などによる規格内容の適用の強制は意図していない。この ISO 31000 では、「フレームワーク」と、それを実施するための汎用的な「プロセス」が提示されている。

ISO 31000 における「原則 (Principles)」、「フレームワーク (Framework)」と「プロセス (Process)」は、図 1 の通りである。

図 1「原則 (Principles)」、「フレームワーク (Framework)」と
「プロセス (Process)」(ISO 31000 : 2018)

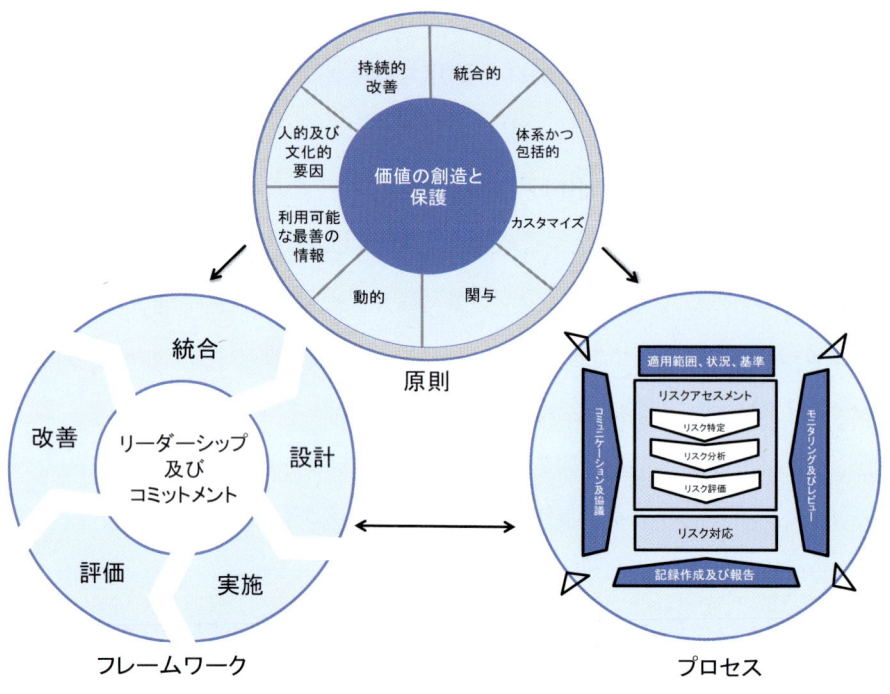

出典：ISO 31000 : 2018

「原則」は、リスクマネジメントをどのような組織において行う場合にも遵守すべき事項を示した方針のようなものである。ISO 31000:2018 には 8 つの原則が書かれている。

「フレームワーク (Framework)」は、「原則 (Principles)」に従い、「プロセス (Process)」を効果的に管理するための運営管理体系であり、組織全体のリスクマネジメントの綜合フレームワークの設計、リスクマネジメントの実施、フレームワークの評価および改善から構成されている。このフレームワーク

の目的は、組織がリスクマネジメントを重要な活動および機能に綜合することを支援することである。リスクマネジメントの有効性は、意思決定を含む組織のガバナンス綜合によってこと異なる。

　プロセスは、フレームワークの下での組織として日常の反復継続的な活動であるが、企業の活動の意思決定に適用することもできる。このプロセスは、企業の各階層に適用することができ、企業グループ全体に適用した場合は、ERM となる。

　「フレームワーク」は、「プロセス」が組織の経営理念やミッションまたは中長期目標などの目的と合致するように、設計や導入、見直しを行う活動を指す。プロセスは、リスクマネジメントの実施に関するものであり、「適用範囲、状況、基準」、リスクアセスメント（リスク特定、リスク分析、リスク評価）、リスク対応、モニタリング・レビュー、コミュニケーションおよび協議、記録作成および報告を含んでいる。

　ここでの「プロセス」は、組織によって 1 つの場合もあれば、複数の場合もある。また、組織によっては、リスクの種類を分けずに一つのプロセスを持っている場合もあれば、品質リスクや環境リスク、事業継続リスク、財務リスクといったように、リスクの種類別に異なるプロセスを持っている場合も考えられる。

04　原則 (ISO 31000:2018)

　ISO 31000:2018 における「原則」には、リスクマネジメントを効果的なものにするために、組織が順守すべき 8 つの事項が記載されている。リスクマネジメントの目的は、価値の創造と保護である。それはパフォーマンスを改善し、革新を奨励し、目標の達成を支援する。ここに規定される原則は、

効果的かつ効率的なリスクマネジメントの特性、その価値の伝達、その意図と目的の説明に関するガイダンスを提供している。原則はリスクマネジメントの基礎であり、組織のリスクマネジメントのフレームワークとプロセスを確立する際に参照する必要がある。これらの原則は、組織がその目的に関する不確実な影響に対処するようにすべきである。

RM の原則（Principles）（ISO 31000：2018）は、図 2 の通りである。

図 2 RM の原則 (Principles)(ISO 31000:2018)

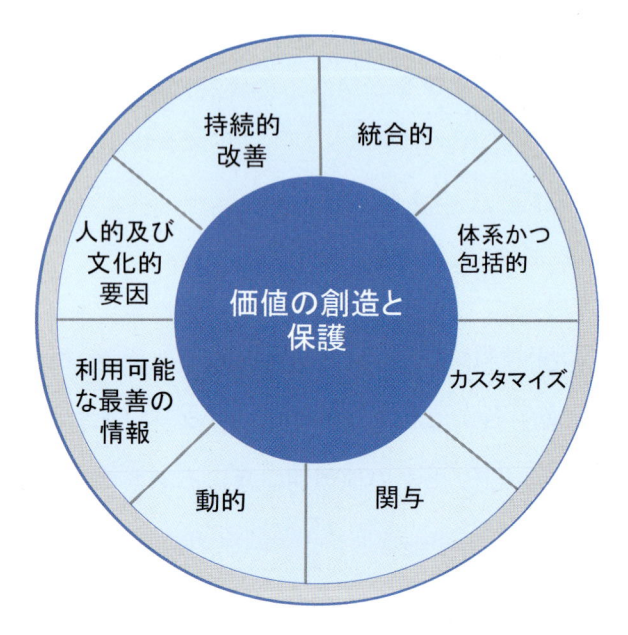

効果的なリスクマネジメントのためには、次の原則における要素が必要である。

a）統合（Integrated）

リスクマネジメントは、すべての組織活動の不可欠な部分である。

b）体系化かつ包括的（Structured and Comprehensive）

リスクマネジメントのために体系化され、かつ包括的なリスクマネジメントは、持続的かつ比較可能な結果に貢献する。

c) カスタマイズ (Customized)

リスクマネジメントのフレームワークとプロセスは、その目的に関連して組織の外部および内部の状況に合わせてカスタマイズされ、調整される。

d) 関与 (Inclusive)

ステークホルダーの適切でタイムリーな関与は、彼らの知識、見解、および認識を考慮することを可能にする。その結果、意識の向上と情報に基づくリスクマネジメントが可能になる。

e) 動的 (Dynamic)

組織の外部および内部の状況が変化すると、リスクが発生、変化、または消滅する可能性がある。リスクマネジメントは、これらの変化や事象を、適時に、予測し、検出し、認識し、対応する。

f) 利用可能な最善の情報 (Best Available Information)

リスクマネジメントへのインプットは、過去および現在の情報ならびに将来の予測に基づいている。リスクマネジメントは、そのような情報および予測に関連するあらゆる制限および不確実性を明示的に考慮する。関連するステークホルダーが情報をタイムリーかつ明確に入手できるようにする必要がある。

g) 人間及び文化の要因 (Human and Cultural Factors)

人間の行動と文化は、各レベルと段階のリスクマネジメントすべての側面に大きく影響する。

h) 継続的改善 (Continual Improvement)

リスクマネジメントは、学習と経験を通して継続的に改善される。

05 フレームワーク (ISO 31000:2018)

　ISO 31000 におけるリスクマネジメントのフレームワークは、次の特徴がある。第一に、組織の経営者によるリーダーシップおよびコミットメントの下にリスクマネジメントのフレームワークが設計されている。第二に、このフレームワークの下でプロセスが実践される。第三に、フレームワークには、リスクマネジメントの有効性を評価し、その結果に基づいて、フレームワークを継続的に改善する PDCA の機能を備えている。また、このリスクマネジメントのフレームワークは、組織内で全体的な経営と独立したものではなく、経営システムとの統合を手助けするものであるとしている。

　RM のフレームワーク（ISO 31000:2018）は、図 3 の通りである。

図 3　RM のフレームワーク (ISO 31000:2018)

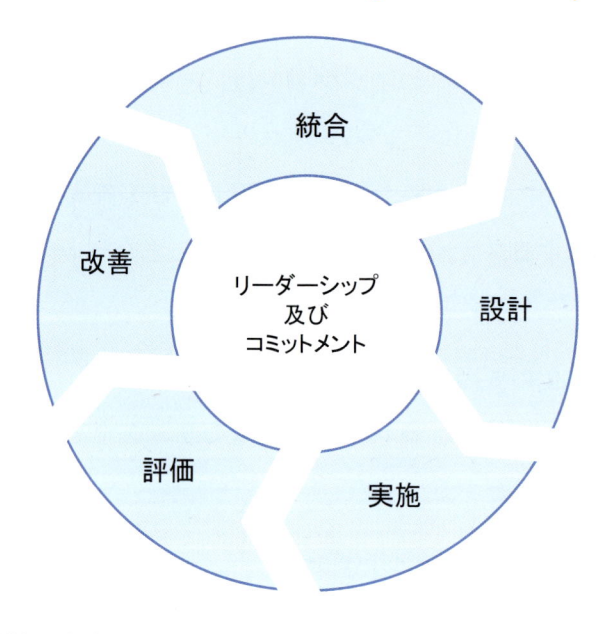

出典：ISO 31000：2018

リーダーシップおよびコミットメント（Leadership and Commitment）には、取締役やトップ・マネジメント（例：社長など）の責任が記載されている。旧版（ISO 31000:2009）では、主語がトップ・マネジメントのみであったが、この第2版では「監督機関」という言葉が主語に追加されている。ここでは、例えば、リスクマネジメント取り組み方針や、役割・権限・アカウンタビリティ（説明責任）の確立責任を取締役やトップ・マネジメントが持つことを求めている。リーダーシップおよびコミットメントにおいてトップ・マネジメントおよび監督機関は、リスクマネジメントがすべての組織活動に総合されていることを認識して実施する必要がある。トップ・マネジメントは、リスクマネジメントについて責任を負い、監督機関は、リスクマネジメントを監する責任を負う。

統合（Integration）では、組織のリスクマネジメント活動を、ガバナンスや戦略策定、戦略遂行、文化などと一体化させることが求められる。設計（Design）では、リスクマネジメント全体の取り組み方針や体制・役割・責任、コミュニケーション、協議ルールやリスクマネジメントのプロセスなどを適切に考えることが求められる。

実施（Implementation）では、設計にて決定されたリスクマネジメントのプロセスが、組織に確実に導入され運用されることが求められる。評価（Evaluation）と改善（Improvement）では、フレームワーク（枠組み）における各種活動が経営理念やミッション、中長期目標や計画などのフレームワークの目的達成に役立っているか（有効性）を評価し、改善することが求められる。

このフレームワークには、経営におけるPDCAの継続的改善の考え方を導入している。

このPDCA Cycle（Plan–Do–Check–Act Cycle）は、第二次大戦後に、品質管理を構築したウォルター・シューハート（Walter A. Shewart）、エドワーズ・デミング（W. Edwards Deming）らによって提唱されたものである。

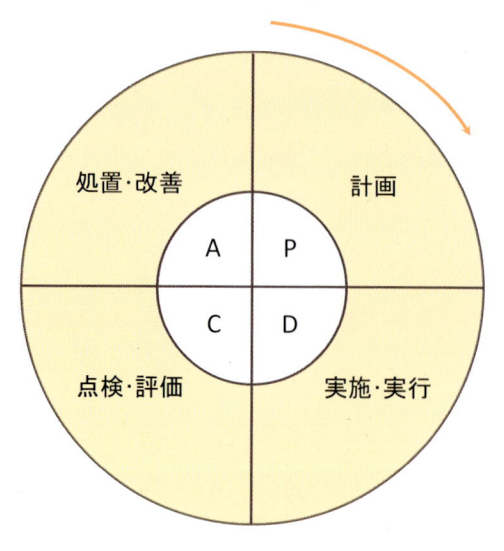

図 4 PDCA Cycle

出典：各種資料を参考にして作成

Plan（計画）：従来の実績や将来の予測などをもとにして業務計画を作成する。

Do（実施・実行）：計画に沿って業務を行う。

Check（点検・評価）：業務の実施が計画に沿っているかどうかを確認する。

Act（処置・改善）：実施が計画に沿っていない部分を調べて処置をする。

この螺旋状のしくみをスパイラル・アップ（Spiral up）と呼ぶ。

06 プロセス (ISO 31000:2018)

リスクマネジメントのプロセスは、異なるレベル（例えば、戦略的、業務、プログラム、プロジェクト、またはその他の活動）に適用するため、考慮すべき関連する目標と、組織の目的との整合性を明確にすることが求められる。「適用範囲、状況、基準（Scope、Context、Criteria）」を確立する目的は、リスクマネジメントのプロセスをカスタマイズし、効果的なリスクアセスメント

と適切なリスク対応を可能にすることである。適用範囲では、リスクマネジメント活動の範囲が定義される。状況とは、組織が目的を達成しようとしている内外の環境のことであり、外部の状況（法律、規制の内容、外部のステークホルダーの要求、社会、文化、経済などの外部環境など）、組織内部の状況（組織構成、役割と責任、投入できる経営資源、採択または準拠すべき規格やルールなど）などの設定が含まれる。

　リスク基準（Risk Creteria）とは、次の段階のプロセスであるリスクアセスメントの実施者によって、リスク評価に大きな差が出ないように、あらかじめ設定される判断指標を指す。組織は、目標と比較して、受け入られるリスクの量と種類を指定する必要があり、リスクの重要性を評価し、意思決定プロセスを支援するための基準を定めるべきである。リスク基準は、リスクマネジメントのフレームワークと整合し、検討中である活動の特定の目的と範囲に合わせてカスタマイズされるべきである。

　「リスクアセスメント（Risk Assessment）」には、「リスク特定（Risk Identification）」、「リスク分析（Risk Analysis）」、「リスク評価（Risk Evaluation）」の3つが含まれる。リスク特定は、組織の目的達成を助ける又は妨害する可能性があるリスクを発見し、認識し、記述することであり、リスク分析は、リスクのレベルを含め、リスクの性質および特徴を理解することである。また、リスク評価とは、リスク分析の結果をリスク基準（Risk Criteria）と比較してリスク対応とその選択肢を決定するための基礎データを提供するものである。

　RM のプロセス（ISO 31000：2018）は、図5の通りである。

　この「リスクアセスメント」の後に「リスク対応（Risk Treatment）」が行われる。また、「適用範囲、状況、基準」、「リスクアセスメント」、「リスク対応」のそれぞれの結果が十分な効果を発揮できているかについての継続的な状況把握・監視すなわちモニタリングし、さらに責任者や関係者がレビューを行う。

図5 RM のプロセス (ISO 31000:2018)

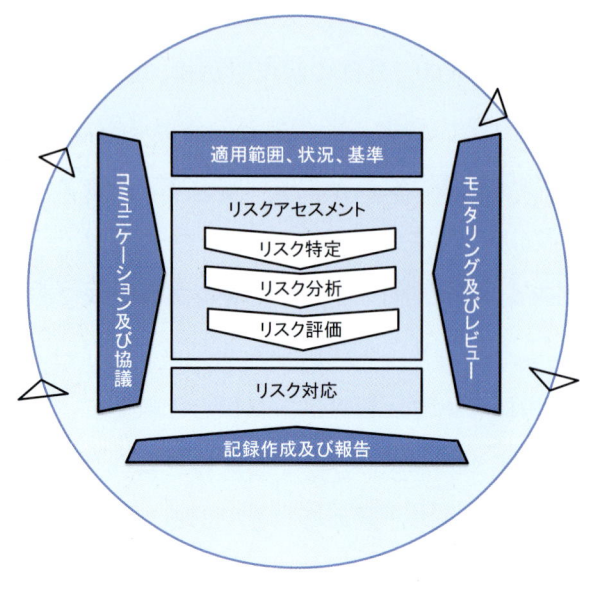

適用範囲、状況、基準

リスクアセスメント

リスク特定

リスク分析

リスク評価

リスク対応

記録作成及び報告

コミュニケーション及び協議

モニタリング及びレビュー

出典：ISO 31000:2018

　一方、「コミュニケーション及び協議 (Communication and Consultation)」は、リスクに対する意識や理解の促進、意思決定を裏付けるためのフィードバックおよび情報の入手を行うためのものであるが、リスクマネジメントのプロセスのあらゆる段階で設けられることが求められている。これは、リスクマネジメントのプロセス全体の活動を支えるものである。「コミュニケーション」では、ステークホルダーへの情報伝達やステークホルダーとの情報交換や情報共有が行われる。「協議」では、社外の専門家も含み、課題を解決するのに関わりある全ての人からの助言、アドバイスを受ける。なお、コミュニケーションや協議は必要に応じて各段階で実施される。

　また、モニタリング及びレビュー (Monitoring and Review) では、リスクマネジメントのプロセスそのものの有効性を向上させるために、リスクマネジメントのプロセスに関わる活動やその結果についてモニタリングし見直しが行われる。記録作成及び報告 (Recording and Reporting) では、リスクマネジ

メントのプロセスの実施結果を利害関係者への情報共有や将来の改善につなげるために、記録に残すことが求められる。

07　ISO 31000 の特徴

　ISO 31000 の特徴は、次の通りである。

　第一に、ISO 31000 は、すべての組織とリスクに適用できることを目標としており、全ての組織とリスクに対するリスクマネジメントのための汎用的なプロセスと、そのプロセスを効果的に運用するためのフレームワークが提供されている。

　第二に、フレームワークでは、組織としてのリスクマネジメントの運営に必要な要素と各要素の有機的な関係が示されている。

　第三に、マネジメントの基本である PDCA モデル、すなわち計画（Plan）、実施・実行（Do）、点検・評価（Check）、処置・改善（Act）に基づき、フレームワークとプロセスの両方を継続的に改善していく体系が提示されている。

　第四に、日常のリスクマネジメントに適用することを想定しており、緊急事態などのクライシスマネジメントなどはその対象としていない。

　第五に、ISO 31000 はあくまでもリスクマネジメントに関するガイドラインであり、認証を目的としたものではない。

　第六に、ISO 31000 には、次のような補完規格がある。

表1　ISO 31000 の補完規格

区分	内容
ISO31010：2009 リスクアセスメント技法	リスクマネジメントの重要なプロセスであるリスクアセスメントを行う際に用いられる技法について紹介した規格。
GUIDE73：2009 リスクマネジメント用語	リスクマネジメントに関連する用語集。数多くのマネジメント・システム間で用途の異なる用語を統一的に定義したもの。
ISO/TR31004：2013（ISO 31000 の導入ガイダンス）	ISO 31000 が求める事項と、自社の現状を比較して使う方法。自社のリスクマネジメントのあり方について、修正が必要な箇所の特定と修正実施の準備や準備計画策定の方法。自社のリスクマネジメントが機能し、継続的改善が図られるようにするためのモニタリングやレビューの方法。
ISO31022:2020：全社的法規制リスクマネジメントの導入ガイドライン	企業の法的リスクを管理する標準規格「ISO31022:2020 リスクマネジメント – リーガルリスクマネジメントのためのガイドライン」

出典：各種資料を参考にして作成

1. ISO 31000 の体系に関する、原則、フレームワーク、プロセスについて説明しなさい。

2. ISO 31000 におけるリスクアセスメントについて説明しなさい。

3. ISO 31000 の特徴について説明しなさい。

第 2 章
リスクファイナンシングと ART

　リスク対応は、リスクコントロールとリスクファイナンシングに分けられ、リスクファイナンシングの重要な手段として、保険と ART がある。本章では、リスク対応手段と ART の関係について概説する[6]。

01　リスクアセスメントとリスク対応

(1) リスクアセスメント

　リスクアセスメント（Risk Assessment）とは、リスクマネジメントのプロセスにおける中核をなしているもので、リスク特定（Risk Identification）、リスク分析（Risk Analysis）およびリスク評価（Risk Evaluation）の全体を指す（ISO 31000）。RM のプロセスとリスクアセスメント（ISO 31000：2018）は、図 6 の通りである。

　このリスクアセスメントの前段階は、「適用範囲、状況、基準(Scope、Context、Criteria)」の後に行われるが、適用範囲、状況および基準を確立する目的は、リスクマネジメントをカスタマイズすることである。リスクアセスメントの次の段階は、リスク対応（Risk Treatment）であり、リスクを修正するプロセスとなる。

---

[6] 本章は、拙著『リスクマネジメント論（2019 年）』（成文堂）の第 8 章の内容を修正加筆して再録した。

図 6　RM のプロセスとリスクアセスメント (ISO 31000:2018)

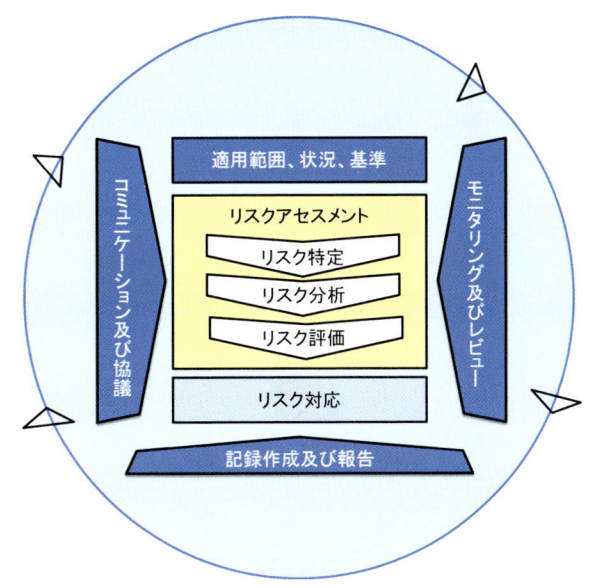

┃出典：ISO 31000:2018 を参考に作成

　このリスクアセスメントを実施する際のテクニックを解説する国際規格としての IEC/ISO 31010:2009（リスクマネジメントとリスクアセスメント技法：Risk Management-Risk Assessment Techniques）は、2009 年 11 月に発行されたが、2012 年に JIS 化（JIS Q 31010:2012）されている。これは、より技術的な視点から、ISO 31000:2009（リスクマネジメント原則及び指針）を補完するものである。

　リスク特定は、リスクを発見し、記述するプロセスである。リスク分析は、リスクの特質を理解し、リスクレベルを決定するプロセスである。リスク評価は、リスク分析の結果をリスク基準と比較し、リスク対応のための優先順位を決定するプロセスである。

　リスクアセスメントの目的は、特定のリスクに対して、その対応の選択肢の選択に関して、証拠に基づいた情報および分析を提供することにある。つまり、特定のリスクに対する対応の方法とそのオプションの選択方法につい

て、十分な情報に基づいた決定を行うことである。具体的に、リスクアセスメントは、リスクと、その原因、結果およびその確率を理解するプロセスである。リスクアセスメントは、リスク対応のための最も適切なアプローチに関する決定の基礎データを提供する。

(2) リスク対応の概要

ISO 31000:2018 では、リスク対応（Risk Treatment）の目的は、リスクを修正するための選択肢を選択し、実施することであるとしている。このリスク対応には、次の反復プロセスが含まれる。①リスク対応のオプションを策定し選択する。②リスク対応を計画して実施する。③その対応の有効性を評価する。④残溜リスク（Residual Risk）が許容可能かの判断をする。⑤残溜リスクが許容可能でない場合は、さらなる対応を行う。

最も適切なリスク対応のオプションを選択するには、目標の達成に関連して得られる潜在的な利益とコストを考慮する必要がある。このリスク対応のオプションは、相互に排他的とは限らず、すべての状況において適切であるとも限らない。リスク対応のための選択肢（ISO 31000:2018）には、以下の7つのうちの1つまたは複数が含まれる。

①活動を開始または継続しないことによって、リスクを回避する。②機会を追求するためにリスクをとる、あるいは増加させる。③リスク源を取り除く。④起こりやすさ（Likelihood）すなわち発生確率を変える。⑤結果（Consequences）すなわち損失規模を変える。⑥契約による共有または保険の購入のように、リスクを共有する。⑦リスク分析の結果に基づいた決定によってリスクを保有する。

リスク対応におけるオプションの選択は、組織の目的、リスク基準、および利用可能な資源にしたがって行う必要がある。リスク対応の選択肢を選択する際には、ステークホルダーの価値観、考え方、潜在的関与、そしてステー

クホルダーとのコミュニケーションと相談のための最も適切な方法を考慮する必要がある。モニタリングとレビューは、さまざまな対応が有効となり、その有効性が維持されていることを保証するために、リスク対応の実施において不可欠な部分である。リスク対応は、管理する必要のある新たなリスクをもたらす可能性がある。

　利用可能な対応オプションがない場合、または対応オプションがリスクを十分に修正できない場合は、リスクを記録し、継続的なレビューを維持する必要がある。意思決定者やその他の利害関係者は、リスク対応後の残りのリスクの性質と程度を認識しておくべきである。残りのリスクは文書化し、監視、レビュー、必要に応じてさらに対応をすべきである。

02 リスク対応の手段

(1) リスク対応の手段の概要

　リスク対応の手段は、リスクコントロール（Risk Control）とリスクファイナンシング（Risk Financing）に分類される[7]。

　リスクコントロールとは、損失の発生を事前に防止または低減するための予防策である。リスクコントロールによって、損失の発生を完全になくすことは難しく、残留リスクによる損失に対する財務的な対策として、リスクファイナンシングが行われる。実際のリスク対応は、リスクコントロールまたはリスクファイナンシングの中の特定の一つの手段のみを選択するとは限らず、リスクコントロールとリスクファイナンシングの中で複数の手段を組み合わせて選択する場合が多い。リスク対応のオプションの選択は、組織の

---

[7] George Head による分類である (Williams,C.A. & Heins, Risk Management,1976)。

図7 リスク対応の手段の分類

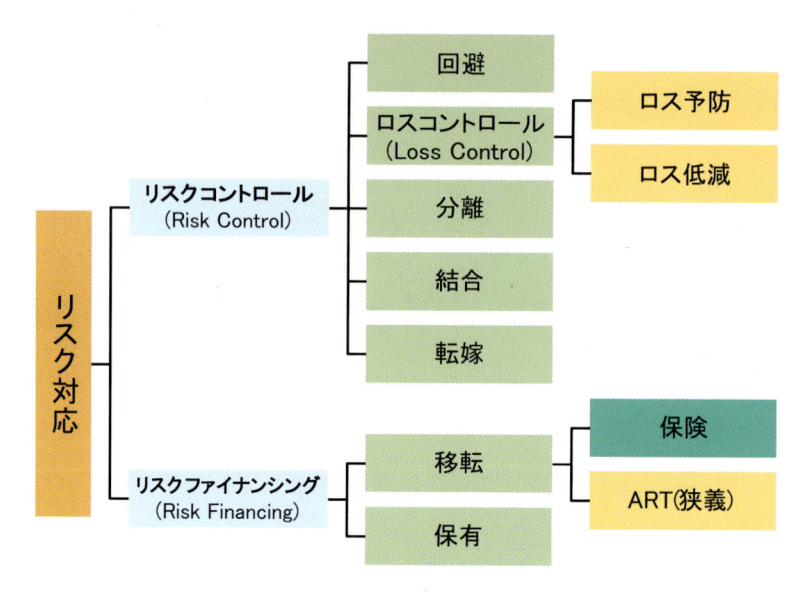

┃出典：各種資料を参考にして作成

目的、リスク基準にしたがって行う必要がある。

　一方、リスクマトリクス（Risk Matrix）を基準にしたリスク対応には、移転、回避、保有、低減の4つの組合せが考えられる。

　一般論でいえば、まず後述のリスクコントロールによって、損失強度および発生頻度（発生確率）の抑制が行われる。その後のⅢとⅣの領域の残留リスクに対しては、リスクファイナンシングが行われる。その中で、Ⅲ領域に対しては、保有が行われ、Ⅳの領域に対しては、保険または後述のARTなどによるリスク移転が行われる。それに対して、Ⅱの領域は、発生頻度が高く、損失強度が大きいので、回避が行われる。

図 8 リスクマトリクス（Risk Matrix）とリスク対応

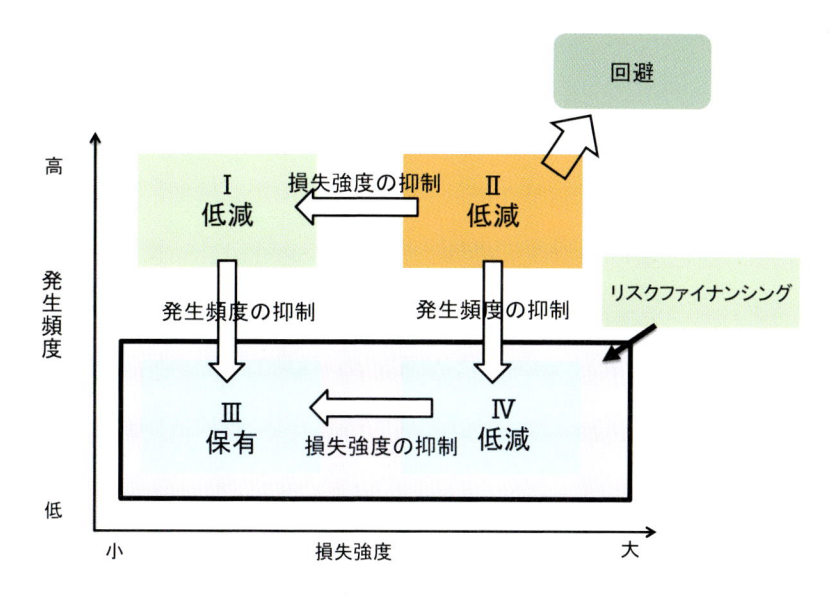

┃出典：各種資料を参考にして作成

（2）リスクコントロール

　リスクコントロール（Risk Control）は、純粋リスクと投機的リスクの両方を対象とし、損失が発生する前に行われる損害の発生確率（Frequency）（発生頻度）と損失の強度（Severity）を軽減する方法または技術である。このリスクコントロールは、復元または補償のための財源確保を目的とせず、実際の損失を問題とする。例えば、交通事故の場合、歩行者にとっては自動車による人身事故、運転者にとっては賠償責任がロス予防の対象になるように、その効果は主体別にしか測定できず、スプリンクラーは、殆どの火災に対して有効であるが、潤滑油などにはより危険であるといったように、ロス・コントロールは特定の危険のみに有効である。

① リスク回避

　リスク回避（Avoidance）とは、リスクを伴う活動を中止または断念し、予

想されるリスクを遮断することである。「リスクにさらされている人、モノ、事業等に一切関係しない」こと、「リスクとの関係がなくなるようリスクそのものを排除し除去する」ことである。例えば、食中毒を起こしやすい食品の製造を中止することなどである。

　しかし、リスクの回避ができないものや、リスクを積極的にとるべきものもある。リスク回避は、単純で消極的な対策であるが、リターンの放棄を伴い、リスクに見合ったリターンを追求する企業活動には適当でない場合も少なくない。例えば、年間の純利益100億円の場合と10%確率で1000億円のロスの場合などである。このリスク回避によって、新たな別のリスクを抱える可能性もあり得る。

② ロスコントロール（Loss Control）

　ロスコントロールには、ロス予防（Loss Prevention）とロス低減（Loss Reduction）があり、ロスコントロールのためには、それぞれのリスクによる損失発生のプロセスを理解する必要がある。ロス予防は、損失の発生確率を減少させる方法であり、損失発生を事前に予防するための対策である。つまり、ロス予防は、予防措置を講じて発生確率を減じる対策であり、真空包装による腐敗防止などの物的手段と、安全教育や定期点検を実施するなどの人的手段がある。

　また、ロス低減は、損失発生の規模を軽減するものであり、損失の拡大を防止・軽減し、損害の規模を抑えるための対策である。このロス低減としては、不良品の発生時のリコール体制の整備、火災に備えてのスプリンクラー、消火設備設置などの事前策と、事故が発生した後に、応急措置などの事後策によって損失の強度（大きさ）を減少させる手段が挙げられる。「クライシス・マネジメント」は、クライシスの発生後に、ロス低減を体系立てて行うマネジメント手法である。

> 期待損失 = 損失の頻度（確率）× 損失の規模

③ リスクの分離、結合

リスク分離とは、リスクを分離して分散させることである。例えば、工場を異なる場所に分離して分散させ、地震が発生した際の経済的損害を減少させることなどである。一方、リスクの結合とは、リスクを集積させるなどして、リスクの不確実性を低減させ、発生する損失の予測を可能にすることである。例えば、保険会社は、同じ性質のリスクに対する契約の数を増やして、大数の法則が働くようにし、統計的に損失の発生確率を安定させている。このリスク結合によって、安定的な損害発生の確率が算出できれば、内部積み立てなどによるリスクの保有ができるようになる。

④ リスクの転嫁

リスクコントロールにおけるリスクの転嫁とは、リスクファイナンシングにおけるリスク移転とは異なり、契約を通じて、財産または賠償責任などのリスク自体を他者に転嫁することである。例えば、リース契約や業務の外部委託などがリスク転嫁の事例である。

(3) リスクファイナンシング

リスクファイナンシング（Risk Financing）とは、リスクの発生後に必要となる資金を調達する活動である。このリスクファイナンシングは、事業ファイナンス（Business Finance）と異なり、その資金調達による追加的な事業収入を見込めず、大災害などによる損失が生じている状況で行うものである。

リスクファイナンシングは、保有と移転に分類される。

① 保有

　保有（Retention）とは、リスクを認識した上で保有することである。知らないうちにリスクを抱えている場合は、「リスクファイナンシング」としての「リスク保有（Retention）」にはならない。積立金、キャプティブ（Captive）、借入金、自家保険などがその事例である。経常費は、当座の資金、余剰金などの一般資金を利用する方法であり、積立金は、特定のリスクにより生じる損失処理のために資金を留保する方法である。キャプティブ（Captive）は、端的にいえば自社専用の危険引受子会社といえるが、自社以外の危険を引き受けるものもあり、保険会社に発展するものもある。借入等は、金融機関借入や社債発行等の資金調達等である。自家保険（Self-Insurance）は、一定の発生確率に基づいて、予想損害額またはそれ以上の額を組織内に留保する方法である。

② 移転

　リスクファイナンシングにおけるリスク移転（Risk Transfer）とは、リスクコントロールにおけるリスク転嫁と異なり、リスク保有（Risk Retention）の対極であり、財務的な損害の移転を意味する。移転には、保険（Insurance）と保険以外の移転がある。保険は、伝統的なリスク移転手段であるが、純粋リスクのみを対象にしており、後述の ART は、純粋リスクを含み、市場リスクをもその対象にしている。保険は、保険会社に保険料を支払い、将来発生する可能性がある損失を保険会社が負担するものであり、リスク移転の手段として最も広く利用されている。保険による財務的な損失の移転のメリットは、不規則な損害の発生を保険料という形の経常的コストで対応できることと、事故発生の場合に、保険金による企業の損失の補てんができることである。

　一方、保険によるリスク移転は、企業の立場としてのリスクの対応として

は機能しているが、社会全体としてのリスクは低減されないこととなり、根本的なリスクの低減にはなっていない、という限界がある。例えば、工場で爆発によって発生した損害に対して、保険は、その損失を補てんするが、爆発という事象そのものを防止し、それによって発生する社会的な損失を低減することには寄与しない。

保険以外の移転としては、保険類似の手段、リスク移転契約、リスクの相殺、代替的リスク移転（ART）などがある。共済、保証、各種プールの保険類似の手段があり、相対（あいたい）または集団で損失に備える仕組みである。リスク移転契約は、損失発生時の相手方の負担を契約により明確化する方法である。リスクの相殺は、逆相関関係にあるリスク（価格変動等）を組合せてリスクを減じる方法であり、ART は保険と金融の技術の融合したリスクヘッジ手法である。

03　リスクファイナンシングの手段

（1）リスクファイナンシングとリスクファイナンス

リスクマネジメントにおけるリスク対応の手段は、リスクコントロール（Risk Control）とリスクファイナンシング（Risk Financing）に分類されることは、前述の通りである。リスクコントロールとは、損失の発生確率と強度（Severity）を低減するための予防策である。リスクコントロールで損失の発生確率を完全になくすことは難しいため、残留リスクによって発生する損失に対する財務的な対策として、リスクファイナンシングが行われる。リスクファイナンシングとは、リスクの発生後に必要となる資金を調達する活動である。このリスクファイナンシングにおける損失（リスク）の移転には、保険と保険以外の手段（ART；Alternative Risk Transfer）がある。保険は、リス

クマネジメントにおけるリスクファイナンシングの伝統的かつ代表的な手段である。この保険については、拙著『保険論』第 2 版（博英社、2022 年）で概説することとし、本書では、主として ART について解説することにする。筆者は、この「リスクファイナンシング」という講義科目を早稲田大学商学部と商学研究科に設置して講義を担当している。

　このリスクファイナンシングは、コーポレートファイナンス（Corporate Finance）と異なり、災害発生による損失発生の可能性が存在する状況で行うものである。大災害などによる損失が発生した場合は、その資金調達による追加的な事業収入を見込めないためである。つまり、コーポレート・ファイナンスとは、一般に「利益のための企業活動に必要となる資金の調達」と、「調達した資金の効率的な運用」を意味する。これに対して、リスクファイナンシングは、保険で見るように、利益を目的とせず、発生する可能性のある損失に対する金銭的な対策をその分野としている。また、金融会社の運営などに限定したリスクマネジメントは、「Financial Risk Management」と称されるが、リスクファイナンシングとは、異なる意味で使われている。

　一方、リスクファイナンスという用語が頻繁に使われている。一般的にファイナンス（Finance）は、主として応用経済学の一つであるコーポレート・ファイナンスを指す用語として使われている。それに対して、ファイナンシング（Financing）は資金調達の手段を意味する。アメリカで出版された書籍を検索すれば、リスクファイナンシング（Risk Financing）は、多数検索されるが、リスクファイナンス（Risk Finance）は一件も検索されない。　しかし、日本ではこのリスクファイナンシングの代わりに、ファイナンスに馴染みがあるという理由でリスクファイナンスという用語が使用され、日本保険学会などでも無批判的に使用する状況となっている。このリスクファイナンシングの代わりともいえるリスクファイナンスという用語は、アメリカでは使われていないため、和製英語であるといえ、正しい用語とはいえない。この用語の誤用

によって、リスクファイナンシングが応用経済学の一分野である金融の一つであると誤解される場合があり、リスクマネジメントまたは保険学が独立した学問ではなく経済学の一分野として誤解される可能性も生じている。

(2) 保険と ART

ART（Alternative Risk Transfer）には、文字通り、代替的（Alternative）とリスク移転（Risk Transfer）という2つの要素がある。「Alternative」には、もう一つの選択肢すなわち代替的な、伝統にとらわれない、新しいなどの意味がある。狭義の ART は、保険以外の新しいリスク移転手段の総称として使用され、保険と対照的な意味として、代替的リスク移転とも訳される。一方、広義の ART は、伝統的な保険に代わる新しい手法を用いたリスクマネジメント手法を総称するようになった。この ART には、革新的で保険的な手法も含まれる。主なリスクファイナンシングの手法は、表2の通りである。

また、リスクファイナンシングと ART は、図9のように分類できる。

ART の定義は様々であるが、ART とは、リスクマネジメントの目標を達成するために、保険市場と資本市場の間にリスクを移転する新しい商品、受け皿、またはソリューションであり、ART 市場は、革新的な保険と資本市場のソリューションが複合されたリスクマネジメント市場である、と定義できる[8]。リスクを移転する新しい商品、受け皿（Vehicles）、またはソリューションには、次のようなものがある。①リスクを移転する新しい商品（Products）とは、リスクマネジメントの目標を達成するために使用される手段又は仕組みであり、代表的なものとして、保険リンク証券やコンティンジェント・キャピタル、保険デリバティブなどがある。②リスクを移転する新しい受け皿（Vehicles）とは、代表的なものとして、リスクマネジメントの目標を達成

8　Erik Banks, Alternative Risk Transfer, John Wily & Sons, Ltd, 2004, pp.49-50.

表2 リスクファイナンシングの手法

カテゴリー	リスクファイナンシング手法	引受手のリスク・特徴	具体例
保有	社内積立	社内に積み立てる引当金等。	社内積立
	キャプティブ保険会社	事業会社などが自社または自社グループ会社のリスクを専門的に引き受けさせるために設立・所有管理している保険会社。	保険契約
	コンティンジェント・キャピタル（デット）	事前に定めた融資限度枠や金利条件に基づき、緊急事態の際に、資金の借入れを可能とする仕組み。	コンティンジェント・コミットメント・ライン
	ファイナイト	複数年契約とし、保険料を一定期間、一定金額ずつ積み立てる保険プログラム。	保険契約
移転	保険	損失の発生時に保険金が支払われる。	保険 再保険
	保険リンク証券（ILS）	リスクの証券化を通じて、損失の発生時に保険金が支払われる。	CAT ボンド サイドカー ILW 担保付再保険
	コンティンジェント・キャピタル（エクイティ）	緊急事態の際に、あらかじめ定めた価格による株式発行等ができるオプションを企業が購入する仕組み。	コンティンジェント・エクイティ・プット
	保険デリバティブ	保険関連リスクに連動する指標の変動等を対象としたデリバティブ取引（オプション・スワップ取引等）。	天候デリバティブ

出典：各種資料を参考にして作成

図9 リスクファイナンシングと ART の分類

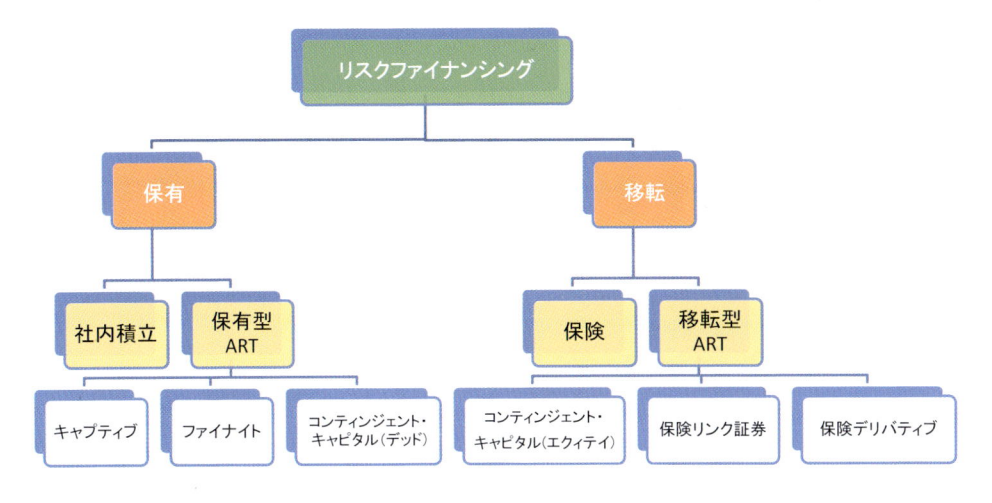

出典：各種資料を参考にして作成

するために使用されるキャプティブ、特別目的会社（SPC）などがある。③
リスクを移転する新しいソリューション（Solutions）とは、リスクマネジメ
ントの目標を達成するために使用される複数の商品または受け皿の広範囲な
プログラムであり、代表的なものとして、企業リスクマネジメント・プログ
ラムがある。

　ART は、ファイナイトのように保険にタイミングリスクの分散と限定す
る仕組みを取り入れることや、デリバティブや証券化と呼ばれる革新的な金
融手法を保険分野に活用した。よって金融市場から資金を調達する仕組みを
持つようになり、保険と金融の重なるフィールドに存在するものとして多様
化し、保険と金融の特徴を合わせ持つことになった。

　この ART の分類を図示すれば、図 10 の通りである。

　この ART は、リスク移転経路において、段階別に行われる。事業会社は、
保有するリスクの一部を元受保険会社と、金融市場に移転し、残りのリスク
を保有する。また、事業会社からリスクの移転を受けた元受保険会社は、そ
のリスクの一部を保有し、残りのリスクは金融市場に移転するか再保険（再

図 10 リスクマネジメントにおける ART の分類

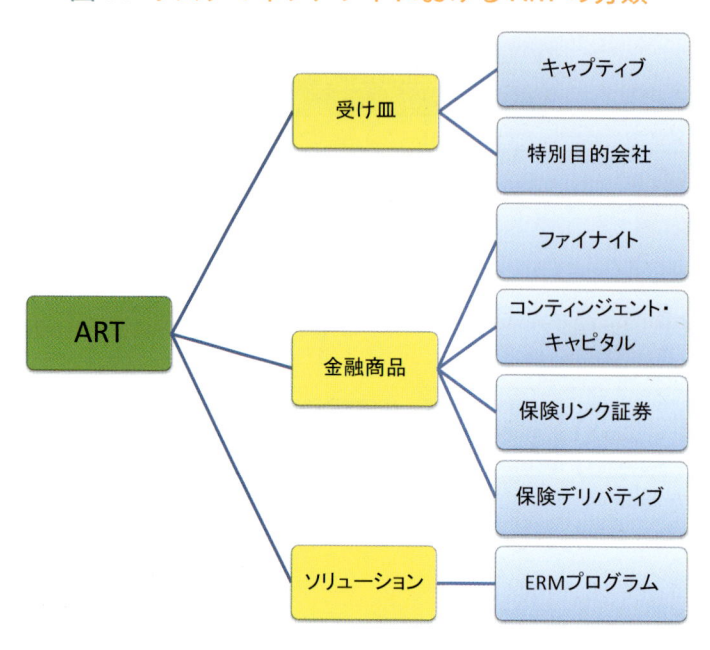

┃出典：各種資料を参考にして作成

保険会社またはキャプティブ）に出再する。さらに、再保険会社またはキャプティブは、その引受リスクの一部を保有し、残りのリスクは再保険市場、または金融市場に移転する。

　また、保険会社の立場からの保険リスクは、保険引受リスク (Underwriting Risk) とタイミングリスク (Timing Risk) に構成される。保険引受リスクは、オカレンスリスク (Occurrence Risk or Frequency Risk) とシビリティリスク (Severity Risk) であり、タイミングリスクとは、事故発生時期の不確実性である[9]とされる。例えば、終身保険は、タイミングリスクのみが存在する保険である。終身保険は、死亡時に保険金が支払われる死亡保険であるが、保険期間が無制限で、人は必ず死亡するので、すべての契約に対して必ず保険金が支払われる。そのため保険引受リスク

---

[9] 吉澤卓哉「保険リスクとしてのタイミングリスクについて」『保険学雑誌』第 600 号、2008 年 3 月。

図 11 リスク移転経路における段階 ART の対応

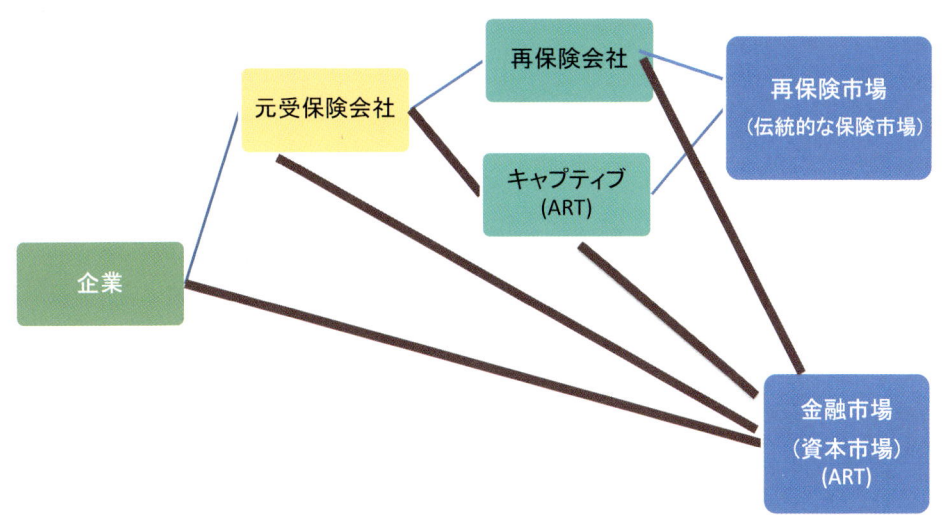

┃出典：各種資料を参考にして作成

は存在しない。この終身保険におけるタイミングリスクとは、保険会社の立場からの保険事故発生の時期の予測に関する不確実性を意味している。

　一方、事業会社は、資金調達のタイミングのずれが原因で生じる損害の発生可能性から企業価値を護るために、主として金融を利用するが、この資金調達のタイミングのずれによって企業価値を損なう可能性も「タイミングリスク」と称される[10]。

　「大数の法則」とは、保険において、同種の契約を多数集めることで、統計的な確率を安定的なものにして、リスクの発生確率の変動を低くしようとする保険の法則である。ART は、主として、この大数の法則が働かないリスクに対し、複数年契約による時間的な分散を行い、また新しい金融手法を取り入れ、資金量の豊富な金融・資本市場の活用、更にはそれらの統合による保険と金融の機能上の相互補完する新しいリスクファイナンシング手法としても活用されている。

10　銀泉株式会社『企業におけるリスクファイナンス手法 – 代替的リスク移転手法 (ART) の種類と活用事例 -』2014 年、pp.3-4。

04 金融市場

　金融市場（Financial Market）は、広義には資金の貸借取引が行われる場、または資金の需要と供給が調節される市場を指す。金利は、金融市場で形成される金融取引の価格である。この金融市場は取引される資金の期間によって、その期間が1年未満の短期金融市場（Money Market）と、その期間が1年超の長期金融市場（Capital Market）に分類される。さらに短期金融市場は、金融機関相互間に取引が行われるインターバンク市場と、一般企業や投資家も参加できるオープン市場に分類され、長期金融市場は、株式市場と債券市場に分類される。

　金融市場（Financial Market）の分類は、図12の通りである。

図12 金融市場（Financial Market）の分類

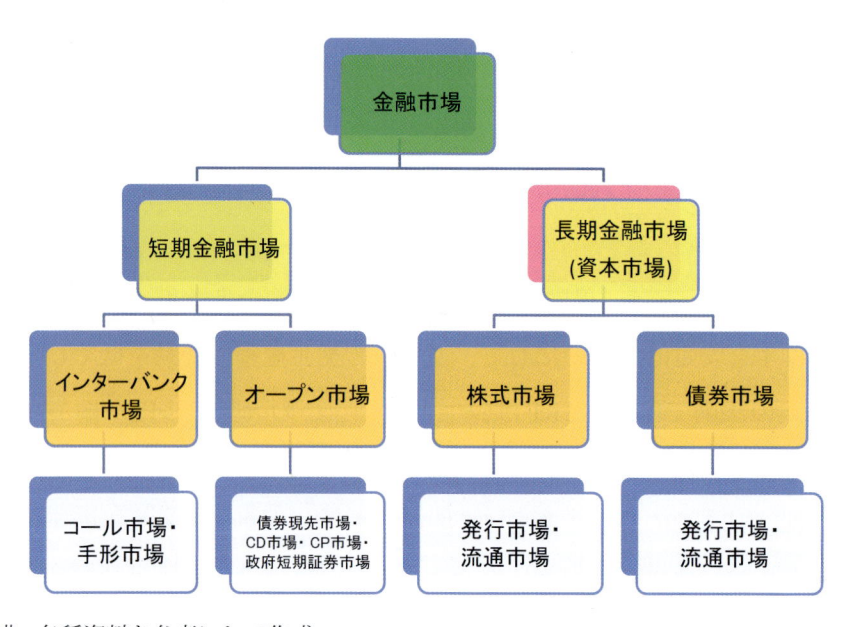

▌出典：各種資料を参考にして作成

短期金融市場には、インターバンク市場とオープン市場がある。コール市場・手形市場は、金融機関相互間に短期資金の貸借が行われるインターバンク市場である。これに対して現先市場・CD市場・政府短期証券市場は、一般企業や投資家も取引に参加しているので、オープン市場である。

　長期金融市場は、資本市場または証券市場とも称される。広義の金融市場から、資本市場（証券市場）を除いたものを金融市場と呼ぶ場合もある。

05　ARTの財務への影響

　一般に、リスクが発生すると、財務諸表に与える影響という観点からいえば、損益計算書および貸借対照表へマイナスの影響が生じる。すなわち、収益の減少、費用の増加、損害の発生によって、損益計算書上の利益が減少する。さらに、赤字に陥った場合は、貸借対照表の利益剰余金・資本剰余金・資本金といった純資産部分が減少する。一方で、リスクの発生は、企業の利益や純資産に影響を与えることに加えて、資金の収支にも影響を与える。

　貸借対照表（B/S：Balance Sheet）が特定の時点における財政状態を表すものであるのに対し、損益計算書（P/L：Profit and Loss Statement）は一定期間における経営成績を表す。貸借対照表はある時点（主に決算日）における会社の資産と負債などを一覧にしたリスト、損益計算書は会計期間（主に1年間）での会社の成績表のようなものであるといえる。貸借対照表が特定の時点で算出されるのは、さまざまな取引によって企業の資産状態が日々変動する中、ある一定のタイミングで「資産や負債がどれくらいあるか」という財政状態を表すためである。それに対して損益計算書が一定の期間で算出されるのは、その会計年度における収益や費用、利益といった企業の経営成績を報告するためである。

ARTの種類と貸借対照表上の財務への影響の関係（B/S）を図示すると、図13の通りである。

保険は、リスクの発生による損益計算書上の利益や貸借対照表上の純資産のマイナス影響を軽減する損害てん補の機能を有するが、損害調査と保険金支払に一定期間が必要となるため、緊急の資金としては適さない場合がある。一方で、金融は、資金の決済不能や支払遅延に陥るリスクを防ぐ機能を有しているものの、企業の利益や純資産を直接的に防護する機能は持たない。したがって、リスクファイナンシング手法の選択において、リスクの発生が、企業の財務諸表のどの部分にどの程度の影響を及ぼす可能性があるかを分析し、それに適した効果を有する手段を選択する必要がある。

ARTの種類と損益計算書上の財務への影響の関係（P/L）を図示すると、図14の通りである。

また、保険デリバティブなどは、実際の会計処理は多様であるが、その決済金とオプション料の差額は、収益として認識される。損害保険の保険金は、利益として認識される。また、保険リンク証券（CAT）や保険デリバティブは、リスク発生の際の補償金には、保険金と同様に返済義務などがないために、特別利益として認識される。

しかし、コンティンジェント・エクイティは出資金の形となり、コンティンジェント・デットは借入金の形となり、これらは貸借対照表に影響を与えることになる。その結果、損害保険または保険デリバティブ、コンティンジェント・エクイティ、コンティンジェント・デットの順番に会計的な損害を解消する効果が大きいが、一般的にその対価はその逆の順で安価となり、損害保険は一番費用が高く、コンティンジェント・デットが一番安い。保険は、保険金が会計上利益となるため、災害による損害を補てんする手段としての効果は大きいが、コストも高くなる。

図13 ARTの種類と財務への影響の関係 (B/S)

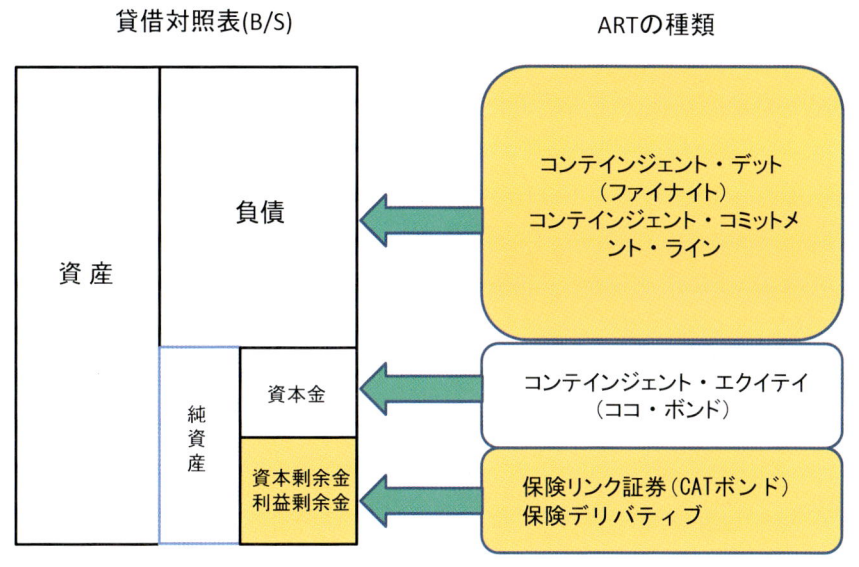

貸借対照表(B/S)　　　　　ARTの種類

- 資産
- 負債 ← コンテインジェント・デット（ファイナイト）コンテインジェント・コミットメント・ライン
- 純資産
  - 資本金 ← コンテインジェント・エクイテイ（ココ・ボンド）
  - 資本剰余金 利益剰余金 ← 保険リンク証券（CATボンド）保険デリバティブ

▌出典：各種資料を参考にして作成

図14 ARTの種類と財務への影響の関係 (P/L)

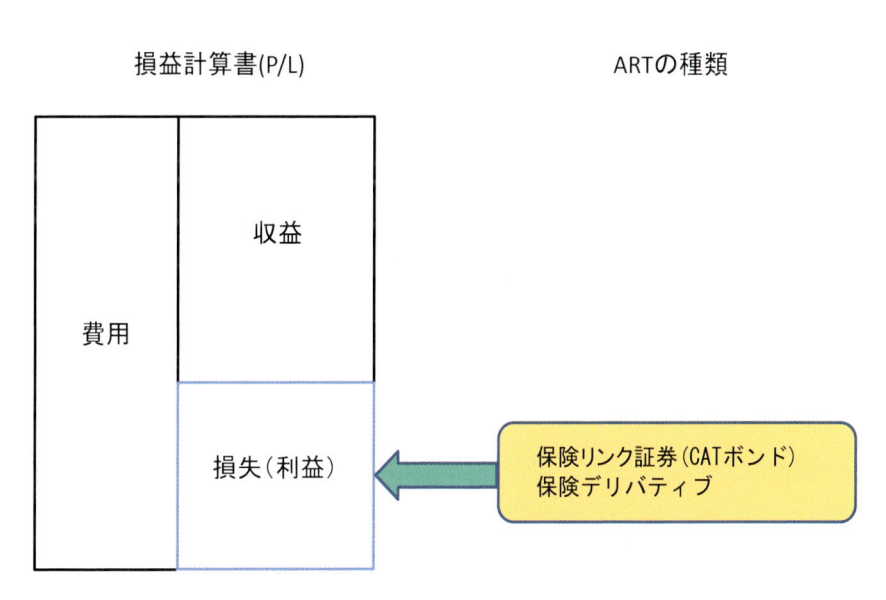

損益計算書(P/L)　　　　　ARTの種類

- 費用
- 収益
- 損失（利益）← 保険リンク証券（CATボンド）保険デリバティブ

▌出典：各種資料を参考にして作成

コンティンジェント・エクイティは、リスク発生の際に、資本としての資金調達となるので、返済の義務がなく、負債比率を悪化させずに損害の補てんが可能となる。しかし、リスクが発生した後に株価が下落する可能性が高い状況下で新株を発行することになるため、更なる株価の下落となりかねないことから、リスクを引き受ける投資家を引き込めることは難しいとされる。

1. リスク対応の概要と手段について説明しなさい。

2. リスクコントロールについて説明しなさい。

3. リスクファイナンシングとコーポレートファイナンスの異同について説明しなさい。

4. 保険と ART の関係について説明しなさい。

5. ART の種類と財務への影響について説明しなさい。損益計算書への影響と貸借対照表への影響について、その長所と短所を議論しなさい。

第3章

リスクファイナンシング手段としての保険の限界

伝統的なリスクファイナンシングの手段として保険がある。しかし、この保険は、その仕組みから由来するリスクファイナンシングの手段としての限界がある。本章では、リスクファイナンシングの手段としての保険の限界について概説する[11]。

01　保険とリスクファイナンシング

リスクには、保険で対応可能な純粋リスクと、保険で対応できない投機的リスクが存在し、この投機的リスクに対する保険は存在しない。自然災害に代表される純粋リスクは統計として把握することができるが、価格変動に代表される投機的リスクは統計として把握することが難しい。したがって、投機的リスクに対する保険が存在しないことが、リスクファイナンシングとしての保険の限界となった。リスクファイナンシングでは、リスクの種類に関係なく、対応する必要があるためである。

また、保険制度では、保険と賭博を区分するため、後述するように、18世紀に被保険利益という概念が導入された。それによって、保険を利用した賭博はできなくなり、さらに利得禁止の原則を貫くための実損てん補の原則

---

[11] 本章は、拙著『リスクマネジメント論（2019年）』（成文堂）の第9章の内容を修正加筆して再録した。

があり、代位が行われる。その結果、保険制度は社会的に有益なものとして評価され、保険産業は持続的な発展を遂げてきた。

しかし、保険制度に被保険利益の概念を導入したことで、保険による利得の獲得はできなくなり、保険市場は、利益を追求する投資家に魅力的な市場ではなくなった。また、保険事故の発生の際には、損害てん補の原則を守るための損害調査が必要となり、保険金の支払業務には時間がかかるようになった。さらに、後述する保険価額と保険金額の関係によって、保険金額が保険価額より少ない一部保険の場合には、比例てん補の原則に基づき損害額に保険価額に対する保険金額の比率を乗じて、保険金が支払われる。また、保険で対応できるリスクでさえも、保険市場の変動によっては、保険料が急騰したり保険会社が保険の引受を拒絶する保険危機が発生した。

このような保険の限界ともいえる問題点は、保険市場の引受能力の不足と保険実務の複雑化を招き、ART などの新たなリスクファイナンシング手段の発展を促す結果となった。本章では、このリスクファイナンシングの手段としての保険の限界を検討することとする。

02　被保険利益と保険

（1）被保険利益と利得禁止

保険は、リスクの移転の対価として、保険契約者が保険会社に保険料を支払い、担保したリスクによる損害が発生した場合は、保険会社が保険契約者（被保険者）に保険金を支払う制度であり、伝統的なリスクファイナンシング手段として使われてきた。この保険は、17 世紀頃、貴族や有名人の死や財産に対して、その人や財産と利害関係を持たない第三者が保険に加入することによって、保険を投機手段として利用していた。このように利害関係の

ない人や財産に対する保険契約は、賭博保険（Gambling Insurance Policy）と呼ばれた。

　この賭博保険を禁止するために、保険契約に被保険利益という概念が導入された。被保険利益（Insurable Interest）とは、ある物に偶然な事故が発生し、ある人が損害を被るおそれがある場合に、そのある物とある人との間の利害関係（Interest）として定義される。この被保険利益のない保険契約は、損害を被る可能性（おそれ）がない人や財産に対する保険契約となるため、被保険者に損害が発生しえない。

　損害保険は、損害に対して保険金を支払うことを目的とするため、その契約の前提条件としての被保険利益の存在が必要となる。これによって、損害保険契約の目的（Subject of Insurance）は被保険利益となり、被保険目的物又は被保険物（Subject-matter Insured）が船舶、貨物等の物から被保険者の有する利益へと変化し、賭博と保険が区別された。

　イギリスにおける Marine Insurance Act 1745 では、被保険利益のない保険証券の発行を禁じ、1909年イギリス海上保険法（Marine Insurance（Gambling Policies）Act 1909）では、被保険利益のない保険契約は、賭博保険であると定義され、その契約は無効となり、賭博保険契約を締結した者は、6か月以内の禁固刑または罰金刑に処されると規定された。また、イギリスでは、他人の生命保険契約の締結に制約はなかったが、18世紀になってその弊害が多くなり、1774年生命保険法（Life Assurance Act 1774）が制定され、被保険利益のない保険契約が禁止された。

　日本の保険法においても、被保険利益は、「保険の目的につき保険事故が発生することにより被保険者が経済上の損害を被るべき関係」（保険法3条、9条）と規定されており、被保険利益のない損害保険契約は無効となる。一つの保険の目的物に対して、所有者、担保権者、債権者など、それぞれが異なる立場で、異なる被保険利益を有している場合は、それぞれが独立した保険契約を締結することが可能である。

この被保険利益は、金銭で評価できるものでなければならない。「損害てん補の原則」とは、保険金の支払額は、実際の損害額を限度とする原則であり、被保険利益の概念の派生的なものとしても理解できる。また、利得禁止の原則は、損害が生じた場合、実際の損害額を超えて保険金を受取ることができないという原則である。「損害てん補の原則」が保険会社の保険金支払いの観点からのものであるとすれば、利得禁止の原則は、被保険者の保険金受取りの観点ともいえる。この損害てん補の原則と利得禁止の原則によって、保険契約者などは、損害額を限度として保険金を受け取り、保険によって利得することができなくなり、道徳的危険を防止している。道徳的危険またはモラルリスク（Moral Risk）とは、保険に加入した後に、保険制度を利用して利得しようとする保険契約者または被保険者の心理的な現象を指す。

一方、日本における生命保険契約では、被保険利益の有無は、契約の成立およびその効力に関して問題とならない。生命保険は、人間の生死に関するリスクをその固有の事業領域にしており、被保険者、保険金受取人、保険金額を当事者が自由に決めることができる。損害保険契約では、被保険利益を評価したものを保険価額としているが、生命保険ではその被保険利益を契約要件としていないため、その評価額も存在しない。したがって、生命保険契約では、損害てん補の原則と利得禁止の原則という概念はない。

日本における生命保険では、被保険利益の存在を必要とする英米のそれとは異なり、被保険利益の存在を要件とせず、他人の生命（死亡）の保険契約についてのみ、その他人（被保険者）の同意を必要とする同意主義が採用されている。被保険利益は、賭博保険の防止に効果的であり、同意主義は、道徳的危険の防止に効果的である、とされる。損害保険における被保険者（The insured）とは、保険金を受領する可能性のある人を指すが、生命保険では、保険契約の対象になった人（Insured Life）であり、保険金を受け取る可能性のある人は保険金受取人（Beneficiary）と称される。

このように、保険契約が有効である前提条件として、被保険利益という概念が導入されたことで保険と賭博が区分された。これによって、保険産業の評判が高まり、保険制度が社会に有益なものとして認められた。

(2) 保険価額と保険金額の関係

被保険利益を評価した金額は、保険価額（Insurable Value）と称され、損害を被ることのある最大額となる。また、保険会社がてん補すべき金額の最高限度として当事者が契約上約定する金額は、保険金額（Insurance to Value）と称される。保険契約締結時にすべての契約の保険価額を評価することは実務上困難であり、保険契約者は、保険料節約のために必ずしも保険価額全部について保険を欲するとは限らないため、契約当事者間に保険金額を自由に決めることにしている。

また、保険事故が発生した場合、保険会社が被保険者に支払う金銭は、保険金（Insurance Payout：Insurance Money：Insurance Proceeds）と称される。損害保険における保険金は、保険価額・保険金額・損害額の中で、一番低い金額が限度額となる（但し、新価保険などの例外もある）。これによって、利得禁止の原則が貫かれている。

一方、保険金額が保険価額より少ない場合は一部保険（Under-Insurance）と称されるが、損害が発生した場合は、特約などがない限り、原則的に、比例てん補の原則（Principle of Average）が適用される[12]。

比例てん補による保険金は、次のように算出される。

---

[12] 比例てん補が認められる理由は、保険料不足を根拠とする説が有力である。つまり、小損害が多く発生するため、その処理には多額の費用が発生する。しかし、保険料は全部保険を前提に算出されており、発生確率の高い小損害に対する料率は算出されていない。それを補うためには、一部保険の保険料率を高くするべきであるが、それが実務上難しいため、支払いの際に調整しているというものである。

$$\text{保険金} \quad = \quad \text{損害額} \quad \times \quad \frac{\text{保険金額}}{\text{保険価額}}$$

　例えば、車両価格（保険価額）500万円の自動車に対して、保険金額300万円の保険契約を締結した場合、支払保険金は、損害額に対して、保険価額に対する保険金額の比率である60%が支払われる。要するにこの自動車に300万円の損害が発生した場合、保険金は300万円が支払われるのではなく、価格協定保険特約などが添付されていない限り、比例てん補の原則が適用され、その損害額の60%である180万円（300万円×60%）が保険金として支払われる。

　また、保険金額が保険価額より大きい保険契約は、超過保険（Over-Insurance）と称される。この保険価額を超える部分は、利得禁止の原則の観点から、保険金が支払われない。この超過保険における保険金は、前述した通り、保険価額・保険金額・損害額の中の一番低い金額を限度として支払われる。なぜなら損害額が保険価額を超えることはあり得ないからである。

　さらに、重複保険（Double Insurance）は超過保険の特殊な形態であるが、同一の保険の目的物について、被保険利益・担保危険が同じで、かつ保険期間が重複する損害保険契約が複数存在し、しかもそれらの保険金額の合計が保険価額を超える場合である。つまり、重複保険とは、同一被保険利益に対して複数の保険契約が存在する結果超過保険になった場合であり、複数の契約の一部が重複しても、その部分は重複保険であり、被保険利益と担保危険、そして保険期間の3つの要素の全てがそれぞれ一部でも重複している場合を指す。この重複保険では、各保険会社は、他の保険契約がなかったならば自社が負担したであろう保険金の金額を支払う独立責任額全額主義が採用された。しかし、被保険者は、損害額を超えて保険金を受け取ることはできない。その後に、保険会社間で清算される。

　これに対して、共同保険（Coinsurance）は、同一被保険利益に対して複数の保険会社が保険金額すなわち危険を分担して引き受けることを称する。こ

の共同保険は、複数の保険会社が一つの保険契約によってリスクを分担する仕組みであり、幹事会社を決め、その幹事会社を窓口にして事務処理が行われるもので、重複保険とは区分される。このようにして、一部保険では比例てん補の原則が適用され、超過保険または重複保険では保険価額を超えて保険金が支払われることがないように制度化されている。

　一方、日本における生命保険は、損害保険と異なり、被保険利益を契約の要件としないため、実際の損害を問題とせず、契約時に決めた保険金額が保険金として支払われる「定額保険」である。この生命保険では被保険利益を要件としていないため、被保険利益と保険価額の関係である一部保険・全部保険・超過保険・重複保険の概念がない。

(3) 代位

　損害保険においてのみ認められる代位（Subrogation）には、残存物代位（Subrogation Regarding Lost or Destroyed Property）と請求権代位（Subrogation Regarding Claim）がある。残存物代位とは、全損として保険金額の全額を支払った場合、保険会社が被保険者の保険の目的物に対する権利を取得することである。一部保険の場合には、保険会社は、保険金額の保険価額に対する割合にしたがって権利を取得し、残存物は被保険者と共有する。被保険者が保険金と残存物に対する権利との両方を取得すると、損害が発生した場合、かえって被保険者に利得が生ずることがあるからである（利得防止説）。ここでの全損とは、保険の目的物を従来の用法で用いることが不可能となったこと（他の用途では使える場合もある）である。また、物理的には修繕可能だが修繕費の見積額が保険価額を超えるため全損とされることもある（経済的修繕不能）。

　この残存物代位によって、保険会社が全損としての保険金を支払えば、保険の目的の残存物に関する権利を法律上当然に取得する。しかも、残存物代位による権利の取得は、被保険者の権利移転に関する意思表示を必要とせ

ず、保険会社が所定の要件を満たすと同時に、当然に生ずる。この残存物代位により、保険会社は、支払保険金の一部を回収することができるが、残存物の権利の取得により、所有者としての残存物の撤去義務を負うことになり、かえって巨額な費用の負担を余儀なくされる場合も考えられる。

これに対応するため、保険会社は、約款において、保険会社が残存物の権利を取得しない意思表示をして保険金を支払ったときは、被保険者が有している権利は保険会社に移転しない旨を定め（自家用自動車総合保険など）、残存物の所有権を取得する意思表示をしないかぎりその所有権を保険会社に移転しない旨を定め（住宅総合保険など）、または残存物代位による権利の取得を放棄し、残存物に関する権利の移転による保険会社の負担を回避している。

次に請求権代位とは、第三者の行為によって、保険事故による損害が生じ、保険会社が被保険者に保険金を支払った場合、保険会社は、その支払った金額の限度において被保険者が第三者に対して有する権利（損害賠償請求権）を取得するものである。

請求権代位の図示は、図 15 の通りである。

図 15 請求権代位

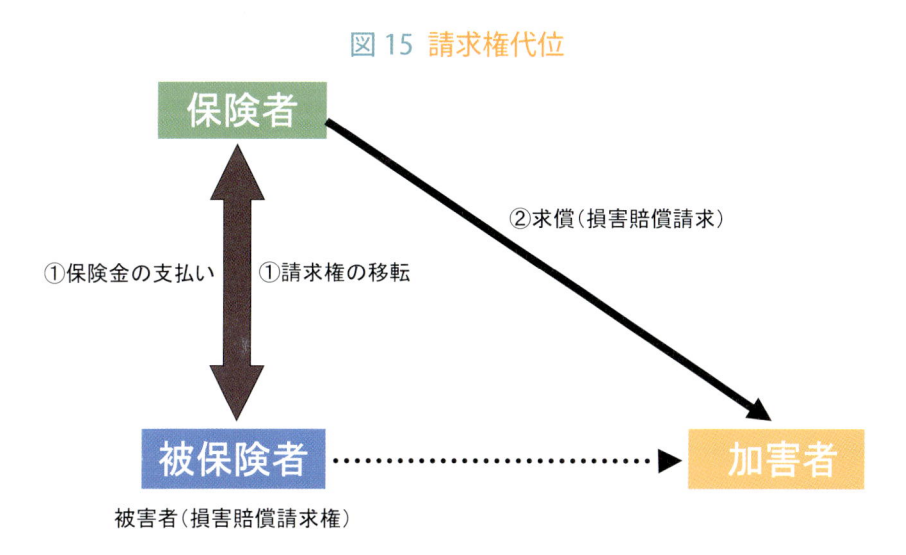

①保険金の支払い　①請求権の移転

②求償（損害賠償請求）

被害者（損害賠償請求権）

▌出典：各種資料を参考にして作成

請求権代位の要件は、保険事故の発生により被保険者が第三者に対して権利を取得したこと（分損の場合にも認められる）と、保険会社が被保険者に対して保険金を支払ったことである。その効果として、保険会社が被保険者に支払った金額の限度において被保険者の第三者に対する権利が保険会社に移転する。

　代位は、法の規定により当然に生じるものであり、当事者の意思表示・対抗要件の具備は必要ない。保険契約者・被保険者は権利保全義務を負う（約款）。この代位によっても、保険制度における利得禁止の原則が貫かれている。

03　米国における保険危機

　企業（被保険者）の立場からの保険の特徴は、一定の保険料を支払うことによって、大きい金額の損害の発生の可能性を保険会社に移転することである。しかし、保険危機の発生によって、保険料が急騰し、保険会社は保険契約の引受を拒絶するようになった。このような状況は、企業の安定的なリスクマネジメントを難しくするものであった。

(1) 米国における保険危機の発生

　保険危機（Commercial Insurance Crisis）とは、保険会社の引受能力の問題であり、いわゆる「保険会社が販売していないために、保険を入手することができない」という入手不可能（Unavailability）と、「保険料が高すぎて買うことができない」という購入不可能（Unaffordability）の問題である。アメリカにおける保険危機には、第1次保険危機と第2次保険危機がある。

① 第一次保険危機
1960年代末から1970年代にかけてアスベスト（Asbestos）訴訟などの

PL（Product Liability）訴訟が激増した。その結果、保険会社の収益が悪化し、保険料が前年の5〜7倍にも値上がりした。そのため PL 保険を買えず、廃業に追い込まれるか、倒産する企業が増加した。それが社会問題となったのが1974年から76年ごろの第一次保険危機（Commercial Insurance Crisis）である。

② 第二次保険危機

1985年から1987年には第一次保険危機である PL 危機をはるかに上回る規模で二度目の「保険危機」が発生した。例えば、賠償責任保険料が半年の間に5倍以上に急騰した結果、アイススケート場の半分程度が閉鎖され、産婦人科の12% は分娩を拒否する事態となった。

当時、ロイズ（Lloyd's of London）がその300年の歴史上最大の事業損失を計上し、ピーター・ミラー（Peter Miller）会長が、収益の改善に向けて、アメリカの保険会社が賠償責任リスクに関する料率の大幅引き上げと、クレームズ・メード・ベース（Claims Made Basis）および訴訟費用の内枠払条件による引受けをし、さらにはアメリカの法制度の改善がなされなければ、賠償責任保険またはその再保険の引受けはできないとの警告を表明する事態に至った[13]。クレームズ・メード・ベース（Claims Made Basis：賠償請求基準）とは、損害賠償請求の原因である身体障害または財物損壊が遡求日（Retroactive Date）以降に発生したもので、保険期間内に保険金が請求された場合に限り、保険金支払いの対象とするものである。

これらの保険危機の原因としては、諸説あるが、アンダーライティング・サイクル、キャッシュ・フロー・アンダーライティング、懲罰的損害賠償、裁判制度などが指摘される。

---

[13] 金光『米国の保険危機』保険毎日新聞社 ,1987, pp.24-27。

(2) アンダーライティング・サイクル

アンダーライティング・サイクル (Underwriting Cycle) とは、ソフト・マーケット (Soft Market) とハード・マーケット (Hard Market) が交代して変動するサイクル、つまり保険料の上昇と下落が周期的に変動するサイクルのことである。保険料が急騰し、保険会社が保険の引き受けを制限する現象は、保険市場のハード化またはハード・マーケット (Hard Market) と称され、保険料が下がり、保険会社が保険引き受け条件を緩和する現象は、保険市場のソフト化またはソフト・マーケット (Soft Market) と称される。前述の保険危機は、ソフト・マーケットとハード・マーケットが数年おきに繰り返されるアンダーライティング・サイクルにおけるハード・マーケットの問題であるという主張がある。

アメリカにおいて、1989 年から 1993 年の 4 年間の間に、地震リスクの保険料は、およそ 2.5 倍に跳ね上がっている。このような保険市場のハード化は、一度始まると少なくとも数年続き、大幅な料率上昇が発生し、保険会社の引き受け能力 (Capacity) の枯渇となる。また、1993 年から 1999 年までの 6 年間は、地震関連の保険料率が低下し続けた。このようなソフトマーケットでは、保険料率が下がるだけでなく、保険金額と担保範囲などの引き受け条件も緩和される。

(3) キャッシュ・フロー・アンダーライティング

キャッシュ・フロー・アンダーライティングの概念 (Cash Flow Underwriting) とは、収受した保険料の保険金支払時点までの予想運用収益も勘案したうえで、保険料率の設定を行う保険引受のことである。アメリカでは、保険料率の引下げ競争によって保険事業損益での利益が低下した部分を投資収益で埋め合わせるキャッシュ・フロー・アンダーライティングが行われていた。

キャッシュ・フロー・アンダーライティングは、保検料の収入から保険

金支払までに長期間を要するロング・テール（Long Tail）が存在する生産物賠償責任保険（Products Liability Insurance）や専門職業人向け賠償責任保険（Professional Liability Insurance）などが適しているとされ、1980 年前後の高金利時代に盛んに行われた。これらの賠償責任保険は、裁判などで実際の損害額が確定され、保険金が支払われるまでには長い時間が所要されるロング・テールが現れる場合が多く、その間に積立金の資産運用が可能となるためである。

　ロング・テール（Long Tail）の図示は、図 16 の通りである。

図 16 ロング・テール (Long Tail)

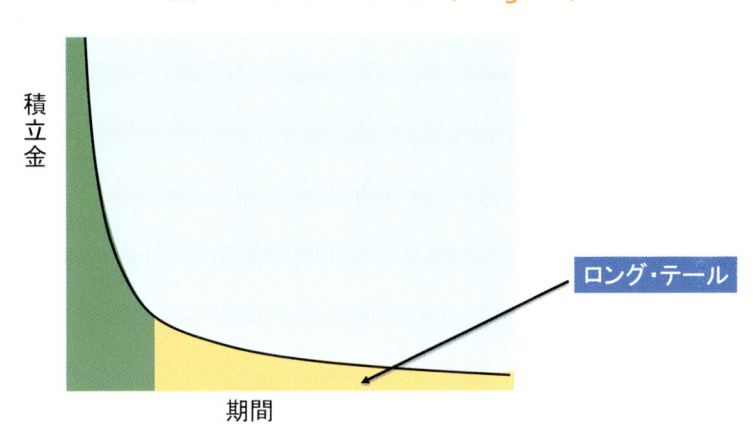

┃出典：各種資料を参考にして作成

　しかし、このキャッシュ・フロー・アンダーライティングは、金融市場の変化による低金利下の局面では期待した運用益をあげることができなくなり、その結果保険会社は多額の損失の状態に陥る原因となった。保険会社は、これに対応するために、保険料を大幅に引き上げるとともに、引き受け条件を厳しく制限するようになった。

　キャッシュ・フロー・アンダーライティング（Cash Flow Underwriting）の事例は、次の通りである。例えば、A 保険会社は、保険金額 10 万ドル、保

険期間 10 年・年間保険料 250 ドル（総保険料 2,500 ドル）の自動車保険の契約を締結したとする。しかし、この保険契約者は、DUI（Driving Under Influence：アルコール・薬物の影響下での運転）の記録があり、保険会社は、2,500 ドル以上の保険金支払いが予測されることを知っており、保険引き受け損を前提に保険契約を締結している場合である。このキャッシュ・フロー・アンダーライティングは、低価格による短期的な販売戦術として使用される。そして、保険会社は、収入保険料を高利回りが得られると予測される方法で資産運用を行い、保険料の割引金額以上の投資収益を上げることに賭けていることである。

(4) 懲罰的損害賠償

　懲罰的損害賠償（Punitive Damages, Exemplary Damages）とは、損害賠償制度において、加害者が悪質であると判断される場合、裁判所または陪審の裁量により、損害てん補のための賠償金（Compensatory Damages）に加えて、上乗せされる損害賠償のことである。主に英米法系の国で採択されている損害賠償制度で、日本には存在しない。アメリカでは、イギリス法を継承した建国の直後にも懲罰的損害賠償の判例が現れていた[14]。

　懲罰的損害賠償の事例として有名なフォード・ピント（Ford Pinto）事件は、次のような内容である。フォード社の北米市場向け自動車モデルであるピントは、1970 年 9 月 11 日に販売が開始された。このピントが、1972 年にインターステート・ハイウェイを走行中にエンストが発生し、約 50km/h の後続車に追突されて炎上した。この交通事故によって、運転者の男性は死亡し、同乗者が大火傷を負うことになった。

　フォード社は、ピントを開発する際に、既存の車種であるマーキュリーと

---

[14] 1784 年のジェネイ対ノリス事件 (Genay vs. Norris (1784)) 等が知られている。

の部品の共通化などを通じて、通常は約43ヶ月程度が必要とされる開発期間を25ヶ月に短縮して発売していた。この開発段階で、ガソリン・タンクとバンパーの距離が近接していることと、バンパーの強度が十分ではないため、追突事故の際に火災の危険があるという欠陥が判明した。1973年、アメリカ運輸省は、フォード社に対して、連邦自動車安全基準第301条に基づき、燃料システムにおける問題を解決することを提案した。しかし、フォード社は、この運輸省の提案に対し、「製品の欠陥は存在するが、設計の変更と製品の改修に必要となる費用が大きいため、事件になる個別の事案に対して車両の欠陥を判断して損害賠償金の支払いを行うことが合理的である」という回答書を提出していた。

　フォード社は、設計の変更と製品の改修を行う場合、費用の減少が4,953万ドル（死者数減：180人×20万ドル＝3600万ドル、重傷者減：180人×6.7万ドル＝1206万ドル、車両事故減：2,100台×0.07万ドル＝147万ドル）と試算し、製品の改修による製造費用の増加分が13,750万ドル（1250万台×11ドル）であると見積もった。フォード社は、この試算に基づいて、設計の変更と製品の改修を行う場合と行わない場合の費用を比較し、行わない場合の費用のほうが少ないと判断し、安全策を講じることはなかった。

　フォード社の元社員らは、同社が欠陥の存在を知りながら安全策を講じずに開発を進めたことを証言し、同社が費用を比較計算した結果、安全策を講じずに欠陥車の発売に踏み切ったことも発覚した。

　このフォード・ピント(Ford Pinto)事件では、1億ドルを超える損害賠償金の陪審の評決が出され、有名になった（てん補賠償：280万ドル、懲罰賠償：12,500万ドル）。この事件は、20世紀フォックスによって1991年に製作された映画『訴訟』（原題：Class Action）の題材にもなった。

(5) PL(Products Liability) 訴訟

　製造物責任（Product Liability：PL）は、製造物の欠陥による被害者救済を目的として、1960 年代にアメリカで確立し、日本でも 1994 年 6 月 22 日に製造物責任法が制定され、1995 年 7 月 1 日より施行されている。PL 法とも呼ばれる製造物責任法は、製造物の欠陥によって、生命・身体又は財産に損害が発生した場合、被害者は、製造会社などに対して、相手の過失を立証することなく、損害賠償を請求することができるようにしている。

　アメリカにおける PL 訴訟には、次のような事例がある。10 代の女性が、部屋の中に香気を漂わせようとして、ローソクにオーデコロンを振りかけたときに、気化したアルコールに火が付き、同じ部屋にいた友人がやけどを負い、オーデコロン・メーカーが責任を問われた。

　また、雨にぬれた犬を乾燥させようとしてオーブンに入れた結果、犬が火傷で死んだ。この事例では、ペットを乾燥させた場合の危険性についての警告を行わなかったメーカーに損害賠償責任が認められた。また、天井から落ちて負傷した強盗が、家主に対して損害賠償金を請求し、裁判でその賠償責任が認められた。

　また、アスベスト（Asbestos）の事例がある。アスベストは、石綿という直径 0.02 〜 0.2 ミクロンの鉱物性繊維であり、断熱性、絶縁性、吸湿性に優れて加工もしやすいため、建築資材、電気製品、自動車部品などに幅広く使われていた。1960 年代、アメリカでアスベストの繊維を吸い込むと、それが肺に突き刺さり、肺がんの原因となることが判明された。アメリカ環境保護局（EPA：Environmental Protection Agency）が行った調査では全米で、アスベストを使用した建物において、1500 万人の子供が学び、140 万人の労働者が働いていることが判明した。その後、EPA は、1986 年にアスベストの部分的使用禁止を命じ、10 年後には全面的に使用禁止にすることとした。

　そこで学校や企業は、アスベストの撤去費用を損害として（一部は懲罰賠

償額を含む）、アスベストメーカーに対する損害賠償を求めて提訴した。特に 1973 年に、メーカーに製造物責任（PL）が認められてからは、アスベストメーカーに対する PL 訴訟が急増した。アスベストによる損害賠償請求訴訟における原告の勝訴率は、8 割近くとなり、その勝訴判決における損害賠償額は、平均 702,000 ドルとなっていた。

（6）裁判制度

　アメリカの弁護士制度の問題点が指摘される。アメリカにおける企業側の弁護士の報酬は、時間制で 1 時間当たり 150 〜 500 ドル程度であるといわれる。一方、個人の損害賠償訴訟における弁護士の報酬は、成功報酬制で、訴訟の依頼主からの報酬はとらず、勝訴した場合に相手から受け取ることになった損害賠償額の 3 〜 5 割をその報酬として受け取る。

　アメリカでは、大学卒業後、3 年課程のロー・スクールを卒業して、司法試験に合格すれば、弁護士の資格が取得できる。司法試験は、絶対評価であるため、一定の基準を満たせば、人数に関係なく合格する仕組みである。試験の合格率は、難しいとされるニューヨーク州やカリフォルニア州など（約 60 パーセント）を除けば、80 パーセント程度である[15]。

　一方、イギリスでは、民事訴訟における陪審制（Jury System）は廃止されたが、アメリカでは、民事訴訟における陪審制が維持されており、懲罰的損害賠償額の認定も、陪審によって行われる。この陪審制は、主に、アメリカ合衆国やイギリスを中心とする英米法の国において運用されている。

　通常、この陪審制は、12 名の陪審員によって構成される合議体である「陪審」が、刑事訴訟と民事訴訟において、裁判官が参加しない評議によって、事実認定をして法律を適用するものである。民事訴訟における陪審は、原則

---

15 アメリカには、2016 年現在で約 133 万人の弁護士がいるといわれる。一方、日弁連に登録している弁護士の数は、2017 年を基準にして、38,980 人である。

として被告人の有罪・無罪を判断する刑事訴訟とは異なり、被告の賠償責任の有無に加えて損害賠償額の認定も行う。陪審は、損害賠償金の法理および算定基準について、裁判官からの説明（Jury Instruction）を受けるが、その内容は一般的基準を示すものである。

　陪審員は、裁判の開始時から終了時までに法廷の陪審に出席し、証拠を確認して、証人の供述と弁護士や検事の弁論を聞き、別室で全員協議し、原則として全員一致で裁判官から独立して「評決（Verdict）」を下す。アメリカで陪審員となるための要件は、18歳以上のアメリカ国民であること、当該地域に1年以上居住していること、読み書きができること、精神的に肉体的に健康であること、1年以上の刑罰を受けた前科や係属中の事件がないことである。裁判所は、これらの要件に合致すると思われる者を選挙人名簿、課税台帳、電話帳などから無作為に抽出し、召喚状を発送する。この召喚には応じる義務があり、正当な理由なしで応じない場合は、罰金が科せられたりする。陪審員はその事件の評決が終われば解任されるが、裁判の間は、陪審員と弁護士等の接触は禁止される。

　この召喚に応じる陪審員は、定職のある人ではその裁判が終わるまでの間に仕事ができなくなるため、時間的に余裕のある主婦・老人・失業者が多くなる。彼らは、法的素養が少ない場合も多く、情に流されやすいため、原告が重症または死亡の事例では被害者に有利な評決を出す傾向が見られる。

　一方、日本の裁判員制度は、2009年5月21日から実施された、裁判員が加わる裁判制度である。これは、アメリカの陪審員制度とは異なり、刑事事件の重大な犯罪に限定し、民事事件には適用されない。また、この裁判員制度は、一定の重大な犯罪に関する刑事裁判に、事件別に選出された6人の裁判員が、裁判官とともに審理に参加するものである。この制度の対象は、地方裁判所の刑事裁判のうち、殺人罪、傷害致死罪、強盗致死傷罪、現住建造物等放火罪、身代金目的誘拐罪などに関する裁判である。

❶ 被保険利益と保険の関係について説明しなさい。

❷ 保険における利得禁止の原則と損害てん補の原則について述べなさい。

❸ 保険価額と保険金額の関係について述べなさい。

❹ 米国における保険危機の原因について説明しなさい。

❺ Underwriting Cycle が企業のリスクマネジメントに与える影響について討論しなさい。

❻ リスクマネジメントに対する保険の限界について議論しなさい。

第二部

ARTの種類

第4章

キャプティブ保険会社とファイナイト保険

　事業会社は、保険子会社であるキャプティブ保険会社を設立して、自社または自社グループのリスクを柔軟に引き受けさせることによって、保険市場のハード化に対応している。一方、ファイナイト保険によって、保険会社と事業会社がリスクを分担し、通常の保険で引き受けることが難しい巨大リスクに対応している。

　本章では、保有型の ART の一種であるキャプティブとファイナイト保険について概説する[16]。

01　キャプティブ保険会社

(1) キャプティブ保険会社の定義

　キャプティブ保険会社 (Captive Insurance Company) またはキャプティブとは、保険業以外の事業会社またはその事業会社グループが、自社または自社グループのリスクのみを引き受けることを目的とする子会社として設立する保険会社である。事業会社は、この保険子会社を使えば、一般に保険会社が引き受けていないリスクでも、安定的に、保険を確保できる。

　ここで、キャプティブ (Captive) とは、「捕らわれの」、「捕虜の」、「支配

---

[16] 本章は、拙著『リスクマネジメント論（2019 年)』（成文堂）の第 10 章の内容を修正加筆して再録した。

下に置かれた」という意味であり、保険においては、「親会社専用の」もしくは「専属の」という意味で使われている。キャプティブ保険会社の多くは、その誘致に積極的である国・地域を意味するキャプティブ・ドミサイル (Captive Domicile) に設立され、そこでは、キャプティブ保険会社の運営のための運営管理会社・弁護士・会計士・保険数理人・金融機関などが支援している。

キャプティブ保険会社は、1950 年にバミューダ (Bermuda) で、免税会社法 (Exempted Companies Act) の下で法人化された。北大西洋にあるイギリスの海外領土であるバミューダは、金融部門と観光産業に支えられるタックス・ヘイヴン (Tax Haven)[17] としても知られている。

1960 年代後半からは、主としてアメリカの大手事業会社が、有利な立地条件や規制・租税環境を求め、多数のキャプティブ保険会社を設立した。1960 年代の当初のキャプティブ保険会社の設立は、第 3 章で述べた第 1 次保険危機の発生により、商業ベースの保険取引では、保険の確保が不可能かまたは保険料が非常に高いリスクの移転を目的としていた。1980 年代の半ばには、アメリカでは損害賠償責任訴訟が激増し、その賠償判決額も急騰した、第 9 章で述べた第 2 次保険危機の発生により、巨大な多国籍企業でさえも企業の賠償責任保険、役員賠償責任保険等の賠償責任保険の入手が困難になった。そこで、GM、GE、デュポン、ダウケミカル、IBM 等、アメリカ

---

17 タックス・ヘイヴン (Tax Haven) とは、「租税回避地」とも訳され、外国の資本または富裕層の資産を誘致することを目的に、無税または極めて低い税率にしている国や地域を指す。その多くは、収入になるような産業がなく、国の規模も小さな国または地域であり、その一部には、マネー・ロンダリングのために、暴力団などの資金が大量に流入しているともいわれている。イギリス領ケイマン諸島、バージン諸島といったカリブ海の島国が有名であるが、F1 グランプリの開催地でもあるモナコ公国やサンマリノ共和国も有名である。中近東では、ドバイ（アラブ首長国連邦）やバーレーンなどがあり、アジア地域の香港やマカオ、シンガポールなども、税率が極めて低いため、事実上のタックス・ヘイヴンであるといわれる。

のフォーチュン 500 の事業会社 34 社が集まって自分たちのリスクだけを引き受ける保険会社をケイマン諸島（後にバミューダに移管）に設立し、後に多国籍保険グループとして発展していく事例（Chubb 損害保険）もある。

　また、1992 年のアメリカのフロリダ州を襲ったハリケーン・アンドリューの損害により、自然災害リスクに対する保険の入手が難しくなり、再保険料が高騰した。これに対応するため、アメリカを中心としたブローカー、投資家、再保険会社により、異常災害再保険の引受に特化したキャプティブ保険会社が設立された。保険会社だけでは十分ではない引受能力の解消策として、保険リスクを証券化した新たなノウハウも見いだされ、保険と金融の融合が本格化することとなった。

(2) キャプティブ保険会社の形態

① キャプティブ保険会社の本質

　キャプティブ保険会社は、事業会社などが保険子会社を利用してリスクを保有する自家保険の一種である。自家保険とは、事業会社などが、リスクの発生確率と損害額に見合った準備金や引当金を、社内に積み立てることである。単純な自家保険においては、内部留保または任意の引当によるリスク・ファンドを形成する。キャプティブ保険会社を利用した自家保険においては、キャプティブという仕組みを使うという形式が異なるのみで、リスクを保有している点で、自家保険と同じである。

　リスクファイナンシングにおいては、予測可能な少額のリスクについては自家保険が望ましく、発生確率が低い、巨大リスクについては、保険を含む第三者へのリスクの移転が適しているとされる。しかし、保険会社の保険を購入できない巨大リスクは、保有すなわち自家保険を余儀なくされる。キャプティブ保険会社が発展した背景は、伝統的な保険市場での保険の入手困難、保険コストの節減、保険利益の内部留保などである。

② 保険引き受け形態による分類

　保険の引き受け形態によって、元受キャプティブ保険会社と再保険キャップティブ保険会社に分類される。元受キャプティブ保険会社は、保険会社を通さず、親事業会社から直接保険契約を引き受けるものである。また、再保険キャプティブ保険会社は、親事業会社からリスクを引き受けた一般の損害保険会社を通じて、その契約の一部または全部を再保険として引き受けるものである。いずれのキャプティブ保険会社も、保険会社として自らのリスクマネジメントのために必要な再保険または再々保険を手配していく。キャプティブ保険会社は、引き受けた保険契約の事故発生が少なければ、保険引き受け利益が発生し、その保険契約の事故発生が多ければ、保険引き受け損失が発生する。

　元受キャプティブ保険会社には、保険会社としての保険証券交付義務（日本では保険業法 649 条 1 項、683 条 1 項）、損害調査業務などが発生し、業務負担が大きい。したがって、キャプティブ保険会社が業務負担の多い元受キャプティブ保険会社（Direct Captive Insurance Company）として設立される事例は少なく、その多くは、再保険キャプティブ保険会社（Reinsurance Captive Insurance Company）として設立される。この再保険キャプティブ保険会社は、一般の損害保険会社（フロンティング会社）が事業会社等の親企業からのリスクを元受保険として引き受けた保険契約の一部または全部を、再保険として引き受けるキャプティブであり、その運営は、キャプティブ保険会社設立国における専門の運営会社に業務委託する場合が多い。

　再保険キャプティブ保険会社の仕組みは、図 17 の通りである。

図17 再保険キャプティブ保険会社

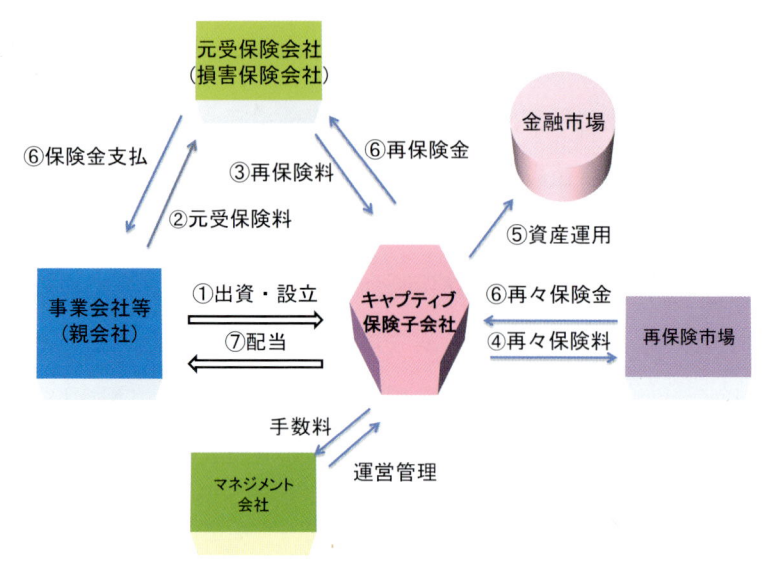

出典：経済産業省の資料を参照して作成

③ 所有関係による分類

　キャプティブ保険会社の所有形態によって、単一の事業会社または事業会社グループによって所有されるピュア・キャプティブ保険会社（Pure Captive Insurance Company）、資本関係のない複数の事業会社または事業会社グループによって共同で所有されるアソシエーション・キャプティブ（Association Captive Insurance Company）、キャプティブの機能のみを賃借するレンタ・キャプティブ（Rent-a-Captive Insurance Company）に分類される。レンタ・キャプティブ保険会社は、多くの場合、保証金のみで設立ができ、その設立のための出資を必要としないが、運営の自由度が制約される問題点がある。

　レンタ・キャプティブ保険会社（Rent-a-Captive Insurance Company）は、キャプティブ保険会社の利便性を提供し、そのマネジメント・フィーならびにレンタル・フィーを受け取る。このレンタ・キャプティブ保険会社は、リスクは保有せず、リスクの引受からの利益は、利用者に還元する仕組みである。

事業会社は、そのレンタ・キャプティブ保険会社の優先株を取得し、セルに保険引き受け利益が発生した場合は、配当を受け取ることができる。レンタ・キャプティブ保険会社は保険会社免許を有しており、このレンタ・キャプティブ保険会社を通じて、再保険市場への出再が可能である。

レンタ・キャプティブ保険会社の一つの形態として、プロテクティド・セル・キャプティブ保険会社（Protected Cell Captive Insurance Company）と称されるものがあり、これは、保険会社免許を有する海外のレンタ・キャプティブ保険会社の一部であるセル（部屋）を「レンタル」できるようにしているものである。親会社からのリスクを引き受けた元受保険会社は、セル（Cell）と呼ばれる部分に出再する。

このプロテクティド・セル・キャプティブ保険会社は、複数の事業会社のリスクを一つのキャプティブ保険会社が引き受けることができる仕組みであり、セル相互間に財務的な影響が及ばないように遮断されている。

レンタ・キャプティブ保険会社の設立の背景は、次の通りである。通常、キャプティブ保険会社の設立費用は、最低でも2、3千万円程度は必要とされ、海外でキャプティブ保険会社を運営するための人件費や事務所の賃料など、年間の運営にかかる手間・コストも相当な金額となる。その反面、レンタ・キャプティブ保険会社は、手間とコストのかかるキャプティブ保険会社の運営はその専門家に任せて、そのメリットのみを享受できるようにしたものである。

レンタ・キャプティブ保険会社と保険契約者の関係は、次の通りである。①事業会社は、レンタ・キャプティブ保険会社から「セル（Cell）」を借り、賃料を払う。②国内の元受保険会社を介在させ、この「セル」に事業会社のリスクを再保険することができる。③「セル」から再々保険会社に再々保険ができる。④「セル」に引き受け利益がある場合には、優先株を取得している事業会社に株式配当を通じて還元される。

プロテクティド・セル・キャプティブ保険会社の仕組みは、図18の通りである。

図18 プロテクティド・セル・キャプティブ保険会社

元受保険会社
(損害保険会社)

金融市場

⑥保険金

⑥再保険金

③再保険料

⑤資産運用

②保険料

⑥再々保険金

事業会社等
(親会社)

①セルの賃借契約

他のセル

再保険市場

専用セル

⑦配当

他のセル

④再々保険料

レンタ・キャプティブ
保険会社

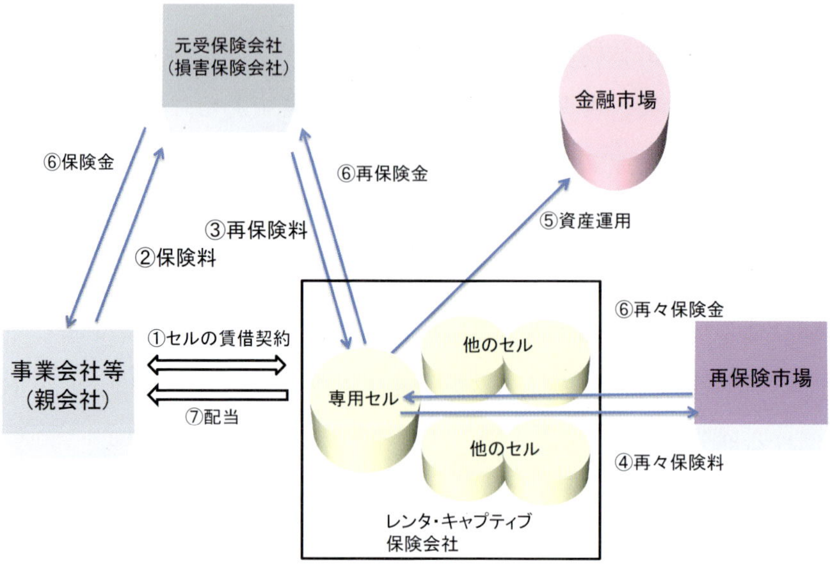

▌出典：経済産業省の資料を参照して作成

(3) 日本の事業会社とキャプティブ保険会社

　日本の事業会社は、一般的に、キャプティブ保険会社を国内に設立せず、海外に再保険キャプティブ保険会社として設立する。日本国内にキャプティブ保険会社の設立を検討する場合は、次の事が考えられる。まず、国内に元受キャプティブ保険会社を設立することは可能とされる。しかし、当該キャプティブ保険会社が親会社のリスクのみを引き受ける場合、保険会社免許の取得ができないとみられるため、そのキャプティブは、保険会社ではなく、事業会社という位置づけとなる。したがって、親会社がキャプティブに支払った保険料は、保険料として認められなくなるため、税法による損金算入ができなくなる。また、日本国内に再保険キャプティブ保険会社を設立する場合には、親会社のリスクのみでは、保険会社免許の取得ができないとみられるため、元受の損害保険会社が当該キャプティブ保険会社への出再の際に

はその元受損害保険会社の出再部分に対する責任準備金の控除が認められず、キャプティブ保険会社の準備金積立についても有税となる（準備金積立）。

さらに、日本においては、事業会社など国内の保険契約者が海外の保険会社に直接付保することは認められていない。保険業法では、有効な監督を通じて国内契約者を保護するため、海上保険・航空保険などを除き、国内の保険契約者が海外保険会社に直接付保することが原則禁止されている（保険業法186条）ためである。しかし、保険会社が海外の保険会社または再保険会社と再保険取引を行うことには付保規制はない。したがって、設立した国内のキャプティブ保険会社が事業会社として見なされる場合は、そのキャプティブ保険会社は海外の保険会社との再保険取引ができなくなる可能性がある。さらに、国内に設立される元受保険会社としてのキャプティブには、保険証券交付などの業務負担がある。これらの問題を考慮して、日本国内の事業会社が設立するキャプティブ保険会社は、その殆どが海外の再保険キャプティブ保険会社である。

事業会社が海外に再保険キャプティブ保険会社して設立する場合、その事業会社と海外のキャプティブ保険会社の間に、国内の損害保険会社を介在させることによって、次の問題を解決している。①支払った保険料の損金算入が認められること。②海外で設立されたキャプティブ保険会社は当該国の軽税率で準備金の積立が可能であること。③国内の損害保険会社とキャプティブ保険会社(海外保険会社)との再保険契約が可能であること。④キャプティブ保険会社は、海外で保険会社免許を取得しており、国内保険会社は、当該キャプティブ保険会社との再保険契約について、責任準備金の積立が軽減または控除されることなどである。

国内の保険会社が、事業会社のリスクを引き受け、海外のキャプティブ保険会社に再保険として出再するためには、当該キャプティブ保険会社の保険金支払能力であるソルベンシーが十分であることが必要とされる。この条件

は、国内の保険会社がキャプティブ保険会社を含む再保険取引を行うすべて
の保険会社に対して要求される。元受保険と再保険は独立した契約であるた
め、保険事故が発生した場合、保険会社は、海外のキャプティブ保険会社の
再保険からの再保険金の回収ができない場合においても、事業会社に対する
保険金を支払う義務を負うためである。つまり、元受保険会社は、再保険取
引における信用リスクを抱えることになる。

　海外に設立された再保険キャプティブ保険会社の保険経路は、図 19 の通
りである。

図 19 海外に設立される再保険キャプティブ保険会社の保険経路

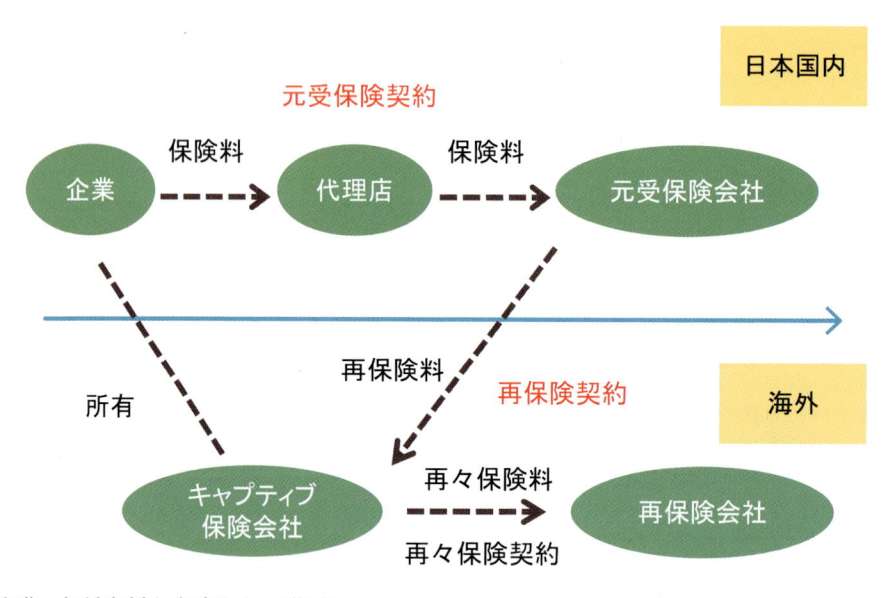

┃出典：各種資料を参考にして作成

　一方、海外のキャプティブ保険会社の多くは、単独でそのソルベンシー条
件を満たすことができない場合が多い。このような場合、ソルベンシーの担
保として、国内の元受保険会社は、その親会社である事業会社に債務保証、
または銀行が支払いを保証する保証書であるスタンドバイ L/C（Stand-by L/

C）、あるいは金銭信託等の設定を求める場合が増えている。これらの保証の代わりに、キャプティブ保険会社に対する財務格付けを取得する方法がある。そのキャプティブ保険会社に対する格付けは、格付け機関により異なるが、原則として親会社の財務格付けを基準にして行われる。

（4）キャプティブ保険会社のメリット

キャプティブ保険会社のメリットは、次の通りである。

① リスクマネジメント

事業会社のリスクをキャプティブ保険会社に集合することにより、その事業会社全体が有しているリスクの把握とその数値化が可能となる。これを通じて、そのリスクを改良して保険金の支払いが少なくなれば、キャプティブ保険会社の利益が増大し、その利益は、最終的には親会社である事業会社のものとなる。

② コストの最適化

これまで事業会社には「ブラックボックス」であった保険料と海外の再保険の手配の方法などを事業会社が把握できるようになる。この情報を利用して、グループ事業会社のリスクを集約統合し、それを一括して保険会社と交渉することができ、その強まった交渉力を基に、保険料の削減とリスクマネジメント・コストの最適化が期待できる。

また、事業会社が負担する保険料は、純保険料（Risk Premium）と付加保険料（Loading Premium）で構成される。純保険料は保険金支払いのためのものであり、付加保険料には保険会社の経費（代理店手数料、営業経費、一般経費）と利潤が含まれている。事業会社が支払う保険の費用を自家保険と比較すると、保険の費用が、自家保険の費用より付加保険料の分だけ多い。保

険金は事故発生のコストなので、理論上、自家保険の場合でも同じ金額が発生するためである。キャプティブ保険会社は、自家保険の一種とも理解されるため、少なくとも理論上では、保険と比べると、保険における付加保険料分が節約されると考えられる。しかし、キャプティブ保険会社には設立費用と運営費がかかることも考慮しなければならない。

③ 保険付保が難しいリスクに対するファイナンス手段

環境汚染リスクなど、一般に保険付保が難しいリスクについて、自社保有と出再を組み合わせ、コストの平準化ができる。直接海外の再保険市場にアクセスすることによって、より多くのリスクの引受け手を見つけることができる可能性がある。

④ 保険料率変動の平準化

保険料率が高騰するときに、一部を自社グループ内で保有し、残りを出再に回すというように、状況によって、リスク保有量をコントロールすることで保険料率の平準化が期待できる。

⑤ プロフィット・センター (Profit-Center)

キャプティブ保険会社が安定した利益を確保することが可能になると、キャプティブ保険会社をプロフィット・センターにすることもできる。より安定した収益を求め、親事業会社以外のリスクを引き受けること、または保険事業を積極的に行うことにより、親事業会社の収益センターに成長させることも可能である。

02 ファイナイト保険

　ファイナイト（Finite）とは、「限定的な」という意味であるが、ファイナイト保険（Finite Insurance）は、その文字通りに、伝統的な保険に比べ、限定的なリスク移転しか行われず、補償が限定された保険のことである。つまり、ファイナイト保険は、企業が保険会社に個別のリスクに見合う保険料を一定期間に一定の金額までを積み立てていく保険である。そして、保険会社は、災害などが発生した場合に、企業が積み立ててきた保険料と保険会社のリスク負担分を合計した額など、一定の限度額までを保険金として支払うものである。

　統計的にその発生確率と損害の程度の把握が難しいとされる環境汚染・自然災害リスク等は、大数の法則が働かず、伝統的な保険によるリスク分散が困難とされる。ファイナイト保険は、このようなリスクを対象とし、保険会社がリスクを引き受けやすくするために、保険会社にはタイミングリスクのみを移転する契約にすることによって、保険会社に移転されるリスクを限定的（Finite）なものとし、保険会社と保険契約者がリスクを分担する仕組みである。このファイナイト保険は、再保険契約の場合が多いため、ファイナイト再保険（Finite Reinsurance）と呼ばれることも多い。

　一方、タイミングリスク（Timing Risk）とは、預金または融資などのファイナンスによって対応できるリスクである。このタイミングリスクに対応する保険は、ファイナンシャル（再）保険（Financial（Re）insurance）と称されてきたが、近年においてはファイナイト・リスク保険（Finite Risk Insurance）、またはファイナイト保険（Finite Insurance）と呼ばれるようになった。このファイナイト保険とは、保険会社に移転されるリスクがタイミングリスクに限定（Finite）される仕組みの保険の総称である。このファイナイト保険には、様々な形があり、保有の一種である内部留保として分類される

が、保険として分類される場合もある。

このファイナイト保険は、基本的に保険会社の保険金支払が先行し、保険料が後払いとなるため、保険会社は保険契約者である企業に対する信用リスクを抱えることになる。したがって、保険会社は、後払いの保険料を確実に支払える信用力の高い企業のみをファイナイト保険の契約対象にしようとする傾向がある。ファイナイト保険は、契約期間内に保険事故が発生しなかった場合は、契約終了時に、保険契約者である企業が、通算の保険料の合計額に運用収益を加算した払戻金を受け取り、保険事故が発生した場合は、通算の保険料の合計額で損害額の大部分を負担する仕組みである。

ファイナイト保険とリスク移転の関係は、図 20 の通りである。

図 20 ファイナイト保険とリスク移転

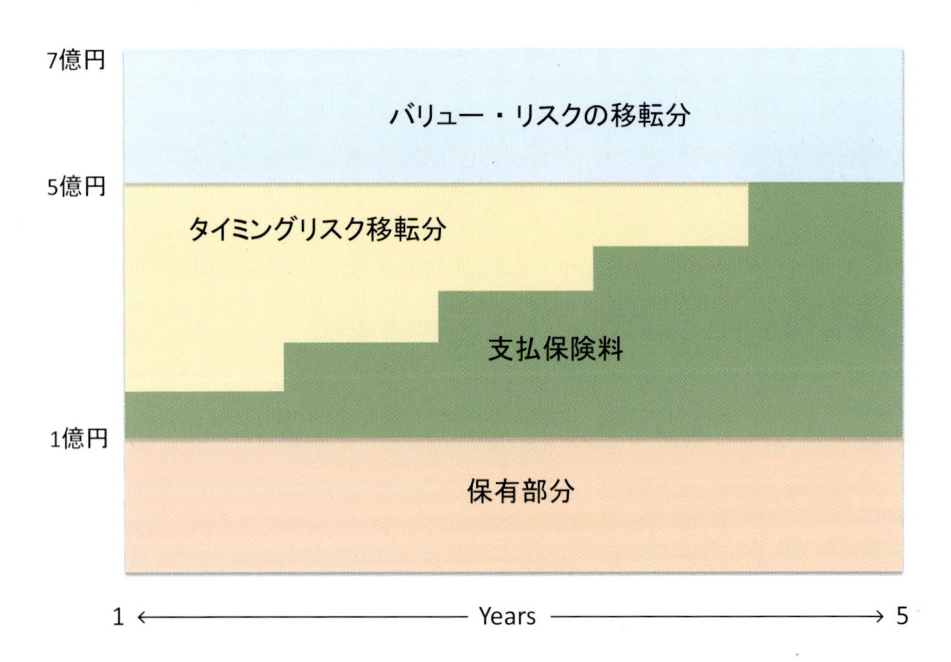

出典：各種資料を参考にして作成

そのため、ファイナイト保険は、保険や再保険ではなく、キャッシュ・フロー・プランであるともいわれる。このファイナイト保険では、伝統的な保険の特質である大数の法則によるバリュー・リスク（Value Risk）の移転はないが、被保険者である企業が保険会社に、タイミングリスク（Timing Risk）の移転を行うことによって、リスク分担が行われている。

　このファイナイト保険は、保険の特質とされている大数の法則による危険分散が十分に行われないため、保険契約とはいえないとも主張される。リスクの移転が限定的であるファイナイト保険が、保険商品として認められるためには、「バリュー・リスクの移転が相当（Considerable）な水準」にあることが必要とされる。このリスクの範囲に、タイミングリスクを含める見方もあるが、ここでの保険料は、一種の預け金であるため、「金融」であり、保険と認めることが難しいとする見方が多い。万一、保険商品として認められない場合、保険会社に支払った資金は保険料ではないため、税務上の損金算入ができなくなる。その結果、最近のファイナイト保険は、保険としてのバリュー・リスクの移転の水準を大きくするため、伝統的保険を一部組み合わせた形態のものが多くなってきている。

　ファイナイト保険は、環境汚染・PL 等の単純な保険組成が難しいリスクや、保険料が高額になるリスクに対処する手法として使われることが多い。したがって、ファイナイト保険には、保険会社が巨大リスクを引き受けやすくするため、1 事故当たりの支払限度額、年間の支払限度額、期間中の総支払限度額等が単数または複数設定される場合が多い。このファイナイト保険は、契約ごとに契約企業の事情に合わせたオーダーメイドの契約となり、その契約の内容も企業ごとに独自性が強く、多種多様であるが、代表的なものとして、次の 3 つの種類がある。

① ロス・ポートフォリオ・トランスファー

ロス・ポートフォリオ・トランスファー（Loss Portfolio Transfer）とは、保険料を一括前払いするファイナイト保険の原形となったものである。例えば、契約期間 10 年の場合、初年度から 10 年間の支払保険金の予想をたて、それに保険会社の予想経費と利益を加え、そこから資金の予想運用益を差し引いた金額を保険料として保険会社に一括前払いするものである。このタイプは、保険料が一括前払いとなっていることに加え、通常、年間支払限度額と総支払限度額が設定されており、タイミングリスクの移転効果もバリュー・リスクの移転効果も認められないものといえる。

② スプレッド・ロス

スプレッド・ロス（Spread Loss）は、一定期間内に予想される支払保険金に対して、その保険料を毎期に平準化した一定額の保険料を支払うことにし、毎年度の収益を安定させることを目的としたファイナイト保険である。このファイナイト保険は、一定期間に保険金支払が生じることがほぼ確実であるが、その支払いの時期が未定である場合、一時の多額な保険金支払いにより生じるタイミングリスクを、他の保険会社に移転するために使われる。

この商品の契約期間は、5 年から 10 年程度の長期のものが一般的で、中途解約はできない。通常、年間の保険料は、引受保険会社の予想支払保険金と予想経費および利益の合計額を保険期間で割って算出される。その結果、支払保険料の平準化が図られることになる。また、契約期間の予想保険料総額を上回る損害が生じた場合でも、ロス・ポートフォリオ・トランスファーと異なり、超過損害の保険金も支払われる。この超過部分の支払額は、保険期間を延長することで、後払い保険料として保険会社に戻されることになるため、バリュー・リスクの移転は認められない。また逆に、契約期間の総支払保険金が予想保険料総額より少なかった場合は、払戻金が生じる契約が多い。

③ ポスト・ロス・ファンディング・プログラム

　ポスト・ロス・ファンディング・プログラム（Post Loss Funding Program）は、保険事故の発生後に保険金を受け取り、保険料を後払いにするファイナイト保険である。このファイナイト保険は、第 11 章で説明するコミットメント・ライン（Commitment Line）と呼ばれる融資枠の予約契約（金融商品）の考え方を保険分野に取り入れたものである。この方式は「コミットメント保険料」を契約企業が保険会社に支払い、保険会社との間に「保険の予約」の契約を行うものである。このコミットメント保険料は、保険料の形態を取っているが、実態は保険契約の予約手数料であり、リスク移転の直接的な対価としての性質は有してない。

　契約企業が支払うコミットメント保険料は、保険事故が発生した場合に保険会社が支払う保険金に、保険会社の経費・利益・利息等を合計した金額、残りの金額はあらかじめ協定された支払期間で分割して保険料として後払いされる。このファイナイト保険も、保険事故の発生後の保険金支払により一時的な資金補填がされるため、タイミングリスクの移転効果は認められるが、契約企業が受け取った保険金は保険料で返すことになるため、損益の平準化の機能はあるものの、バリュー・リスクの移転効果は認められない。

① キャプティブ保険会社の形態について、それぞれの長所と短所について議論しなさい。

② 日本の事業会社とキャプティブ保険会社について説明しなさい。

③ ファイナイト保険の有用性と問題点について、事例を挙げて議論しなさい。

第5章

コンティンジェント・キャピタル

コンティンジェント・キャピタルには、損失が発生した後に、負債として資金調達する方法と資本として資金調達する方法がある。本章では、このコンティンジェント・キャピタルについて概説する。

01 コンティンジェント・キャピタルの概要

コンティンジェント・キャピタル（Contingent Capital）において、Contingent は自然災害の発生のような不測または偶発を意味するが、ART では、この自然災害のような偶発的な事故事象の発生を「非常時」と称する場合が多い。したがって、コンティンジェント・キャピタルは、非常事態の発生に備えた資本を意味し、一定の期間内に、事前に設定した非常事態が発生した場合、企業の資金調達を可能にする手法である。ここでのキャピタルは、自己資本である資本のみならず、他人資本である負債をも含む概念である。

このコンティンジェント・キャピタルは、保険と異なり、貸借対照表上の資本または負債に影響するため、トリガー（Trigger）が発動しても損益計算書には影響せず、保険リンク証券に含まれないため、融資契約または投資契約の一つに分類されることが一般的である。

コンティンジェント・キャピタルを利用する企業は資金提供側に対して、非常事態の発生の有無にかかわらず、手数料であるコミットメント・フィー

（Commitment Fee）を支払う。このコミットメント・フィーは、非常事態が発生した場合の資金提供約束に対する対価である一種の保険料のようなものであるため、非常事態が発生しなかった場合でも返還されない。この手法は、非常事態が発生する前に手配され、非常事態の発生が明らかになった後に、事前に決めておいた条件で、事業会社等の信用状態などが反映されない調達費用として資金の調達ができるものである。事業会社等が非常事態の発生後に資金調達をしようとすれば、信用状態が悪化しているため、資金調達費用が高くなる。保険会社または再保険会社も、非常時の資金の調達手段に加えて、再保険などによるリスク分散の代わりにこのコンティンジェント・キャピタルを使用する事例が多い。

　このコンティンジェント・キャピタルの分類は、図 21 の通りである[18]。

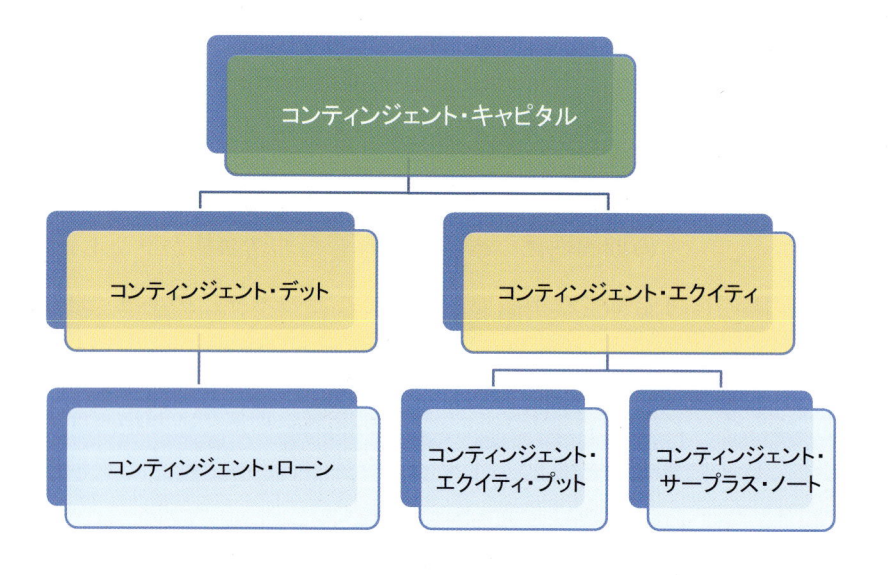

図 21　コンティンジェント・キャピタルの分類

▌出典：各種資料を参考にして作成

18　本章は、拙著『リスクマネジメント論（2019 年）』（成文堂）の第 11 章の内容を修正
　　加筆して再録した。

コンティンジェント・キャピタルには、負債として資金を調達するコンティンジェント・デット（Contingent Debt）、資本としての資金を調達するコンティンジェント・エクイティ（Contingent Equity）に分類される。このコンティンジェント・キャピタルにおけるキャピタルには、金融機関からの資金の借り入れに加えて、債券や株式または仕組み商品など様々な証券による資金の調達が含まれ、自己資本である資本金のみならず他人資本である負債も含まれる。

02　コンティンジェント・デット

(1) コミットメント・ライン

　コミットメント・ライン（Commitment Line）は、銀行が事業会社等に対する融資を約束（Commit）する契約で、融資枠予約または銀行融資枠とも称される。銀行と事業会社等の企業があらかじめ融資枠を決めておき、その融資枠内で一定期間内、非常事態の発生に関係なく、審査をせずに銀行が企業に資金を貸し付ける契約である。事業会社等は、コミットメント・ラインによる融資を市場環境の急変など不測の事態に対する対応のみならず、平常時の運転資金にも使用することが可能である。

　つまり、コミットメント・ラインは、非常時の資金の調達であるコンティンジェント・キャピタルではなく、平時においても使える資金調達方法である。事業会社等は、その対価として、銀行等に対して、手数料であるコミットメント・フィー（Commitment Fee）を支払う。したがって、銀行はコミットメント・ラインを設定することにより融資が実行された場合の通常の金利に加えて、融資枠の金額に応じたコミットメント・フィーを受け取ることができる。

コミットメント・ラインは、アメリカなどでは、伝統的に頻繁に使われてきたものであるが、日本では 1990 年代後半まで殆ど利用されていなかった。その理由には次のようなものが考えられる。第一に、日本にはメインバンク制が存在しているため、非常時には、事業会社がメインバンクから必要に応じて融資が受けられた。しかし、1990 年代後半には銀行の不良債権の処理などを背景に銀行業界が再編され、メインバンクを中心とした貸付が従来のように機能しなくなった。第二に、従来では、コミットメント・フィーが利息としてみなされる可能性があり、その結果、利息制限法や出資法上の上限利率を上回ることにより、同法に抵触する可能性があった。同法では、債権者が受け取る元本以外の金銭は、その名称にかかわらず、利息とみなすと定められていた。

　一方で、コミットメント・フィーは融資枠全体に対するものであるが、借り入れがないか少額の借り入れをする場合は、その借入金額に対するコミットメント・フィーは上限利率を超える可能性があった。しかし、1999 年 3 月に「特定融資枠契約に関する法律」が制定され、コミットメント・フィーについては、利息制限法や出資法上のみなし利息の対象から除外されるようになった。

　コミットメント・ラインの契約形態には、バイラテラル（Bilateral・相対型）方式とシンジケート（Syndicated・協調型）方式がある。バイラテラル方式は、次に示すように、事業会社が個々の金融機関と契約を行う方法である。

　一方、シンジケート方式は、幹事金融機関が複数の金融機関（シンジケート）を取りまとめ、複数の金融機関において同一の条件でコミットメント・ラインを設定する方法である。

図22 コミットメント・ラインにおけるバイラテラル (Bilateral・相対型) 方式

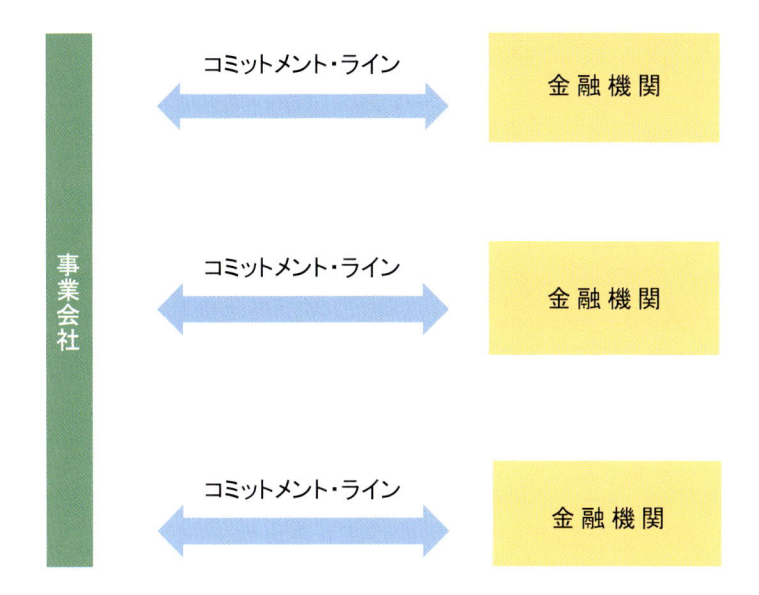

▌出典：各種資料を参考にして作成

図23 コミットメント・ラインにおけるシンジケート (Syndicated・協調型) 方式

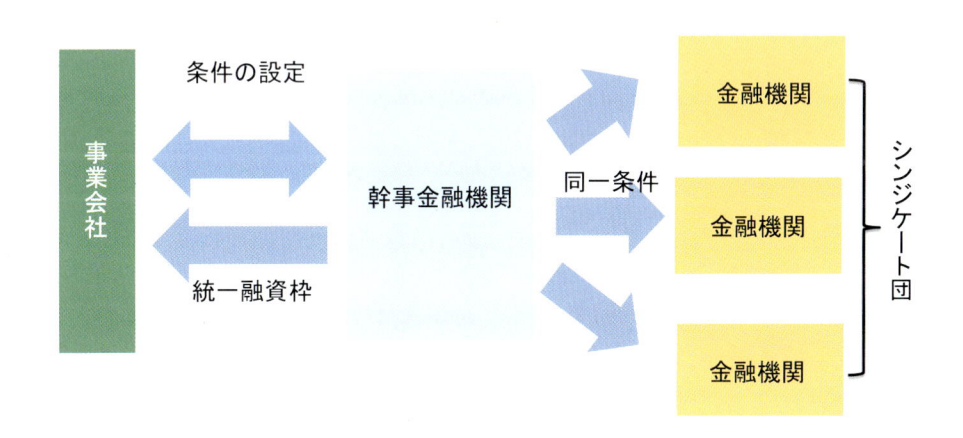

▌出典：各種資料を参考にして作成

しかし、コミットメント・ライン契約には、銀行が融資を断ることができる貸付実行前提条件（CP：Condition Precedent）[19] が規定され、これに抵触する場合は、融資が実行されない。コミットメント・ライン契約には、災害やシステム障害等の緊急事態によって、銀行が金融市場で資金調達や送金が困難になった場合に、銀行の貸付義務を免除するフォースマジュール（不可抗力：Force Majeure）条項またはMAC（重大な悪化：Material Adverse Change）が挿入される場合が多い。これらによって、大災害などにより企業が甚大な損害を被り、その事業の継続性に重大な疑問が生じたことで、貸付前提条件が満たされていないと銀行が判断する場合は、融資が行われない可能がある。この非常時に融資が実行されない可能性があるコミットメント・ラインの問題点を解決したものが、後述のコンティンジェント・ローンである。

(2) コンティンジェント・ローン

コンティンジェント・ローン（Contingent Loan）は、非常時融資枠予約であるが、コンティンジェント・コミットメント・ライン（Contingent Commitment Line）とも称され、コミットメント・フィーを支払うことによる非常時の融資可能枠の予約契約である。コミットメント・ライン契約の条項の中には、融資免責条項がある。その融資免責条項の1つは、銀行の責任外となる天変地

---

19 Condition Precedent の condition は、「条件」を意味し、precedent は、「先行する」というような意味である。つまり、先行する条件＝前提条件であるので、その前提とされている条件内容が実現されてはじめて、契約書に記載された効力が生じるというような内容を、停止条件＝Condition Precedent と呼ぶ。前提である以上、その内容が実現されなければ、契約書に書かれた内容に効力を生じさせる前提を欠くということになるので、そもそも効力が生じない。反対に、Condition Subsequent は、解除条件と称され、なにかしらの事態や行為が発生するまでは、契約は継続されるという条項を指す。例えば、年金は、受給当人が死去するという事態が発生するまでは、継続して支払われるという解除条件の場合がそれである。

異等の不可抗力により融資が実行できない状況に陥った場合の免責条項である「不可抗力条項」であり、もう１つは、融資先の財務内容が著しく融資に適しない状態に陥ったと判断される場合の免責条項である「財務制限条項」である。これらの２つの免責条項を削除し、非常時に金融機関からリスク対応資金を調達できる内容にしたものが、コンティンジェント・ローン契約である。したがって、コンティンジェント・ローンでは、金融機関は、被災およびそれに伴う事業会社等の財務内容の悪化を理由として、融資枠の使用を拒否することができない。

コンティンジェント・ローンでは、事業会社などは、銀行等の金融機関との間であらかじめコンティンジェント・ローン契約を締結しておき、地震等の非常事態が発生した場合、資金を借入れることができる。企業が緊急事態の際に銀行に融資を申し込む場合、融資を断られるか、平常時に比べて貸付の条件が厳しくなる可能性が高いが、コンティンジェント・ローン契約によってあらかじめ緊急時の融資条件を決めておくことで緊急事態時の借入れ条件を固定することができる。この方法は、融資枠内では即時の資金調達が可能であるが、負債であるため、元利金の返済を要する。また、次の図示のようにSPCを介在させたコンティンジェント・ローン契約も実施される。

次の図は、非常時に確実に資金調達ができるように、SPCを使って事前に資金調達を行うものである。SPCは、事業会社とコンティンジェント・ローン契約を結び、金融機関とは融資契約を結び、ローンの提供を受ける。平常時には、事業会社はSPCに対してコミットメント・フィーを支払い、SPCはそのコミットメント・フィーとローンの資金を安全資産で運用した収益で、金融機関に対する利息を支払う。非常時には、SPCは、安全な運用をしていた資産を現金化し、事業会社に対するコンティンジェント・ローン契約による資金提供を行う。その資金提供後にSPCは、事業会社から元利金を回収し、金融機関に返済する。

コンティンジェント・ローン（非常時融資枠予約）の仕組みは、図24の通りである。

図24 コンティンジェント・ローン(非常時融資枠予約)

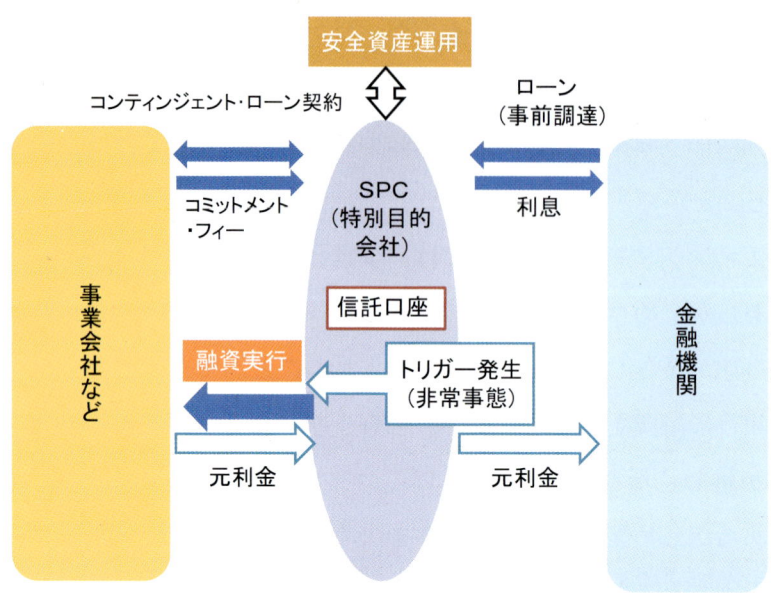

出典：経済産業省の資料を参考にして作成

03 コンティンジェント・エクイティ

(1) コンティンジェント・エクイティ（CoCo ボンド）

コンティンジェント・エクイティ（Contingent Equity）は、「非常時株式発行」とも訳され、非常時に株式を引受させる権利を事前に確保する契約である。コンティンジェント・ローンは、負債となるため、返済する必要があるが、コンティンジェント・エクイティは資本としての資金調達であるため、返済の必要がない。したがって、コンティンジェント・エクイティは、非常時における事業会社等の資本減少による信用力の低下を防ぐ機能を持つ。

コンティンジェント・エクイティも、後述の CoCo ボンドのように、最初は負債の形態で資金調達が行われ、非常時に一定条件が充足された場合、資本へと転換できるように設計されることが多い。この非常時に負債が資本に転換できる仕組みによって、タイミングリスクの移転機能にバリュー・リスクの移転機能が付加され、保険類似の経済機能を持つことになる。しかしながら、保険が「損益取引」であるのに対し、コンティンジェント・エクイティは「資本取引」であるため、貸借対照表の資本および資本剰余金の防護には寄与するが、損益計算書の利益や貸借対照表の利益剰余金を護る機能を有しない。また、バリュー・リスクの移転先が、保険では保険会社であるのに対し、コンティンジェント・エクイティでは、株主になるところも異なる点である。

　一方、CoCo ボンド（Contingent Convertible Bonds）は、「偶発転換社債」とも呼ばれ、制限条項が付いた転換社債を指す。これは、株式と債券の中間の性格を有する新型証券（ハイブリット証券）で、世界的な金融危機の反省から自己資本規制を強化する流れの中で、2010 年頃から欧州の金融機関を中心に発行され、その後、アジアやアメリカなど世界中の金融機関に資本増強手段の一つとして広まった。この CoCo ボンドは、発行体である金融機関の自己資本比率があらかじめ定められた水準を下回った場合は、元本の一部または全部が株式に転換される仕組みを持っている。この CoCo ボンドは、同一発行体の普通社債や劣後債などと比べて利回り水準が高い傾向にある。

　コンティンジェント・エクイティ（CoCo ボンド）の仕組みは、図 25 の通りである。

　CoCo ボンドは、非常時に資本に転換される仕組みを持つ社債であるため、「非常時転換社債」と呼ばれている。キャットボンドは、元利金の減免の仕組みにより投資家が事業会社などのリスクの移転を引き受ける仕組みであるのに対し、CoCo ボンドは、負債の資本への転換の仕組みにより資本の補強を行うことで投資家がリスクを引き受けるもので、その経済効果に違いがある。

図25 コンティンジェント・エクイティ（CoCo ボンド）

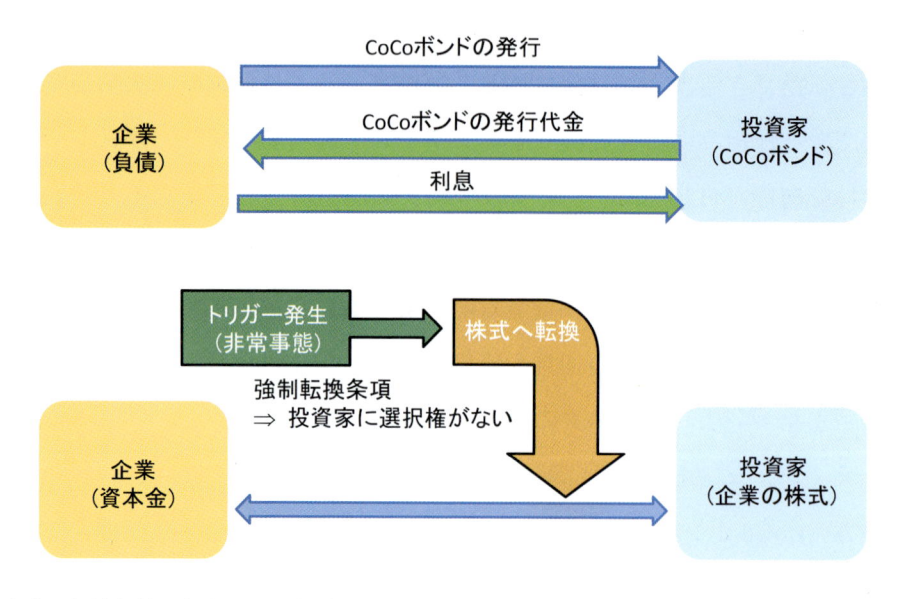

出典：各種資料を参考にして作成

　事業会社などは、投資家に CoCo ボンドを発行し発行代金の払込を受けるが、この発行条件には、一定条件が充足された場合に強制的に株式への転換が実行されることを定めた「強制転換条項」が盛り込まれる。そして、トリガー事象の発生によってこの条件が充足されると、あらかじめ定められた割合で社債に代わる株式が発行され、投資家宛に交付される。その結果、企業には CoCo ボンドの発行代金が資本金として残り、投資家には社債に代わる企業の株式が残ることになる。

　CoCo ボンドの期間は、通常 10 年から 15 年程度と長期のものが多い。また、長期にわたり転換権が発行者にあることや、株式への転換がなされる時点では株価が下落局面にあることが想定されることから、投資家のリスクは高いと考えられる。このため、CoCo ボンドの利息は通常の転換社債より高い水準に設定される。この CoCo ボンドの発行は、投資家のリスクが高いため、発行コスト等の条件面の交渉が厳しくなる可能性がある。さらに、転換後の株

式に議決権のある株主としての「経営参加権」が付帯する場合、転換（発行）によりこれまでの株主構成が変化し、経営の不安定性を招く可能性がある。

(2) コンティンジェント・サープラス・ノートとコンティンジェント・エクイティ・プット

コンティンジェント・サープラス・ノート（Contingent Surplus Note）は、相互会社組織の保険会社が、非常事態の際に、劣後債による資金調達形態を取るものであり、コンティンジェント・エクイティ（Contingent Equity）は、株式会社組織の保険会社および事業会社などによって利用される優先株による資金調達形態を取るものである。

コンティンジェント・サープラス・ノートは、非常時劣後債とも訳され、保険業法によって保険会社にのみ認められる会社形態である相互会社（Mutual Company）が、負債として資金を調達する手段である。相互会社は、株式会社とは異なり、資本金を持たず、主として保険契約者の保険料で運営されている。

サープラス・ノート（Surplus Note）は、1990年代に資本金を有しない相互会社組織の保険会社が資本を調達する方法として多く使われた。これは、社債に類似しており、満期日を持ち、利息を支払う仕組みである。これによって調達した資金は、株式の発行ができない相互会社組織の保険会社に資金調達方法を与えるものであるが、資本として分類される。その理由は、会社の清算の際、資本のように、投資家は最後に財産の配分を受けるためである。

非常事態の際に、サープラス・ノートを発行して資金調達を行う仕組みがコンティンジェント・サープラス・ノートである。コンティンジェント・サープラス・ノートでは、相互会社などの保険会社は信託口座の資産で、非常時に劣後債を購入させるプット・オプションを持っている。この劣後債の発行によって、保険会社の担保力（資本）を増強することになる。

コンティンジェント・サープラス・ノートとコンティンジェント・エクイティ・プットの仕組みは、図 26 の通りである。

図 26 コンティンジェント・サープラス・ノートと
コンティンジェント・エクイティ・プット

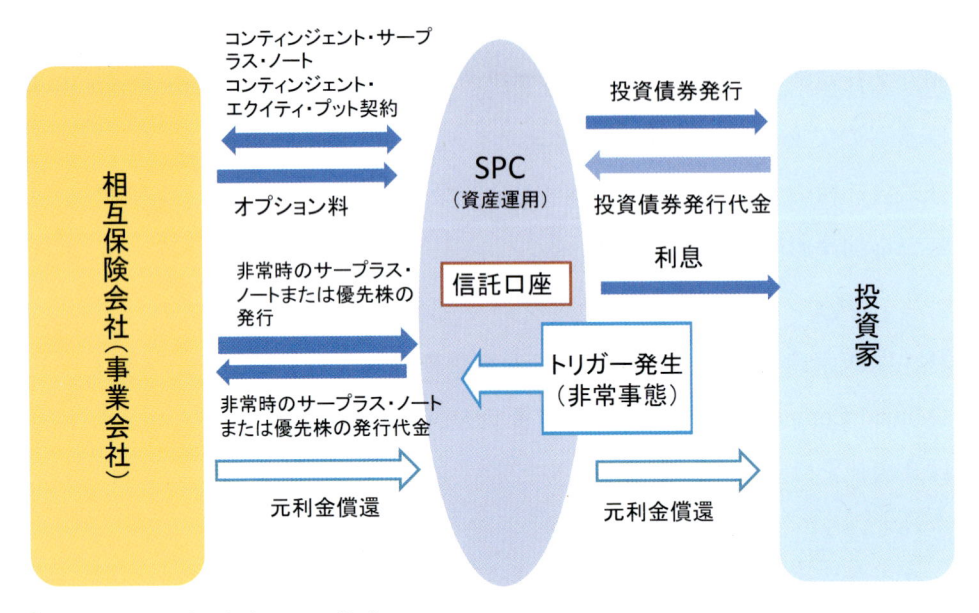

┃出典：各種資料を参考にして作成

　投資家の立場から見れば、出資対象の企業が債務超過または支払不能状態でも出資義務を負うことは、債務保証と同様の偶発債務として受け止められる。したがって、コンティンジェント・キャピタル契約においては、プット・オプションの権利行使の場合、出資対象の企業が継続可能な財務状況であることが条件とされる。これに対し、保険や再保険の場合、保険契約者たる企業が破たんした場合でも、管財人が債権者として保険金を請求することができるため、コンティンジェント・キャピタルの対価は、保険・再保険の保険料に比べるとかなり安価になる。

前述したコミットメント・ラインでは、事業会社等の借入人の立場として
は、銀行が非常時に融資を実行してくれない可能性がある信用リスクを抱え
ている。一方、銀行から見た場合、巨大な保険金支払い義務などの損害が発
生した保険会社または巨額の損害を被った事業会社等に融資をすることにな
り、その返済に対する不安である信用リスクを抱えることになる。コンティ
ンジェント・エクイティは、このようなコミットメント・ラインにおける問
題点を解決するための仕組みでもある。

　コンティンジェント・サープラス・ノート (Contingent Surplus Note) もしく
はコンティンジェント・エクイティ・プット (Contingent Equity Puts) の仕組み
では、資金確保を確実にするため、あらかじめ事業会社などが資金を調達し
信託基金として運営する方法が採用されている。つまり、事業会社などが信
託口座を設立し、そこへの投資家からの資金を募り、その資金は、流動性・
信用度の高い国債などで運用される。事業会社 (保険会社) は、あらかじめ決
められたトリガー事象が発生した場合、信託口座内の資産をサープラス・ノー
トもしくは優先株に変換できるオプションを有している。その権利を維持す
るために事業会社 (保険会社) が支払うオプション料 (スタンド・バイ・クレ
ジット・フィー) が運用資産に追加され、その運用利益で投資家に対する利
息が支払われる。投資家は、事業会社 (保険会社) と切り離された信託口座に
投資しているため、トリガー事象が発生しない限りは信用リスクを殆ど負わ
ない。また、事業会社 (保険会社) もトリガー事象の発生時の資金調達に対し
て、あらかじめ信託口座に資金が用意されてあるため、信用リスクを負わない。

1. コンティンジェント・キャピタルの概念について説明しなさい。

2. コンティンジェント・デットの有用性と問題点について、事例を挙げて議論しなさい。

3. コンティンジェント・エクイティの有用性と問題点について、事例を挙げて議論しなさい。

第6章

証券化とリスク

　資産の証券化の仕組みを保険リスクに適用して、保険リンク証券の仕組みが作られた。本章では、資産の証券化とそのリスクについて概説する[20]。

01　資産担保証券

　セキュリタイゼーション（Securitization）または証券化とは、直接金融の一つであり、金銭債権または不動産などの資産を裏付にして有価証券を発行し、その販売を通じて資金調達を行うことである。この証券化は、アメリカにおいて、1970年代に、住宅ローンを裏付けとした MBS（Mortgage Backed Securities：住宅ローン担保証券）によって、本格的に始まった。その後、自動車ローン、クレジットカード債権、売掛金、リース債権等を担保にした ABS（Asset Backed Securities：資産担保証券）が発行された。アメリカにおける証券化市場は、国債や社債市場に引けを取らないほど巨大なものとなっている。

　ABS（資産担保証券）は、不動産または資産を裏付けとする有価証券である。証券化を行う企業は、特別目的会社（SPC：Special Purpose Company）を設立し、証券化する資産をその SPC に譲渡し、SPC はその資産を裏付けにした有価証券を発行して、投資家に販売する。SPC は特別目的事業体（SPV：Special Purpose Vehicle）のうち、法人格を有するものを指す。

20　本章は、拙著『リスクマネジメント論（2019年）』（成文堂）の第12章の内容を修正加筆して再録した。

ABSは、その裏付けになっている資産の所有権がSPCに移転されているため、その資産を所有していた企業が倒産する場合でも、SPCはその影響を受けずに投資家への支払いが可能となる仕組みである。例えば、貸付債権が裏付けになっている資産担保証券は、その貸付債権がSPCに移転されているため、その貸付債権に問題がなければ、債権を保有していた銀行などが経営破たんした場合でも、SPCはその影響を受けず、投資家に支払いを続けることができる。

02 不動産の証券化

不動産を所有する企業は、SPCを設立し、所有する不動産をSPCに売却し、そのSPCは不動産を担保にした有価証券を発行して投資家に売却する。このSPCは、テナントなどからの賃料など不動産の収入で、投資家に利子の支払いや配当を行う。不動産の証券化の仕組みは、図27の通りである。

図27 不動産の証券化の仕組み

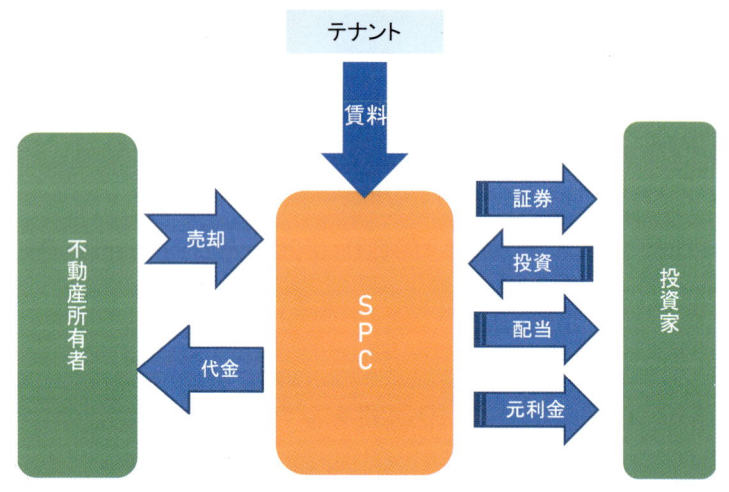

┃出典：各種資料を参考にして作成

この不動産の証券化の手法としては、SPCを使う方法のほか、信託銀行が資産を受益権などの形で小口商品化する信託方式、または会社型の投資信託を作ってその株式を販売する方式（不動産投資信託）などがある。

不動産投資には、次の問題点が指摘される。第一に、不動産の売買には時間がかかる場合が多いため、流動性（換金性）が低い。第二に、投資規模が相対的に大きい。第三に、管理に費用または手間がかかる。しかし、不動産の証券化によって、これら不動産投資の問題点の多くが解消される。

投資家の立場から不動産の証券化で得られる効果は、次の通りである。第一に、現物不動産に比べて流動性（換金性）が高い。第二に、複数の不動産に小口にわけて分散投資することができる。また、不動産の原所有者の立場から不動産の証券化から得られる効果は、次の通りである。第一に、不動産の原所有者は、対象不動産を売却したことと同様の効果が得られ、将来、不動産の価格が下落するリスクを回避できる。第二に、不動産の証券化によって調達した資金で有利子負債を削減するなどの企業の財務体質を改善することができる。本社ビルでさえ証券化の対象としている事例もある。

また、不動産投資信託であるREIT（リート：Real Estate Investment Trust）は、証券取引所に上場されている。このREITは、投資家から集めた資金で不動産や不動産ローンを購入し、そこから発生する賃貸料や利息などを財源に投資家へ配当を行っている。日本では、2000年に「投資信託法（投資信託及び投資法人に関する法律）」が改正され、投資信託の投資対象として不動産が認められたことによって、J–REITが2001年に2銘柄で発売された。アメリカの不動産投資信託がREIT（リート：Real Estate Investment Trust）という略称で呼ばれているため、その日本版という意味で、ジェイ・リート（J–REIT：Japanese Real Estate Investment Trust）と称される。

03 債権の証券化

債権の証券化の種類は、次の通りである。

① CMBS

商業用不動産ローン担保証券 (CMBS：Commercial Mortgage Backed Securities) は、資産担保証券 (ABS) の一種で、主に商業用不動産を担保にした融資である商業用不動産モゲージを担保にして証券化した商品である。ノンリコース・ローン（Non-Recourse Debt、Nonrecourse Loan、非遡及型融資）が国内でも普及したことに伴い CMBS の活用も始まった。日本における最初の商業用不動産ローン担保証券 (CMBS) は、1999 年 2 月、モルガン・スタンレーが大京からマンション 1,200 戸を取得した際に、外資系銀行が融資したノンリコース・ローンの元利金返済を原資にして行った証券化であった。

ノンリコース・ローンとは、担保の不動産のみが責任財産であるもので、債務者たる企業の倒産などの際に、そのローンの担保不動産を売却して返済に充てても、貸付の残額が残る場合において、債務者はその残額の返済責任を負わないものである。しかし、通常の住宅ローンではローンの返済ができなくなり、担保の住宅を売却して返済に充ててもローンの残額が残る場合、債務者は、そのローンの残額に対する返済義務を負う。この従来の住宅ローンは「人」に対するローンであるといえるが、ノンリコース・ローンは「不動産」に対するローンであるといえる。しかし、一般的な住宅ローンは、商業用不動産ローンとは異なり、償還の資金が不動産からの所得ではない個人所得であるため、日米ともに、リコース・ローンが主流である[21]。

---

21 カリフォルニアなどのいくつかの州では、住宅ローンを借りて住宅を購入した場合、ローンの返済が完了するまでに、当該住宅を金融機関の所有としている。そのため、債務者がデフォルトした場合、金融機関は、裁判の手続きを経ずに住宅を処分する

② RMBS

RMBS（Residential Mortgage–Backed Securities）は、MBS（モーゲージ証券）の一種であり、住宅ローンの元利の返済金を担保にして発行される「住宅ローン担保証券」である。一般に、MBSとは、不動産担保ローンの債権を担保として発行される証券である。

もう一つの住宅ローンの証券化の事例は、次の通りである。独立行政法人住宅金融支援機構は、旧住宅金融公庫の組織を改編した独立行政法人として、2007年4月1日に発足した。住宅金融公庫時代の2003年10月に「証券化支援による新型住宅ローン」という名称の住宅ローンを開始したが、この35年までの固定金利の住宅ローンは、2004年12月に「フラット35」に改称された。この住宅ローンは、銀行・信用金庫・労働金庫など預金取扱金融機関の一部と、モーゲージバンク・信販・住宅金融専門会社などのノンバンクが取り扱っている。このフラット35には、「買取型」と「保証型」がある。

フラット35の買取型の仕組みは、図28の通りである。

買取型は、住宅金融支援機構がフラット35を提供する民間金融機関からそれを買取り、証券化を行うものである。金融機関は、利用者（債務者）に対して、住宅ローンを融資すると同時に、当該住宅ローン債権を住宅金融支援機構に譲渡する。その後、住宅金融支援機構は、金融機関から譲渡された住宅ローン債権を、信託銀行等に担保目的で信託し、信託した住宅ローン債権を担保として、MBSを発行し投資家に売却する。住宅金融支援機構は、MBSの発行代金により、金融機関に対し、住宅ローン債権の買取り代金を支払うことになる。また、債務者は金融機関に、住宅ローンの元利金の返済

権利である「Foreclosure by Power of Sale」が認められている。その代わりに、銀行は、担保物件処分で不足が生じても、個人財産には遡及できないようにしている（小林正宏・安田裕美子（前掲書),pp.150-152）。これによって、アメリカの一部の州では、住宅ローンをノンリコース的な運用をしている。

図28 フラット35(買取型)

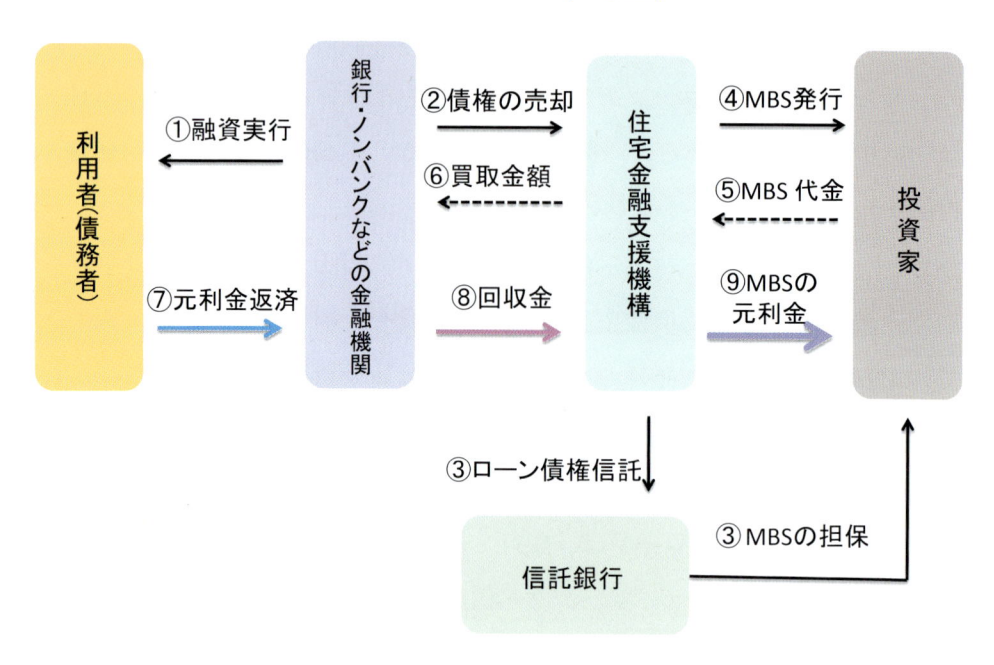

出典：各種資料を参考にして作成

をし、その資金は、住宅金融支援機構を通じて、MBSを購入した投資家に対する元利金の返済のための資金となる。

　一方、保証型における住宅ローン債権は、取り扱いの金融機関から信託銀行等に信託され、証券化される。金融機関は、債務者が住宅ローンの返済ができなくなった場合のために、住宅金融支援機構の住宅融資保険（保証型用）に加入している。住宅金融支援機構が金融機関に保険金を支払った場合は、住宅金融支援機構は、金融機関が所有していた債務者に対する住宅ローン債権を取得する。

　フラット35の保証型の仕組みは、図29の通りである。

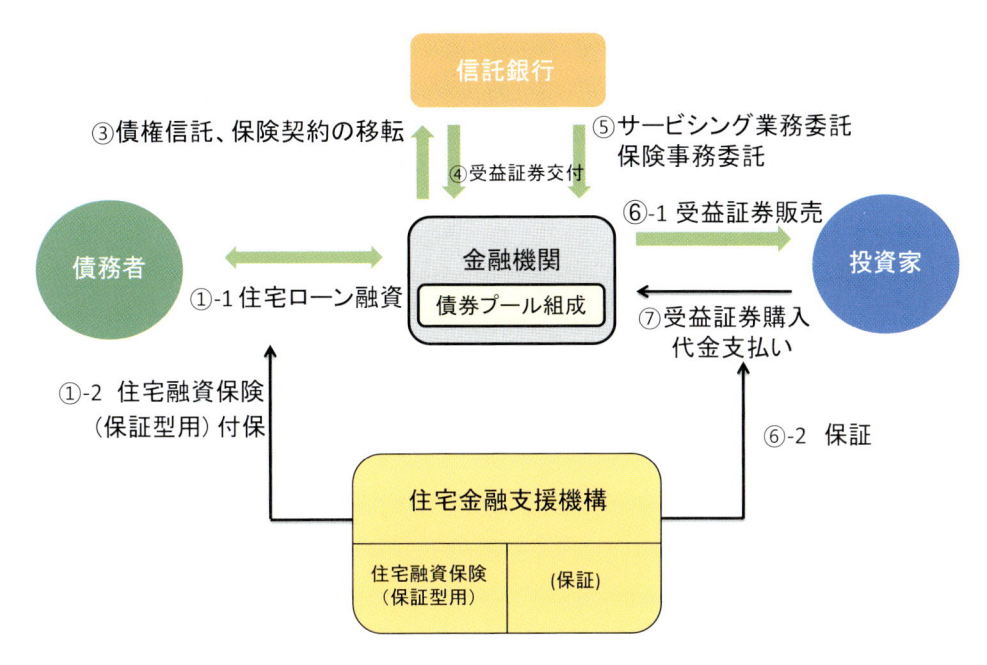

図 29 フラット 35（保証型）

出典：各種資料を参考にして作成

③ CDO

CDO（Collateralized Debt Obligation）は、債務担保証券とも称され、資産担保証券（ABS）のうち、裏付けとなる資産が国や企業に対する貸付債権や公社債のような大口金銭債権の場合である。特に裏付資産が公社債のみで構成されるものは、CBO（Collateralized Bond Obligation）と称され、貸付債権のみで構成されるものは CLO（Collateralized Loan Obligation）と称される。CDO は、償還期限のある公社債や金銭債権などが担保であるため、発行する証券にも償還期限が設けられる。

CDO の仕組みは、図 30 の通りである。

図 30 CDO の仕組み

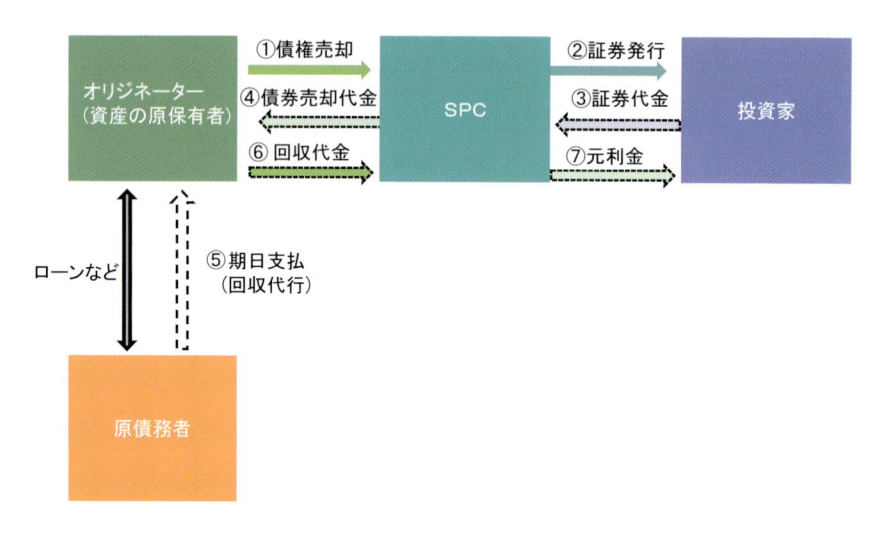

▌出典：各種資料を参考にして作成

　資産の原保有者は、証券会社等が設立した特別目的会社（SPC）に原資産（貸付資産、公社債など）を売却する。SPC は、原資産とそれから生じるキャッシュ・フローを裏付とする証券を発行し、証券会社等を通じて投資家に売却する。SPC は証券売却で得た資金を原資産購入代金として、原保有者に支払う。SPC は原資産を保有するとともに、回収業務をサービサー等に委託して資金を回収する。SPC は原資産から回収した資金により投資家に元利金を支払う。

　資産の原保有者の立場から債権の証券化で得られる効果は、次の通りである。①資金調達方法の多様化を図れる。②オフバランス化が図れる。オフバランス（Off Balance）とは、資産・負債でありながらも、賃借対照表（バランスシート：Balance Sheet）の計上からオフする、つまり外すことを意味する。本業とは直接関係の無い資産や、そのまま計上するとリスクがある資産や負債をバランスシートから切り離し、「資産の圧縮」を行うことで、総資産利益率（ROA：Return On Asset）などの財務指標が改善され、外部評価（格付け）

を高めることにつながる。③証券化によって調達した資金で有利子負債を返済し、財務構造の健全化を図れる。④保有する売掛債権の信用リスクを投資家に移転できる。債権のリスクを SPC に売却しているため、売掛先などの倒産リスクから隔離される。

　この CDO には、ローンや社債、ABS、REIT、クレジット・デリバティブ・スワップ（CDS）などが組入れ対象となっている。2007 年にアメリカで始まったサブプライム・ローン問題により、担保となっていたローンが数多く破綻した。その結果、高格付けとして運用されていた債務担保証券も毀損し、多くの投資家が巨額の損失を被り、担保となっていた資産の不透明さなどのリスクが露呈した。

04　証券化と金融危機

(1) サブプライム・ローン

　サブプライム・ローン（Subprime Lending, Subprime Mortgage）とは、信用力の低い低所得者を対象としているアメリカの高金利の住宅ローンであり、銀行ではなく、住宅ローン会社が扱っている金融商品である。優良客（プライム層）よりも下位のサブプライム層や、過去に延滞または破産の経歴がある信用力の低い消費者向け住宅ローンのことである。このような信用力の低い人は、通常の住宅ローンの審査には通らないため、その分金利は高く設定される。しかし、借入初期の 2、3 年の間は、低く抑えられた金利を支払うだけでよく、元本部分の返済はないため、サブプライムは低金利のローンとなる。その数年後には、2 倍以上の高金利に切り替わる。当時、実際のサブプライム・ローンの金利は、8 〜 9% 強となっており、6% のプライム・ローンより 3% 程度高く、3% の LIBOR より 6% 程度高いものであった。

サブプライム・ローンは、当時の利用件数が 775 万件と大きな市場となっていたが、ニューヨーク連邦準備銀行の調査（2008 年 1 月）などによれば、その融資率は 84.9% と高く、2000 年頃から急増して、2005 年から 2006 年には全体の住宅ローンの約 2 割を占めるに至った[22]。一方、住宅価格が上昇すれば、購入した住宅の担保価値も高まる。アメリカにおいては、2001 年から 2006 年ごろまで続いた住宅価格の上昇を背景に、金利の低い一般の住宅ローンに借り換えられ、増額されたローンを消費に回すことも発生していた。

　このサブプライム・モーゲージ（Subprime Mortgage）は、住宅ローン担保証券（RMBS もしくは MBS）（Residential Mortgage Backed Securities）という形で証券化され、さらにそれらが債務担保証券（CDO；Collateralized Debt Obligation）の形に再証券化され、格付け機関はそれに高い評価を与え、他の金融商品などと組み合わせて、世界各国の投資家へ販売された。

　アメリカにおける住宅ローンの証券化（MBS）の仕組みは、図 31 の通りである。

　図で示すように、金融機関（オリジネーター；Originator）は、住宅ローンを債務者に融資し、それを SPC に売却する。SPC は、その住宅ローン債権を担保に MBS などを発行する。金融機関（オリジネーター）は、その MBS の発行代金を受け取り、次の融資に回す。住宅ローンの償還が始まると、金融機関（オリジネーター）は、債務者から返済金などを回収し、SPC に回し、SPC は投資家に返済するスキームとなる。このスキームでは、仮に金融機関（オリジネーター）が破たんしても、金融機関（オリジネーター）の債権者としての利害関係は、SPC の資産である譲渡を受けた住宅ローンには及ばないので、MBS の投資家は安心してキャッシュ・フローを受け取ることができる。

　当時、アメリカでは、住宅ローンの残高 10 兆ドルの内、約 6 割が証券化されていた。また、銀行部門の預金残高よりも住宅ローンの残高が遥かに大

---

[22] 小林正宏・安田裕美子『サブプライム問題と住宅金融市場』住宅新報社、2008 年 10 月、pp.16-17。

図 31 アメリカにおける住宅ローンの証券化 (MBS)

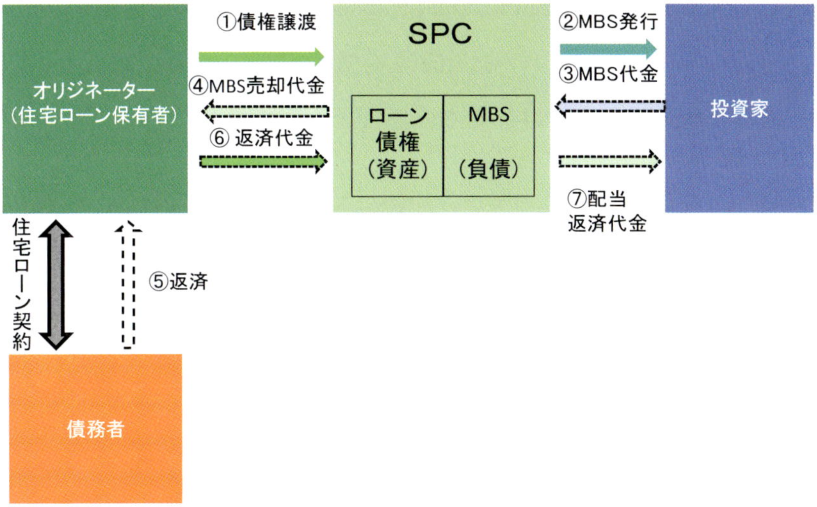

オリジネーター（住宅ローン保有者）
①債権譲渡
④MBS売却代金
⑥返済代金

SPC
ローン債権（資産）
MBS（負債）

②MBS発行
③MBS代金
⑦配当返済代金

投資家

住宅ローン契約
⑤返済

債務者

■出典：各種資料を参考にして作成

きかった。したがって、例えば、銀行部門の預金が 5 兆ドルしかなく、銀行が 10 兆ドルの住宅ローンを実行する場合、差額の資金の調達は、証券化によらざるを得ない構造となっていた。

このような状況下で、大恐慌以降に住宅価格が下がることは初めてであったとされる 2007 年夏ごろから、住宅ローンの返済延滞率が上昇し始めると、サブプライム・ローンに関わる債権が組み込まれた金融商品の信用保証までも信用を失い、市場ではその証券化商品の投げ売りが発生した。また、低金利の据え置き期間が終わったサブプライム・ローンの支払金利が 16% を超えると、金利支払いが困難になり、返済の延滞が急増しはじめた。

ローンの焦げ付きの急増で住宅ローン会社が倒産に陥ったため、住宅ローン会社へ資金を供給していた銀行は大きな損失を被った。2008 年終盤には、ニューヨークに本社を置くリーマン・ブラザーズ・ホールディングス（Lehman Brothers Holdings Inc.）の倒産によるリーマン・ショックなどが引き起こされ、高い信用力を持っていた AIG（American International Group）、

ファニーメイ（Fanniemae；Federal Mortgage Association）やフレディマック（FHLMC；Federal Home Loan Mortgage Association）が国有化される事態に至った。この事から世界中の金融機関で信用収縮の連鎖がおこり、CDS と並び、世界金融危機（2007 年）発生の原因となった。

(2) CDS

　CDS（Credit Default Swap）とは、保証の取引であるが、貸付債権や社債の信用リスクを売買（移転）するデリバティブ（オプション）であり、債権を保有したまま、信用リスクのみを移転することができる。この CDS には、スワップ方式で取引されることが多いため、クレジット・デフォルト・スワップとも呼ばれるが、クレジット・イベント（債務不履行や破たんなど）が発生した場合に支払いが行われるオプションである。CDS は、クレジット・デリバティブの代表的商品で、債務不履行といった信用リスクに備えたデリバティブ（金融派生商品）契約で、主に金融機関同士の相対取引で行われており、信用保険に類似しており、プロテクション（Protection）とも称される。

　CDS は、定期的な金銭の支払と引き替えに、「参照企業（Reference Entity）」と称される特定の国や企業の債務の一定の元本額（想定元本）に対する信用リスクのプロテクションを購入することによって、信用リスクを移転する取引である。信用リスクを回避したい金融機関がプロテクション（Protection）の買手となり、プロテクションの売手に対して一定期間固定の保証料を支払う。一定期間中に、クレジット・イベントが起こった際には、プロテクションの買手は、ローン債券の返済保証が得られる。その決済方法には損失額が現金で支払われる現金決済と、プロテクションの買手から売手に債権を譲渡し、売手が想定元本総額の現金を支払う現物決済の 2 通りがあるが、現物決済が主流となっている。

　一定の期間中にクレジット・イベントの発生がなければ、プロテクション

の売手から買手に対する支払いが発生しないので、プロテクションの買手から売手に対して固定の保証料が支払われるのみで契約は終了する。

CDS 取引（現物決済）の仕組みは、図 32 の通りである。

図 32 CDS 取引 (現物決済) の仕組み

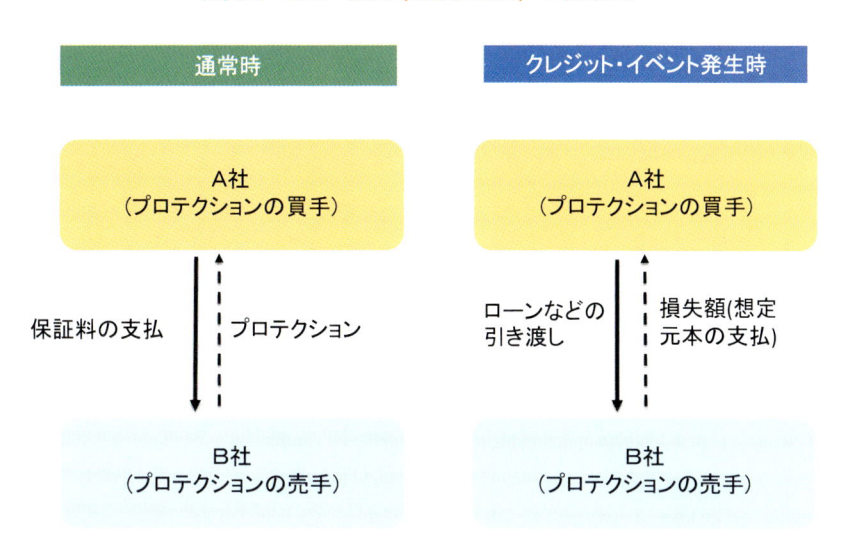

CDS は、保証の売手は保証料を受け取って参照企業が倒産した場合の一定の金額の支払を約束し、保証の買手は保証料を支払い参照企業が倒産した場合に一定の金額を受け取る契約である。この CDS は、参照企業の社債を持っていない主体同士の取引も可能であるため、倒産の可能性の高い企業を参照企業とすることで、賭けをすることも可能な仕組みになっている。

(3) CDS とサブプライム

AIG は、"American International Group" の略で、アメリカのニューヨークに本拠を置く世界的な保険・金融サービスグループである。AIG グループは、世界の保険・金融サービス業界のリーダーとして、130 以上の国・

地域において事業展開を行ってきた。この AIG は、その子会社の AIGFP（AIG Financial Products）が、保証保険業務を専門に行うモノライン保険会社（Monoline Insurers）と同様の保証業務を行っていた。その保証は、金融機関が AIG（AIGFP）に保証料を支払う代わり、AIG は、住宅ローンの証券化商品の貸し倒れが起きれば元本の支払を約束する契約であった。

2000 年に 1000 億ドルであった CDS の市場規模は、2007 年末には約 62 兆ドルに達していた。このときの AIG の CDS の保証残高は、4400 億ドルに達していた。ニューヨーク・タイムズによれば、2005 年には AIG 全体の利益の 17.5% は、CDS による保証料から得ていた。しかし、住宅バブルの崩壊で住宅ローンが一斉に焦げ付き、住宅ローンの証券化商品が相次いで債務不履行に陥ると、AIG の支払い能力を超える保証の請求が一気に発生し、140 億ドルに達する CDS の支払に行き詰まった。

これによって、AIG は、2007 年にアメリカで発生したサブプライム問題によって、その保証商品である CDS 取引に伴う大きなリスクが顕在化した。その結果、AIG 傘下の金融商品部門が CDS で巨額の損失を出し、アメリカ政府が、AIG の株式を 79.9% 取得し、最大 850 億ドルを融資することによって、2008 年、ついに事実上国有化された。

日本においてもサブプライム・ローン問題の影響で、大和生命が破たんした。大和生命（ヤマト生命）は、生命保険契約の予定利率を強制的に引き下げた過去の破たん処理によって、既存する他の生命保険会社と比較すれば、低い予定利率など、各段と有利な条件の保険契約を有していた。しかし、証券会社出身の社長によって危険な資産運用が行われ、同社の有価証券保有残高のうち外国証券・その他の比率が 42.2% で、ハイリスク・ハイリターンの資産運用が行われていたことが破たんの原因となった。破たんの原因は株式やオルタナティブ資産などの運用商品の価格が大幅に下落し、2008 年 9 月中間決算の当期純損失は 110 億 4300 万円となった。2008 年 3 月末時点の運

用資産残高は約 2800 億円で、このうちオルタナティブ投資が占める割合は、約 30% を占めていた。オルタナティブ投資の具体的中身は、仕組み債やヘッジファンド投資、CLO（Collateralized Loan Obligation；ローン担保証券)、リートなどの不動産関連投資である。

1 資産の証券化について説明しなさい。

2 証券化が金融危機を引き起こしたプロセスについて説明しなさい。

3 CDS の効用と問題点について説明しなさい。

第7章

保険リンク証券の仕組み

　保険リンク証券（ILS：Insurance–Linked Securities）は、保険対象のリスクを、保険会社ではなく、投資家に移転する保険対象リスクの証券化商品の総称である。本章ではこの保険リンク証券の仕組みについて概説する[23]。

01　保険リンク証券

(1) 保険リンク証券の登場

　保険リンク証券（ILS：Insurance–Linked Securities）は、保険対象のリスクを投資家に移転する保険対象リスクの証券化商品の総称である。保険リンク証券には、その取引種類によって、キャットボンド（CAT Bond）、ILW（Industry Loss Warranties）、サイドカー（Sidecar）、担保付再保険（Collateralized Reinsurance）等がある。保険リンク証券の種類は、図33の通りである。

　保険会社は、大数の法則が働きにくい異常災害などを引き受ける場合は、引受能力の不足に直面する場合があり、その引受能力を補強するためには資本金を増加させる必要がある。また、保険会社は、引受能力を超えるリスクを引き受ける場合、再保険を利用してきた。近年、保険会社は、引受能力を補完する手段として、これらの資本金の増加や再保険に加えて、保険リンク証券を利用できるようになった。

---

[23] 本章は、拙著『リスクマネジメント論（2019年）』（成文堂）の第12章の内容を参考にして修正加筆して再録した。

図 33 保険リンク証券の種類

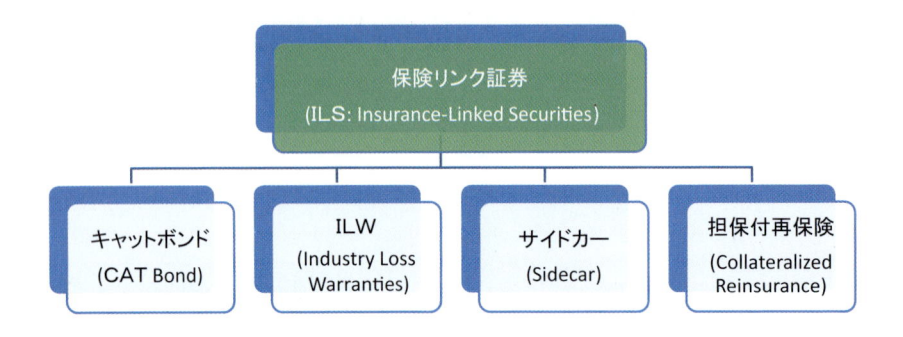

保険リンク証券
(ILS: Insurance-Linked Securities)

| キャットボンド (CAT Bond) | ILW (Industry Loss Warranties) | サイドカー (Sidecar) | 担保付再保険 (Collateralized Reinsurance) |

出典：各種資料を参考にして作成

　保険リンク証券は、1992 年のアメリカにおいてハリケーン・アンドリュー（Hurricane Andrew）が発生した際、保険会社の引受能力が不足[24] していたことを背景にし、資本市場に保険リスクを移転する手段として開発された。

　一方、保険会社のリスク分散は、伝統的に再保険によって行われている。例えば、損害保険会社が石油コンビナートのような巨大リスクの保険契約を引き受けている場合、保険事故が発生した際には、その保険金の支払額が支払能力を超える可能性がある。損害保険会社は、このような巨額の保険金を支払う場合でも自社の財務状況に大きな影響が出ないように、引き受けたリスクの一部または全部を再保険会社などに再保険することによって、リスク分散を行っている。保険業界は、この再保険によって、保険業界の中でリスクを分散させ、保険業界全体の引受能力を有効に活用してきた。しかし、その引受能力は、損害保険業界全体の資本金の合計によって制限される。したがって、保険業界の引受能力は、その自己資本の合計によって制限されるた

[24] 1980 年代のアメリカにおける保険危機や北海でのパイパー・アルファー石油の爆発・火災事故（1988 年）などの際に保険市場における引受能力の不足が指摘され、ハリケーン・アンドリュー（1992 年）、ノースリッジ地震（1994 年）の際にも、保険市場における引受能力の不足による再保険の手配が難しくなった。

め、大災害または金融危機などによって保険会社が大きな損害を被ったとき
に、保険業界は、その引受能力の不足に直面した。そのような局面では、保
険市場がハード化し、保険料率が急騰した。この異常災害に対する保険会社
の引受能力不足を補うため、保険市場よりも資金量が豊富な資本市場がリス
クの移転先として注目された。

　この保険会社のリスク分散のための再保険は、「保険の保険」であるため、
「再保険（Reinsurance）」と称される。この再保険に対する再保険は、再々保
険（Retrocession）と称される。保険会社が保有するリスクの一部または全部
を他の保険会社に移転することは、出再保険と称され、保険会社がこれを引
き受けることは受再保険と称される。一方、元受保険（Primary Insurance）と
は、保険会社が個別の保険契約者と締結する保険契約を指す場合があるが、
「ある保険契約」について再保険契約が締結されている場合、再保険契約に
対して、その「ある保険契約」が元受保険と称される。

　元受保険と再保険の仕組みは、図34の通りである。

図 34　元受保険と再保険の仕組み

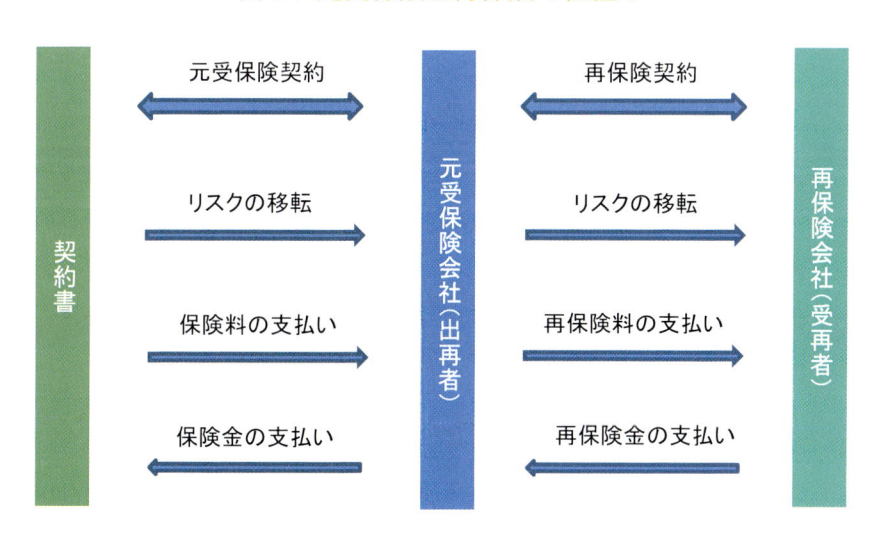

▌出典：各種資料を参考にして作成

この再保険は、損害保険の一種であり、殆どの損害保険会社が行っているが、再保険専門会社もある。日本では、トーア再保険株式会社と日本地震再保険会社が再保険専門会社である。生命保険の再保険は、損害保険会社以外にも、生命保険会社も引き受けることが認められる。再保険契約は、元受保険とは独立した契約であり、元受保険会社は、再保険会社からの再保険金の受取りに関係なく、元受保険契約による保険金の支払い責任を負う。また、元受保険の契約者は、再保険の契約当事者ではなく、再保険会社に対して、何の権利も有せず、直接保険金を請求することもできない。

　この再保険は、保険業界の中でリスクを分散させ、元受保険会社の収益の安定化と追加引受能力の確保を通じて、保険市場の拡大と安定化に寄与している。しかし、再々保険の連鎖によって、関係している再保険会社が多くなればなるほど、それらの保険会社の信用リスクが大きくなる。保険事故が発生した際に、再保険会社が再保険金を支払えなくなる可能性があるが、再保険の連鎖の中である1社の支払不能状態は、支払不能の連鎖を引き起こす可能性があるためである。

　支払不能の連鎖が発生した実際の事例として、1980年代にロンドンの再保険市場で発生した超過再保険契約（Excess of Loss Cover）であるLMX（London Market Excess of Loss）のスパイラル（Spiral）がある。超過再保険契約とは、再保険契約の一種で、一事故による損害額が再保険契約で決めた金額を超えた場合、超過した部分について補償するものである。ロンドンの再保険市場のシンジケートであるアンダーライターは、この再保険契約を繰り返し締結し、自ら出再したリスクを再び引受ける事態となった。この状態で、1987年と1990年の間に発生した台風や地震など空前の大災害が連続して起こったことが原因で、多くのシンジケートが破綻するようになった。

　しかし、ILS取引は、このような支払不能の連鎖の可能性がなく、再保険に代わる新たなリスク移転方法として定着しつつある。このILSの普及によって、保険業界は、新たなビジネスモデルの模索を余儀なくされている。

(2) 保険リンク証券の仕組み

資産担保証券（ABS）やモーゲージ担保証券（MBS）等は、いずれも資産の証券化であるが、ILS（Insurance Linked Securities）は負債の証券化である。この保険リンク証券は、金融手法である「証券化」の仕組みを使って資本市場から資金調達を行うものであるが、非常時には、その債券の「元金または利息の減免」が発動される仕組みが組み込まれた ART である。特に、地震・ハリケーン・台風といった大災害（Catastrophe）の発生時に一定の条件が充足されると、債券の元本または利息の減免が行われ、その減免相当額が保険金のように企業に支払われる仕組みを持つものは、「キャットボンド（Catastrophe Bond）」と称される。

一方、全米保険監督官協会（NAIC：National Association of Insurance Commissioners）は、保険リンク証券とは、「その実績がある特定の保険リスクの損害実績に連動した証券化商品[25]」であると定義している。この保険リンク証券は、保険会社が、再保険に加えて、または再保険の代わりに、利用する場合が多い。

保険リンク証券で投資家は、保険会社や再保険会社等に対する補償金を支払うリスクを引き受ける対価として、プレミアム（手数料）を受け取る。投資家が引き受ける補償金の支払いリスクとは、災害などのリスクが発生した場合、投資元本の一部または全額の償還が免除されるリスクであり、その分が保険金のように保険会社や再保険会社等に支払われ、保険金または補償金の財源となる仕組みである。

保険リンク証券と流通市場の関係は、図 35 の通りである。

---

[25] Insurance linked securities (ILS) are securities whose performance is linked to the performance of some pre-specified insurance risk(NAIC, Feb, 2011).

図 35 保険リンク証券と流通市場の関係

図 35 保険リンク証券と流通市場の関係

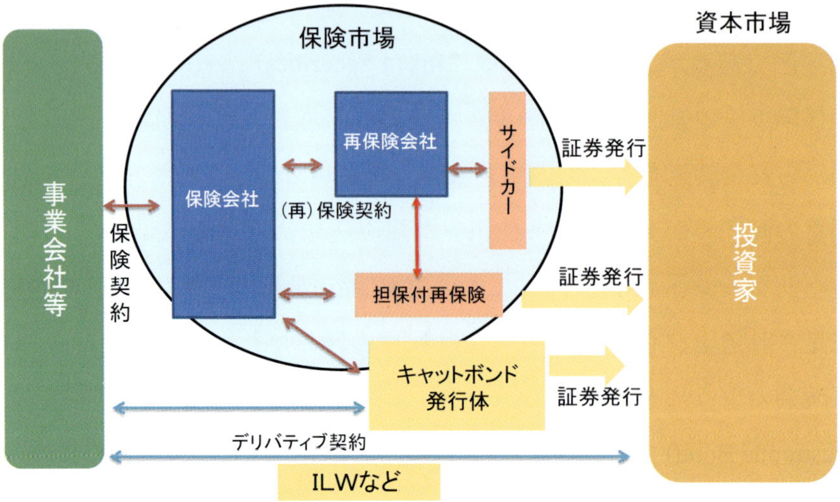

┃出典：各種資料を参考にして作成

　世界の 5 大リスクは、アメリカのハリケーン・地震、欧州の暴風雨、日本の台風・地震であるといわれ、キャットボンドは、この世界の 5 大リスクを対象にしたものが多い。保険リンク証券の対象となるリスクは、キャットボンドで代表される巨大自然災害リスクが多いが、死亡率または寿命（死亡率上昇、長生きリスクなど）、医療費請求などに関わるリスクを対象とするものも現れている。

　この ILS は、保険会社等が資本市場にリスクの移転先を求めていることから、保険リスクの移転先を飛躍的に拡大させるものである。また、保険会社は ILS の仕組みによって、再保険における保険会社が抱える信用リスクを回避できる。再保険の場合、巨大リスクが発生したときには、再保険会社の支払能力の不足によって再保険金が支払われない可能性がある信用リスクが問題となるが、ILS では、最初から特別目的会社などにその資金が投資家から調達されているため、信用リスクが問題にならない。一方、投資家の立場からも、ILS では高利回りが得られる長所がある。また、自然災害は景気の変

動とは相関関係がないため、ILS は、経済動向とは独立したリスクとリターンを有するという特性がある。したがって、投資家は、ILS を投資のポートフォリオに加えることによって、リスクの多様性を高めて分散投資を行うことができる。

従来の ILS に対する主な投資家は、その特性と内在するリスクが難解であるため、保険会社や再保険会社であった。この ILS に対する一般投資家の投資を拡大させたのが保険専門ファンドである。最初の保険専門ファンドは、1997 年にイギリスの大手保険ブローカー会社 Willisk の子会社である Nephila Capital によって設定された。その後、保険会社に加えて、大手の資産運用会社も保険専門ファンドを設定するようになった。

(3) トリガー

トリガー (Trigger) は、銃などを動作させる引金を意味する。ILS の発行時に定められた補償金の支払条件（イベント）をトリガーと称する。このトリガーの発生の際に、ファンドは、デフォルトとなり、投資金の一部ないし全部がスポンサーへの支払いに充てられ、投資家への償還が減額又は免除されることにより、投資家は元利金の減額または免除のリスクを負担することになる。このトリガーの種類は、表 3 の通りである。

災害発生時に債券の元利金の一部または全部が減免される場合は投資家に損害が発生するが、そのトリガーには、実損てん補型（Indemnity）とインデックス型がある。かつてはインデックス型が主流であったが、近年、実損てん補型が多くなっている。実損てん補型トリガーでは、地震などの特定の事象が発生しただけでは支払いは行われず、保険会社の保険金の支払額が一定の金額に達した場合に、支払いが行われる。

表 3　トリガー（Trigger）の種類

トリガー		内容
実損てん補型（Indemnity）		実際に発生した損害を基準にして補償される。保険契約または再保険契約に類似した損害てん補方式
インデックス型（Index:損害型）	モデルロス・インデックス型（Modeled Loss Index）	事前に定めた個別のモデルに、風速、降雨量などを入力して、発生する損害額を推計する方式
	業界損害額インデックス型（Industry Loss Index）	業界全体の損害予測額に基づく方式
	パラメトリック・インデックス型（Parametric Index）	損害額とは関係なく、ハリケーンの風速や地震のマグニチュードなどの観測指標に基づく方式

出典：各種資料から抜粋して作成

　インデックス型トリガーには、個別の推計モデルを使った指数を算出するモデルロス・インデックス型（Modeled Loss Index）、業界全体の損害予測額に基づいた指数を算出する業界損害額インデックス型（Industry Loss Index）、ハリケーンの風速や地震のマグニチュードなど観測指標に基づいた指数を算出するパラメトリック・インデックス型（Parametric Index）などがある。

　一方、補償額が実際の損害額と差が生じる可能性は、ベーシス・リスク（Basis Risk）と称される。金融市場において、現物価格と先物価格の差は「ベーシス（Basis）」と称され、現物のリスクをヘッジするために先物を売却している場合、このベーシスよりも損益が大きく変動するリスクはベーシス・リスクと称される。ベーシス・リスクが発生すれば、ヘッジが不十分なものになる。この金融市場におけるベーシス・リスクという用語が保険分野に転用

され、実際の損害額と補償金の差を意味する用語として使われている。実損てん補型トリガーにおいては、保険会社の保険金支払額がトリガーとなるため、保険会社のベーシス・リスクは発生しない。

しかし、投資家の立場からは、実損てん補型トリガーは、巨大災害が発生した場合、保険会社が自社の評判などのために保険金を不当に多く支払う傾向のモラル・ハザード（Moral Hazard）が指摘されており、損害額算出の客観性が問われる。また、投資家は、保険会社が引受けているリスクの内容を正確に把握することが難しく、リスクの質が悪いものを証券化する逆選択（Adverse Selection）も指摘される。さらに、保険会社などのキャットボンドなど発行者の立場からは、実損てん補型トリガーを判定し、損害額が確定されるまでに時間がかかるため、支払を受け取るまでに時間がかかる問題点がある。

インデックス型トリガーは、標準化しやすく、取引費用も比較的に少ないため、証券化に適しているとされる。投資家の立場からは、インデックス型トリガーが、保険会社に有利な条件に設定されるモラル・ハザードと逆選択の可能性も少なく、その透明性も高い。

02　日本の地震保険

日本の火災保険では、地震リスクが免責とされ、地震・噴火またはこれらによる津波を直接または間接の原因とする損害は補償されない。したがって、地震リスクを保険で担保するためには、地震保険に別途加入しなければならない。日本の地震保険は、1964 年の新潟地震が契機となった「地震保険に関する法律（1966 年）」に基づいて発足し、政府が再保険を引き受けることになった。この法律による地震保険は、一定の金額を限度とし、家計向けの居住用建物と生活用動産（貴金属や宝石・美術品などは除く）を対象とし、

企業向けの工場や事務所専用の建物・什器備品・機械などは対象外となった。この家計向けの地震保険は、家の再建を目的とするものではなく、生活の立て直し資金を確保し、被災者の生活安定に資することを目的としている。したがって、この地震保険は、家の再建のための資金としては十分なものとはいえない。このような趣旨で、日本の地震保険は、一定金額内の政府再保険がある家計向け地震保険と、その限度額を超える地震リスクと企業向けの政府再保険のない地震保険が存在することになった。

日本の地震リスクと保険リンク証券（ILS）の関係は、図36の通りである。

図36　日本の地震リスクとILS

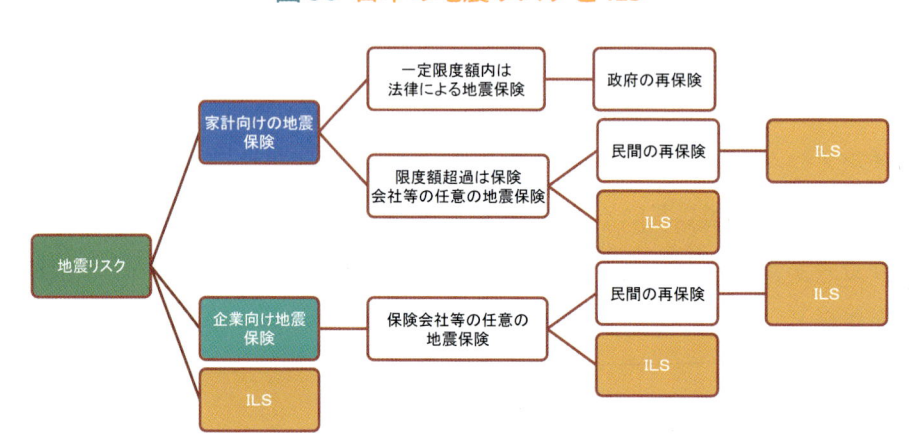

図で示すとおり、地震リスクの中で、家計分野の一定限度額内の地震リスクは、政府の再保険によって対処しているが、その他の地震リスクは、民営の地震保険と再保険、そしてILSによって、対応しなければならない状況である。本章で説明する地震保険は、政府の再保険によって対処している一定限度額内の家計向け地震保険である。

日本地震再保険株式会社は、「地震保険に関する法律」に規定される地震保険の再保険業務を営む損害保険会社として設立された。この日本地震再保

険株式会社は、元受損害保険会社が引き受けた地震保険契約の保険責任を再保険により全額引き受けて、その引受責任のうち一定部分を超過損害額再保険方式（一定額を超える損害額を再保険する方式）によって政府へ再保険している。さらに、この政府への再保険を除いた保険責任のうち、一定部分を同じく超過損害額再保険方式により元受損害保険会社等へ再保険している。

　日本の地震保険の再保険の仕組みは、図 37 の通りである。

図 37　日本の地震保険の再保険の仕組み

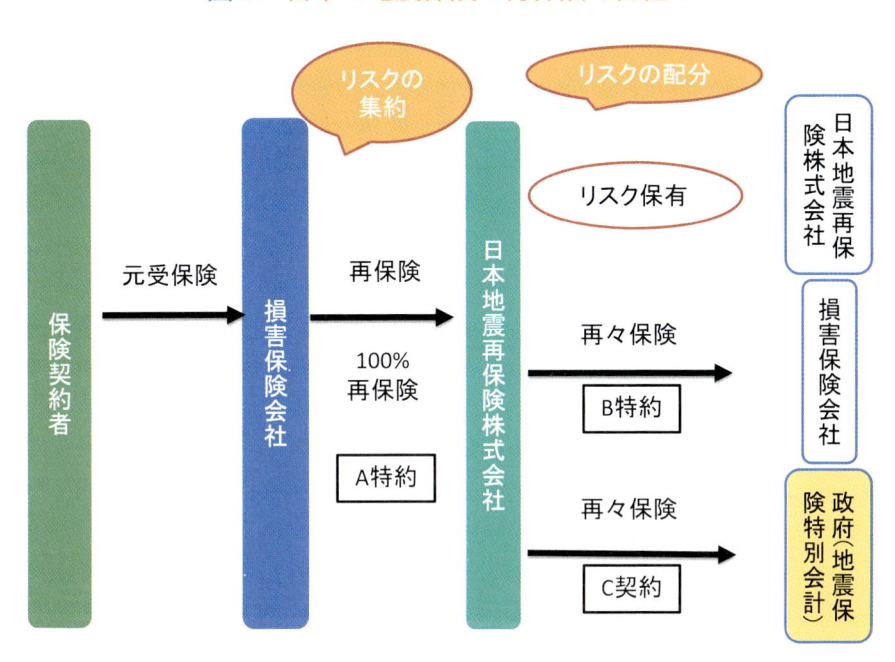

┃出典：日本地震再保険株式会社の資料を参照して作成

　この地震保険は、単独で加入することはできず、火災保険（住宅火災保険、住宅総合保険、普通火災保険、店舗総合保険等）に特約として添付するようにし、保険会社の契約費用を抑え、その分の保険料を安くしている。地震保険の添付を希望しない場合には、地震保険に加入しないという意思確認のため「火災保険契約申込書」の『地震保険ご確認欄』に捺印することにしてい

る（加入を希望する場合は捺印しない）。

地震保険の保険金額は、地震保険が添付される火災保険の保険金額の 30%から 50% の範囲内で設定されるが、建物については 5000 万円、家財については 1000 万円を限度としている。この地震保険は、大地震の場合にも確実に保険金を支払えるようにするために、政府による再保険が行われている。また、大地震が発生した場合には、その損害額が巨額となり、地震保険の積立金が足りなくなる可能性があるため、1 回の地震等による政府と損害保険会社の支払保険金総額に限度額が設けられている。この総支払限度額は、過去に発生した最大級の地震である関東大震災規模の地震災害で支払われた保険金の統計結果に基づいてその金額が設定されている。関東大地震は、1923 年 9 月 1 日に発生した M7.9 の地震で、地震後に発生した火災によって損害が拡大していった。

この総支払限度額を超えて保険金が請求された場合は、支払うべき保険金総額に対する保険金総支払限度額の割合で、1 件当たりの契約で支払われる地震保険金が減額される。ここで 1 回の地震等とは、72 時間以内に発生した 2 つ以上の地震等を一括して指すが、被災地域が重複しないときは別個の地震とみなされ、減額の規定は各々に適用される。

「地震保険に関する法律施行令」の改正により、保険始期が 2017 年 1 月 1 日以降の地震保険契約では、損害区分が、それまでの 3 区分（全損・半損・一部損）における「半損」が 2 分割され、4 区分（全損・大半損・小半損・一部損）となった。このように損害の区分をその程度によって 4 つに区分し、後述の認定基準を単純化している理由は、地震による損害は大量に発生すると考えられるため、その支払い業務の効率化を図り、迅速に処理するためである。ここでの時価とは、新築価額から、使用年数に相当する減価額を控除した価額である。

地震保険における損害程度別の保険金は、表 4 の通りである。

表 4 地震保険における損害程度別の保険金

損害程度	保険金支払額
全損	保険金額の 100%（時価が限度）
大半損	保険金額の 60%（時価の 60% が限度）
小半損	保険金額の 30%（時価の 30% が限度）
一部損	保険金額の 5%（時価の 5% が限度）

▎出典：地震保険に関する法律施行令

　また、地震保険の損害認定基準は、表 5 の通りである。

表 5　地震保険における損害の認定基準

損害程度	建物		家財
	主要構造部の損害額	焼失、流失した床面積（一部損は床上浸水等）	家財の損害額
全損	建物の時価の 50% 以上	建物の延床面積の 70% 以上	家財の時価の 80% 以上
大半損	建物の時価の 40% 以上 50% 未満	建物の延床面積の 50% 以上 70% 未満	家財の時価の 60% 以上 80% 未満
小半損	建物の時価の 20% 以上 40% 未満	建物の延床面積の 20% 以上 50% 未満	家財の時価の 30% 以上 60% 未満
一部損	建物の時価の 3% 以上 20% 未満	建物が床上浸水または地盤面から 45cm を超える浸水を受け損害が生じた場合で、全損、大半損または小半損に至らない場合	家財の時価の 10% 以上 30% 未満

▎出典：地震保険損害認定基準

津波による損害、地盤液状化による損害の場合の「全損」「大半損」「小半損」「一部損」は、表6の通りである。

表6 地震保険における津波による損害、地盤液状化による損害の認定基準

損害程度	津波による損害 傾斜		「地震等」を原因とする地盤液状化による損害	
			最大沈下量	
全損	下記以外	180cm以上の床上浸水を被った場合または地盤面から225cm以上の浸水を被った場合	1.7/100（約1°）を超える場合	30cmを超える場合
	平屋建て	100cm以上の床上浸水を被った場合または地盤面から145cm以上の浸水を被った場合		
大半損	下記以外	115cm以上180cm未満の床上浸水を被った場合または地盤面より160cm以上225cm未満の浸水を被った場合	1.4/100（約0.8°）を超え、1.7/100（約1°）以下の場合	20cmを超え、30cm以下の場合
	平屋建て	75cm以上100cm未満の床上浸水を被った場合または地盤面より80cm以上145cm未満の浸水を被った場合		
小半損	下記以外	115cm未満の床上浸水を被った場合または地盤面より45cmを超えて160cm未満の浸水を被った場合	0.9/100（約0.5°）を超え、1.4/100（約0.8°）以下の場合	15cmを超え、20cm以下の場合
	平屋建て	75cm未満の床上浸水を被った場合または地盤面より45cmを超えて80cm未満の浸水を被った場合		
一部損	基礎の高さ以上の浸水を被った場合で全損、大半損または小半損に至らないとき		0.4/100（約0.2°）を超え、0.9/100（約0.5°）以下の場合	10cmを超え、15cm以下の場合

出典：地震保険損害認定基準

表 6 の通り、建物の傾きが 1°を超える場合、または最大沈下量が 30cm を超える場合は、全損として認定される。

　一方、「マグニチュード」は、地震そのものの規模を表し、Magnitude の頭文字をとって M で表す。「震度」は、ある場所での地震による揺れの強さを表す。この二つの関係は、電球の明るさと周りの明るさとの関係で説明される場合があり、電球の明るさを表す値がマグニチュードであるとすれば、電球から離れたある場所の明るさが震度に相当する。つまり、電球が明るくても遠いところでは暗くなるように、マグニチュードが大きくても震源から遠いところでは震度は小さくなる。したがって、マグニチュードの小さい地震でも震源からの距離が近いと地面の揺れが大きくなるため、震度が大きくなる。逆に、マグニチュードの大きい地震でも震源からの距離が遠いと地面の揺れは小さくなるため、震度は小さくなる。マグニチュードと震度との関係を図示すると、図 38 の通りである。

図 38 マグニチュードと震度の関係

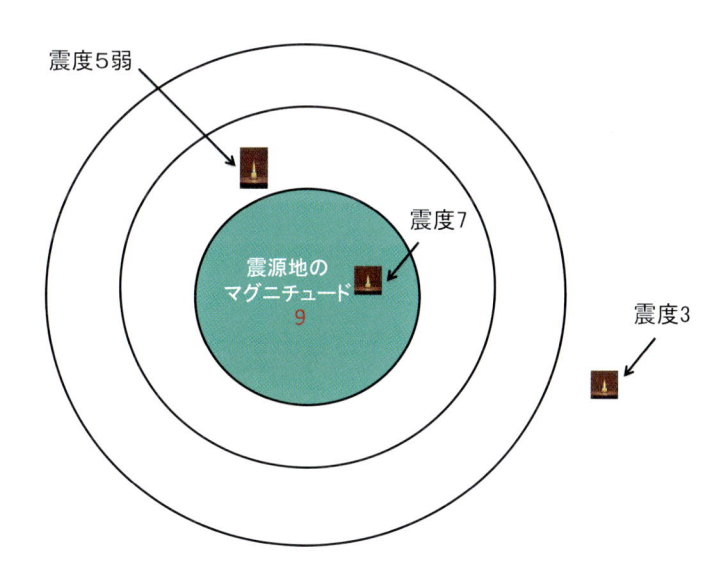

▍出典：各種資料を参考にして作成

1900 年以降のマグニチュードの規模とレベルは、表 7 の通りである。

表 7 1900 年以降に発生した地震の規模の大きなもの

順位	発生年月日	震源	マグニチュード
1	1960 年 5 月 23 日	チリ	9.5
2	1964 年 3 月 28 日	アラスカ湾	9.2
3	2004 年 12 月 26 日	インドネシア、スマトラ島北部西方沖	9.1
4	2011 年 3 月 11 日	日本、三陸沖「2011 年 東北地方太平洋沖地震」	9.0
	1952 年 11 月 5 日	カムチャッカ半島	9.0
6	2010 年 2 月 27 日	チリ、マウリ沖	8.8
	1906 年 2 月 1 日	エクアドル沖	8.8
8	1965 年 2 月 4 日	アラスカ、アリューシャン列島	8.7
9	2005 年 3 月 29 日	インドネシア、スマトラ島北部	8.6
	1950 年 8 月 15 日	チベット、アッサム	8.6
	1957 年 3 月 9 日	アラスカ、アリューシャン列島	8.6

出典：気象庁

　表 7 の通り、2011 年に東日本大震災を引き起こした「東北地方太平洋沖地震」が第 4 位となっている。

震度は、表8のように10段階で表される。

表8　震度と揺れの強さ

震度階級	人の体感・行動	屋内の状況	屋外の状況
0	人は揺れを感じないが、地震計には記録される。	-	-
1	屋内で静かにしている人の中には、揺れをわずかに感じる人がいる。	-	-
2	屋内で静かにしている人の大半が、揺れを感じる。眠っている人の中には、目を覚ます人もいる。	電灯などのつり下げ物が、わずかに揺れる。	-
3	屋内にいる人のほとんどが、揺れを感じる。歩いている人の中には、揺れを感じる人もいる。眠っている人の大半が、目を覚ます。	棚にある食器類が音を立てることがある。	電線が少し揺れる。
4	ほとんどの人が驚く。歩いている人のほとんどが、揺れを感じる。眠っている人のほとんどが、目を覚ます。	電灯などのつり下げ物は大きく揺れ、棚にある食器類は音を立てる。座りの悪い置物が、倒れることがある。	電線が大きく揺れる。自動車を運転していて、揺れに気付く人がいる。
5弱	大半の人が、恐怖を覚え、物につかまりたいと感じる。	電灯などのつり下げ物は激しく揺れ、棚にある食器類、書棚の本が落ちることがある。座りの悪い置物の大半が倒れる。固定していない家具が移動することがあり、不安定なものは倒れることがある。	まれに窓ガラスが割れて落ちることがある。電柱が揺れるのがわかる。道路に被害が生じることがある。

5強	大半の人が、物につかまらないと歩くことが難しいなど、行動に支障を感じる。	棚にある食器類や書棚の本で、落ちるものが多くなる。テレビが台から落ちることがある。固定していない家具が倒れることがある。	窓ガラスが割れて落ちることがある。補強されていないブロック塀が崩れることがある。据付けが不十分な自動販売機が倒れることがある。自動車の運転が困難となり、停止する車もある。
6弱	立っていることが困難になる。	固定していない家具の大半が移動し、倒れるものもある。ドアが開かなくなることがある。	壁のタイルや窓ガラスが破損、落下することがある。
6強	立っていることができず、はわないと動くことができない。揺れにほんろうされ、動くこともできず、飛ばされることもある。	固定していない家具のほとんどが移動し、倒れるものが多くなる。	壁のタイルや窓ガラスが破損、落下する建物が多くなる。補強されていないブロック塀のほとんどが崩れる。
7		固定していない家具のほとんどが移動したり倒れたりし、飛ぶこともある。	壁のタイルや窓ガラスが破損、落下する建物がさらに多くなる。補強されているブロック塀も破損するものがある。

▌出典：気象庁

　このように震度 5 と 6 には、それぞれに強と弱がある。

　「1995 年 兵庫県南部地震」は、1995 年 1 月 17 日 5 時 46 分に発生した地震で、兵庫県南部を中心に大きな被害が発生した。この地震は、大都市直下を震源とする日本で初めての大地震であり、気象庁震度階級に震度 7 が導入されて以来、初めて震度 7 (マグニチュード 7.2) が記録された地震である。

兵庫県南部地震による損害は、図 39 の通りである。

図 39 1995 年 兵庫県南部地震による損害

人的損害 計50,229人	・ 死者・行方不明者 6,437人 ・ 負傷者 43,792人
経済損害 9兆9268億円	・ 建築物 約5兆8000億円 ・ 鉄道 約3430億円 ・ 高速道路 約5500億円 ・ 公共土木工事 約2961億円 ・ 文教施設 約3352億円 ・ 商工関係 約6300億円 ・ ・・・・・・・・・・

┃出典：日本損害保険協会

兵庫県南部地震による保険金と共済金の支払は、表 9 の通りである。

表 9   1995 年兵庫県南部地震に関連した保険金・共済金の支払

種類	金額
家計地震保険	783 億円
JA 共済	1188 億円
全労済	185 億円

┃出典：日本損害保険協会、JA 共済、全労済

　さらに、東日本大震災は、2011 年 3 月 11 日金曜日に発生した日本の観測史上最大であるマグニチュード 9.0 の東北地方太平洋沖地震と、それを原因として発生した津波、その後に発生した余震による災害である。この東日本大震災は、前述した通り、世界の記録史上 4 番目に大きい震災で、甚大な人

的損害と物的損害をもたらした。この地震によって、東京電力福島第一原子力発電所では、停電によって全電源が喪失した結果、原子炉を冷却できなくなり、大量の放射性物質が放出される深刻な原子力事故が発生した。

東日本大震災による損害は、図 40 の通りである。

図 40　東日本大震災の損害

人的損害 計24,590人
- 死者　　　15,895人
- 行方不明者　2,539人
- 負傷者　　　6,156人

経済損害 16兆9000億円
- 建築物　約10兆4000億円
- インフラ施設（水道・ガス・電気・通信設備など）約1兆 3000 億円
- 社会基盤施設（河川・道路・港湾など）約2兆 2000 億円
- 農林水産関係　約1兆 9000 億円
- その他　約1兆 1000 億円

出典：内閣府など（原発事故による損害は除く）

東日本大震災による保険金と共済金の支払は、表 10 の通りである。

表 10　東日本大震災に関連した保険金・共済金の支払

	種類	金額	備考
損害保険	家計地震保険	1 兆 2346 億円	2012 年 5 月 31 日現在
	家計地震保険以外の損害保険（再保険回収後）	6000 億円（2000 億円）	2011 年 5 月 19 日決算発表

共済	建物系	1兆537億円	2012年9月末時点
	生命系	645億円	
生命保険	死亡保険金	1599億円	2012年3月末時点

出典：生命保険協会、損害保険協会、日本共済協会、金融庁

　地震による被災者には、二重ローンの問題が発生する場合が多い。銀行などから住宅ローンを借りる場合、抵当権が設定される住宅の担保価値を維持するため、債務者は火災保険への加入を求められるが、地震保険への加入までは求められない。したがって、地震によって住宅が損壊した場合、地震リスクを免責としている火災保険から補償されることはなく、住宅ローンは残る。被災者は、住宅ローンを抱えた状態で自宅を建て替えるため、銀行などから再度ローンを組むことになり、二つの住宅ローンを抱える二重ローンの状態となり、その返済に苦しむことになる。地震保険に加入した場合でも、その補償限度である保険金額は建物の時価額の30〜50%としているため、保険金で住宅ローンを完済できない場合もあるが、地震保険は、二重ローンの発生防止に一定の役割を果たしている。

03　地震リスクと保険リンク証券

　保険会社等は、政府による地震保険の再保険の対象外である地震やハリケーンなどの災害リスク（Catastrophe Risk）を保険契約者から引き受け、投資家に移転する保険リンク証券（ILS）の一種であるキャットボンド（CAT Bond）を発行している。

　日本の地震リスクとILSは、図41の通りである。

図 41 日本の地震リスクと ILS の経路

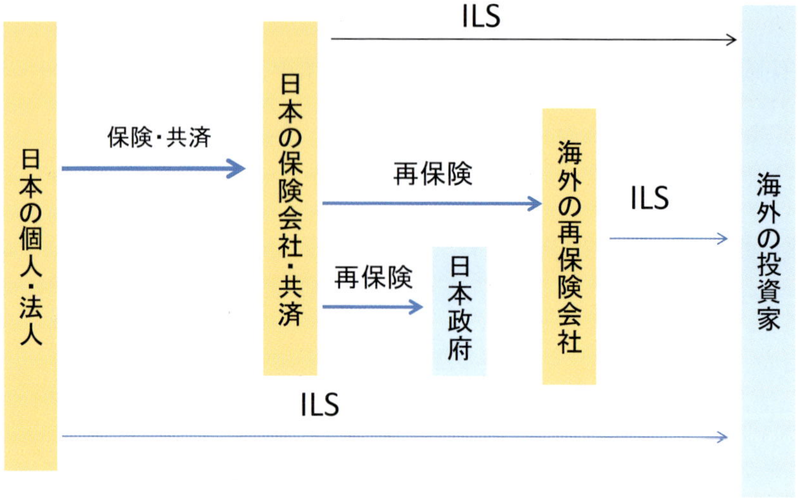

図中のラベル：

- 日本の個人・法人
- 日本の保険会社・共済
- 海外の再保険会社
- 海外の投資家
- 日本政府
- 保険・共済
- 再保険
- ILS

出典：各種資料を参考にして作成

　その仕組みは、リスクをヘッジする保険契約者または保険会社等が、ILS の発行者として証券を発行し、あらかじめ特定されたリスクが発生した場合、投資家に対する元利金の支払が免除されるものである。その債券の金利は、投資家の元利金免除の危険負担に比例して一般的な債券よりは高く設定される。この方法で発行された債券は、満期時までに特定のリスクが発生しなかった場合は、元本の全額が償還されるが、特定のリスクが発生した場合は、保険会社などのスポンサーに対して元本の全部または一部が再保険の保険金のように支払われ、投資家への償還額は一部または全額減額された金額となる。

❶ 保険リンク証券の仕組みとトリガーについて説明しなさい。

❷ 保険リンク証券の有用性と問題点について、事例を挙げて説明しなさい。

❸ 元受保険と再保険の仕組みについて説明しなさい。また、元受保険と再保険のリスクマネジメントにおける役割と限界について議論しなさい。

❹ 日本の地震リスクと保険リンク証券について、事例を挙げて説明しなさい。また、外国にそのような事例があるのか調べなさい。そのような事例がない場合は、災害リスクの証券化の可能性について議論しなさい。

第8章
保険リンク証券の種類

　資産の証券化の仕組みを保険リスクに適用して、保険リンク証券 (ILS) の仕組みが作られた。本章では、ILS の種類とその仕組みについて概説する[26]。

01　キャットボンド

（1）キャットボンドの仕組み

　キャットボンド（CAT Bond：Catastrophe Bond）は、保険リンク証券 (ILS) の一種であり、保険会社または事業会社が、地震・台風・暴風雨など、自然大災害のリスクを、金融市場の投資家に移転する債券である。これは Hannover Re が 1994 年にキャットボンドを発行して以降、多くの国内外の保険会社によって発行されてきた。また、東京ディズニーランドを運営するオリエンタルランドが、1999 年 4 月、世界で事業会社としては最初の約 200 億円の「地震ボンド」を発行した。

　損害保険業界における世界の 5 大リスクは、その規模が大きい順番で、アメリカのハリケーン、アメリカの地震、ヨーロッパの暴風雨、日本の台風、日本の地震であるといわれてきた。キャットボンドは、この 5 大リスクのいずれかまたはその組合せをトリガーとして発行される場合が多い。

---

[26] 本章は、拙著『リスクマネジメント論（2019 年）』（成文堂）の第 13 章の内容を参考にして修正加筆して再録した。

キャットボンドの仕組みは、大震災などの巨大災害リスクを引受けた保険会社または大災害によるリスクを抱えた事業会社などが、スポンサーとして、特別目的保険会社（SPI：Special Purpose Insurer）を設立し、SPI に保険料を払い、リスクを移転するものである。この SPI は、スポンサーから受け取る保険料を原資としてキャットボンド（債券）を発行し、投資家にそのキャットボンド（債券）を販売する。

　キャットボンド（CAT Bond）の仕組みは、図 42 の通りである。

図 42 キャットボンド（CAT Bond）の仕組み

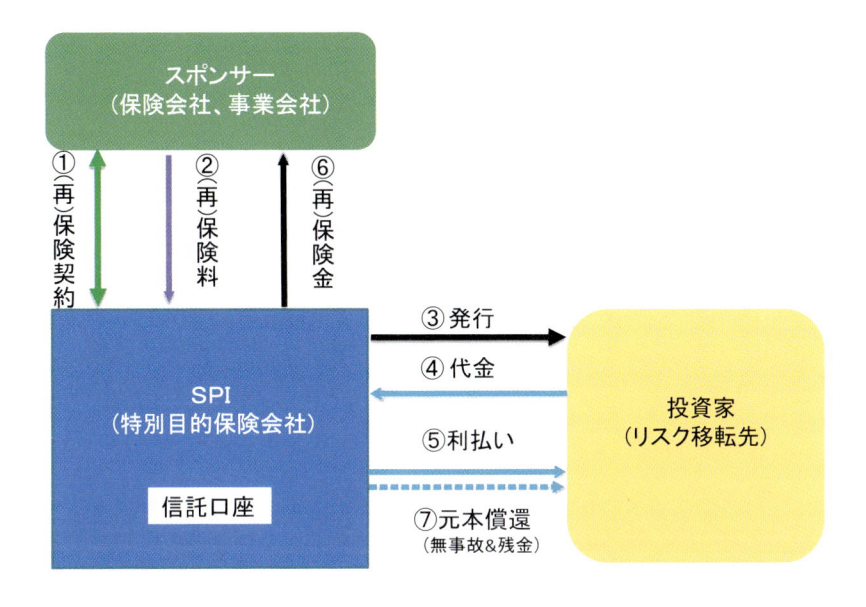

▌出典：各種資料を参考にして作成

　投資家からのキャットボンドの発行代金は、SPI の信託口座で安全性の高い資産に運用・管理され、投資家には、この資産運用収益とスポンサーからの（再）保険料を財源として、定期的にキャットボンドの利息が支払われる。また、この信託口座の資金は、トリガー事象が発生した場合は、スポンサーに支払われる保険金の原資となる。一般的に 2 〜 5 年に設定される償還期間

までにトリガー事象が発生した場合は、キャットボンドの販売を通じて投資家から調達した代金は保険金の支払に充てられ、投資家への元利金の返済は減額又は免除されるが、その期間が無事故で経過すれば投資家に元本が返還される。

　信託勘定の資金の運用利回りは、一般的に LIBOR であり、利払いは、発行金額に対して年間 2% などのプレミアムがこれに上乗せられる。このプレミアムは、スポンサーの立場からの費用であり、リスク移転の対価である保険料でもある。スポンサーは、この年間 2% 程度の費用を支払い、巨大災害が発生した際は、事前に定められた発行金額全額またはその一部の金額をSPI から受け取れる。一方、投資家は、LIBOR の金利とプレミアムの合計額を投資収益として受け取る。

　損害保険会社は、自らが引き受けた保険の大災害による保険金支払いのリスクを投資家に転嫁するために、キャットボンドを発行している。例えば、損害保険会社は、自ら引き受けた地震保険の保険金支払いに備えるために、再保険的な性格のキャットボンドを発行し、震災の際にはそのキャットボンドの元本償還金が減額され、その分損害保険会社が受け取り、地震保険の保険金支払いの原資とする。

(2) キャットボンドの効果

　発行者の立場からのキャット・ボンドの効果は、次の通りである。

① 長期のカバー

　地震保険は、その保険期間が通常では 1 年または 2 年程度である。しかし、キャットボンドは、発行者がその期間を比較的自由に設定できるため、10年程度までの長期の償還期間を設定することもできる。

② 費用の確定

地震保険では、前述のようにその保険期間が短期であるため、契約を更新するたびにその時の保険マーケットの状況に応じて保険料率が変動するが、保険料が2、3倍急騰する場合もある。しかし、キャットボンドでは、その償還期間を長期に設定でき、その期間内では固定金利に設定することができるため、その費用を長期間に確定できる。

③ 保険会社の引受能力の補強

自然災害に対するリスクを投資家に移転することによって、保険会社の引受能力の不足を補強することができる。

④ 資金の即時性

保険では、損害が発生した場合、損害調査を通じて、その損害の金額を確定する。保険には損害てん補の原則や利得禁止の原則などがあり、実際の損害額を超えて補償することはできないためである。この損害調査は、数か月から数年かかる場合がある。しかし、キャットボンドでは、トリガーを設定しておき、その条件が満たされたときには、直ちにあらかじめ決められた金額が、発行者に支払われる。

⑤ 信用リスクからの中立性

巨大な災害が発生した場合には、その損害が保険会社や再保険会社の支払い能力を超えることもあり、保険会社や再保険会社が保険金を全額支払えるとは限らない。しかし、キャットボンドでは、債券の発行時にSPIに投資家からの出資金を払い込んでもらい、その資金をSPIの信託勘定で運用している。このキャットボンドでは、大災害の際に発行者に対して支払うための資金を最初から確保しているため、投資家が災害の際にその支払いができなくなる信用リスクは存在しない。

⑥ 発行条件の弾力的対応

トリガーの設定、支払いの条件、金利などの発行条件を、発行者の状況に合わせて設定できる。

一方、投資家の立場からのキャットボンドのメリットは、次の通りである。

(3) キャットボンドのメリット

① 格付け

キャットボンドは、自然災害が発生した際に、そのトリガー条件によって償還が一部または全部免除されが、国際的なリスク評価会社が、過去の気象の統計・地質の分析などを通じて、その免除条件の確率を評価している。例えば、キャットボンドの発行条件では、「満期までに投資家に元本の支払いが全額免除される確率は 1%」というように、その確率が明示される。これを基にして、ムーディーズ社 (Moody's) やスタンダード・プアーズ社 (S&P : Standard & Poor's)、フィッチ (Fitch) などの国際的な格付け機関は、キャットボンドに対する格付けを行っている (格付けについては第 1 章参照)。したがって、投資家は、キャットボンドの償還のための信用リスクの調査が簡単になる。

② リスクの独立性

キャットボンドの償還リスクは、自然災害に関するリスクであるため、各国の経済活動とは連動しておらず、社債や株式の金融市場や不動産市場との相関関係が殆どない。例えば、同一のダブル A 格の社債 3 種類に 1 億円ずつ投資する場合を仮定してみる。第一に、日本企業 3 社の債券に投資する場合は、その投資リスクは、日本の経済変動リスクと連動している。第二に、日本企業とアメリカ企業、そして欧州企業の債券にそれぞれ投資する場合は、国別の経済リスクは分散されるが、世界的な金融危機のような場合は、社債 3 種類のすべてに損失が発生する可能性もある。第三に、日本企業 2 社の

債券と日本の「震災ボンド」に投資する場合は、東京における大地震の発生が震災ボンドの償還免除条件であるとすれば、東京で大震災が発生した際には、震災ボンドの元本が償還されなくなるが、それと同時に日本企業の多くが倒産する可能性が高い。第四に、日本企業 1 社、アメリカの「震災ボンド」、欧州の「震災ボンド」の 3 種類に投資する場合は、日本の企業の倒産リスクとアメリカの震災、欧州の震災は、それらの間にリスクの相関がほとんどない。このような理由で、年金基金、生命保険会社、再保険会社などがキャットボンドの割合を増やし続けているとされる。同一の格付けであれば、キャットボンドの利回りが、通常の社債よりも高い（1% 前後）ことも魅力の一つであるとされる。

(4) キャットボンドの発行事例

① オリエンタルランドの事例（自社発行）

地震保険は、建物の倒壊などは補償するが、それによる収入減は補償の対象としていない。また、地震保険は、損害調査のため、地震の発生時から保険金の支払いまでには時間がかかる。また、地震保険は、他の保険と比べて相対的に保険料が高い。このような地震保険の問題点や損害保険会社の引受能力の不足が背景にあり、多くの企業が地震保険に加入してないのが実情である。東京ディズニーランド（TDL）の運営会社であるオリエンタルランド社は、施設の十分な耐震性などを理由に、地震保険に加入していなかった。

しかし、同社は、地震が発生すれば、来場者が減少するリスクを懸念していた。同社の 1999 年 3 月期の収入総額は、1877 億 7200 万円であったが、この全額が TDL 一か所からの収入であった。地震災害によって営業停止となれば、事業所が一極集中となっているため、この収入額が全額なくなる可能性がある。

TDL は、この営業損失の可能性に備えるため、1999 年 6 月、特別目的会社（SPC）を海外に設立し、それを通じて、総額 2 億ドル（約 240 億円）の

キャットボンド「地震債券」をアメリカ市場で発行した。発行したキャットボンドは、元本の一部または全部の返済が免除される「元本リスク型」が1億ドルと、元本は返済されるが金利の支払いが3年間免除される「信用リスク・スイッチ型」が1億ドルであった。このキャットボンドは、事業会社としては、世界で最初として知られる。

そのキャットボンドは、千葉県浦安市にある TDL の半径 75km 以内でマグニチュード 6.5 以上の地震が発生した場合、オリエンタルランド社は、その地震の規模に応じて返済が免除された債券の元本から資金を受け取るものであった。例えば、5年内に、TDL の半径 10km 以内でマグニチュード 6.5 以上の直下型地震が発生した場合は、元本の 25%、マグニチュード 7.5 以上の地震が発生した場合は、元本全額を地震発生の後すぐに受け取るものであった。一方、投資家は5年内に TDL の半径 10km 以内でマグニチュード 7.5 の地震が発生した場合、元本をすべて失うリスクもあるが、その期間内に地震の発生がない場合は、元本の償還を受け、年間約 8% の高利回りの利息を受け取る条件であった。

② JA 共済キャットボンド「Muteki」（再保険会社介在）

ミュンヘン再保険（Munich Re）は、2008 年 5 月にケイマン諸島に特別目的会社の MUTEKI Ltd. を設立し、日本国内の地震を対象にして、3 年満期、クーポン（金利）LIBOR+4.4%、米ドル建ての額面 3 億ドルの全共連を受益者とするキャットボンドを発行した。このキャットボンド「Muteki」では、2011 年 3 月に発生した東日本大震災によって、発行金額 3 億ドル（約 240 億円）の全額が回収され、地震災害の再保険金が回収される初めてのキャットボンドとなった。キャットボンドで、元本の償還が 100% 免除されるのは、それまでの歴史で初めてのことであった。それ以前にハリケーン「カトリーナ」によって、スイスの保険大手チューリッヒ・ファイナンシャル・サー

ビシズ（ZURN. VX）が損害を被り、Kamp Re 2005 の債券（1 億 9 千万ドル）の元本の一部が減額された例はあった。

③ 台風リスクの証券化（再保険会社介在）

三井住友海上は、2012 年 4 月 16 日、特別目的会社「AKIBARE II Limited」を通して、償還期間 4 年の台風リスク証券「AKIBARE II」を発行した。そのキャットボンドの台風リスク証券は、大型台風が発生した場合、気象庁の観測データに基づいた推定損害を算出し、その推定損害額が一定の水準を超えた場合、その超過額に応じて投資家への元本償還が一部または全部免除され、その免除された金額が三井住友海上に支払われるものであった。

台風リスク証券「AKIBARE II」の仕組みは、図 43 の通りである。

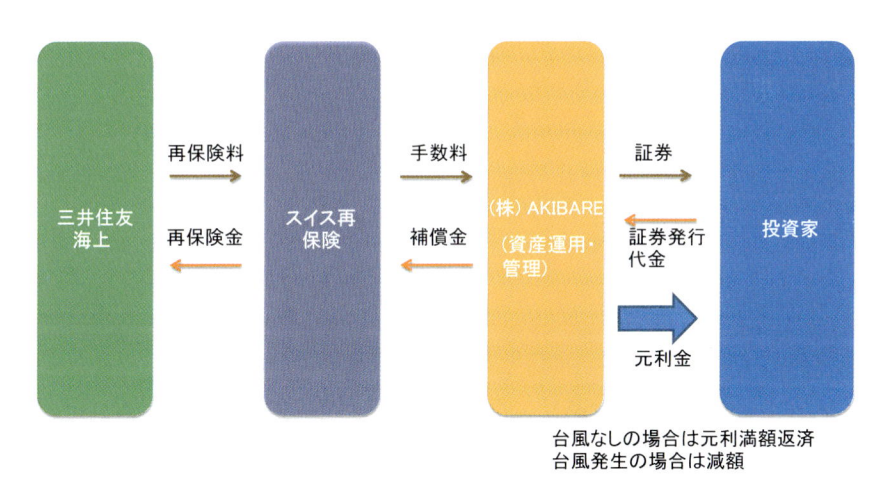

図 43 台風リスク証券「AKIBARE II」（三井住友海上）

出典：各種資料を参考にして作成

台風リスク証券「AKIBARE II」で元本の一部が減額される台風の規模は、おおむね 60 年に 1 回の水準、全額が減額されるのは 200 年に 1 回の水準の台風と想定された。これは、日本国内の災害リスクを対象とする証券として

は初めて、インデックスとして気象庁の観測データを基準にした台風の推定損害が採用された。

　さらに、MS&AD インシュアランス・グループの三井住友海上とあいおいニッセイ同和損保は、2018 年 3 月に国内自然災害リスクを対象とするキャットボンド「Akibare Re 2018-1」を共同発行した。三井住友海上は 4 回目の発行であり、あいおいニッセイ同和損保は初めての発行となった。このキャットボンドは、国内の台風リスクに加え、損害保険業界で初めて洪水リスクを対象にしているほか、三井住友海上が発行するキャットボンドは、地震火災費用のリスクも対象にしている。また、固定部分の利回りは、1.90% と設定された。地震火災費用のリスクは、地震もしくは噴火、またはこれらによる津波を原因とする火災で一定割合以上の損害が発生した場合に支払われる保険金である。「Akibare Re 2018-1」の概要は、表 11 の通りである。

表 11　「Akibare Re 2018-1」の概要

区分	Class A	Class B
対象会社	三井住友海上	あいおいニッセイ同和損保
発行体	Akibare Re Ltd.	
発行時期	2018 年 3 月	
満期	2022 年 3 月末（期間 4 年）	
対象リスク	①国内の台風リスク ②国内の洪水リスク ③国内の地震火災費用リスク	①国内の台風リスク ②国内の洪水リスク
発行金額	220 百万米ドル（約 233 億円）：1 ドル =106 円換算	100 百万米ドル（約 106 億円）：1 ドル =106 円換算
利回り	担保債券の利回り＋1.90%	担保債券の利回り＋1.90%

出典：同社のニュースリリース

「Akibare Re 2018-1」の仕組み（発行時点）は、図 44 の通りである。

図 44「Akibare Re 2018-1」の仕組み (発行時点)

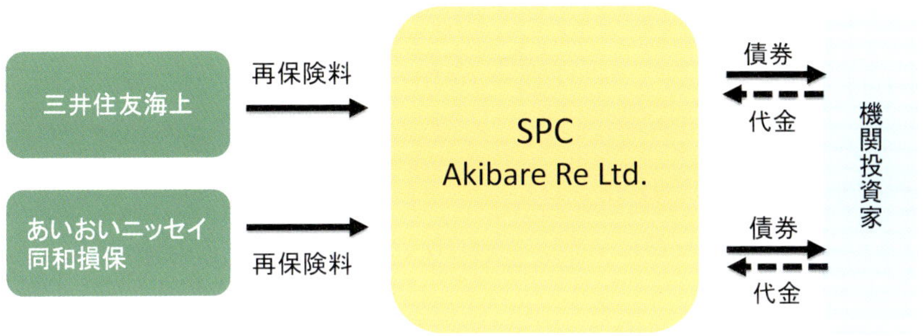

出典：同社のニュースリリース

　次のように、両社は、特別目的会社「Akibare Re Ltd.」を設立し、キャットボンドを発行している。「Akibare Re 2018-1」の仕組み（災害発生時）は、図 45 の通りである。

図 45「Akibare Re 2018-1」の仕組み (災害発生時)

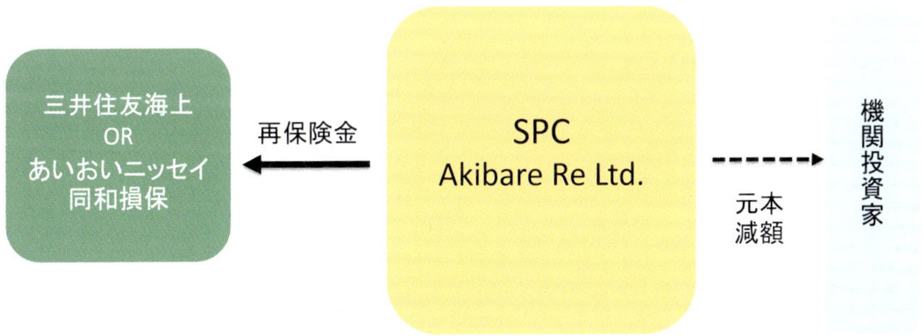

出典：同社のニュースリリース

　このキャットボンドは、トリガーが発生した場合、元本の減額が行われ、それが両者に対する保険金の原資となるものである。

④ 世界銀行のキャットボンド

　世界銀行は 2014 年 6 月 30 日、期間 3 年、総額 3000 万米ドルのキャット
ボンドを初めて発行した。キャットボンドの利払いと元本の償還は、世界銀
行と「カリブ海諸国災害リスク保険機構」(CCRIF) の保険スワップ取引契約
によって行われている。一定の規模を超える自然災害が発生した場合、キャッ
トボンドの元本は、災害規模に応じて償還が免除され、その免除された償還
元本が CCRIF へ支払われる。

　「カリブ海諸国災害リスク保険機構」(CCRIF) は、2007 年に日本政府から
の拠出金によって、世界銀行が中心となって設立され機構で、カリブ海諸国
16 カ国政府を対象に、大型地震やハリケーンが発生した場合の迅速な保険
金支払いと、加盟各国の災害への対処の支援を目的にしている。

　世界銀行初のキャットボンドの概要は、表 12 の通りである。

表 12　世界銀行初のキャットボンド

区分	内　容
発行体	世界銀行（国際復興開発銀行：IBRD）
発行額	3000 万米ドル
償還額	カリブ諸国で発生したサイクロン及び地震が一定規模を超えた場合、元本が災害規模に応じた保険金支払に充てられ、その分を差し引いた分が償還額となる。
発行日	2014 年 6 月 30 日
金利	6 ヶ月 LIBOR ＋ 6.30%（ただし最低金利 は 6.50%）
利払い	3 ヶ月毎
償還日	2017 年 6 月 7 日

出典：世界銀行

02 サイドカー

　サイドカー（Sidecar）とは、次の図で示す通り、オートバイや自転車などの二輪車の横に、補助的にもう一輪の車輪を設置した三輪車、またはその横に設置した部分の名称である。

　一方、ART におけるサイドカー（Sidecar or Reinsurance Sidecar）とは、特別目的保険会社（SPI：Special Purpose Insurer）の再保険の一定割合のリスクを、投資家が分担する仕組みである。保険会社は、スポンサーとしての出再者となり、受再者である特別目的保険会社の管理者となる。保険会社が車を運転し、特別目的保険会社がその横に備え付けられているサイドカーに乗っているようなイメージがリスク分担の仕組みである。

図 46　サイドカー (Sidecar)

▌出典：各種資料を参考にして作成

保険会社（再保険会社）は、既存の再保険会社との再保険契約（再々保険契約）を通じてリスクの分散を行う代わりに、再保険会社としての SPI を設立し、この SPI に出再する。この SPI は、保険会社（再保険会社）の再保険契約の一定割合を引受け、再保険料を受け取る。さらに、この SPI は、投資家からエクイティまたはデット（ローン）の形で資金調達行うことによって投資家にリスクを移転する。

　スポンサー（保険会社または再保険会社）が SPI にリスクを移転し、さらに、SPI がそのリスクを投資家に移転するという基本構造は、キャットボンドなどの ILS と同様である。このサイドカーがキャットボンドと異なる点は、スポンサー（保険会社または再保険会社）が行う SPI へのリスク移転がキャットボンドでは全額であるが、サイドカーでは割合的な分担であるということである。

　このサイドカーは、保険（再保険）とキャットボンドの複合的な仕組みとして 2005 年 8 月から 10 月にアメリカを襲った 3 つのハリケーン（KRW：Hurricanes Katrina、Rita and Wilma）以降に広まった。

　サイドカーの仕組みは、図 47 の通りである。

図 47 サイドカーの仕組み

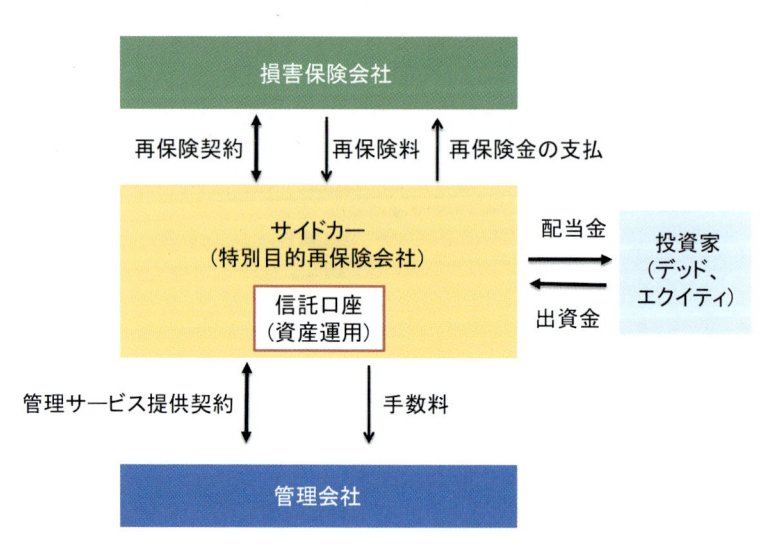

出典：各種資料を参考にして作成

投資家は、エクイティの場合、サイドカーに投資することによって、保険リスクをも引き受けることになり、保険引受利益と投資資金の運用利益の双方を狙うビジネスモデルとなる。しかし、投資家は、出再者であると同時にサイドカーの管理者となる損害保険会社が質の悪いリスクを選んでサイドカーに再保険として出再する逆選択を心配するため、損害保険会社と投資家の間の信頼関係が重要となる。

03　ILW

　インダストリー・ロス・ワランティ（ILW：Industry Loss Warranties）は、ILS の一つであり、保険会社などが、損害保険業界全体が経験した損害の総額に基づいて保険金を支払う再保険または保険デリバティブ契約の一形態である。ILW の主たる売手は、再保険会社である。主な買手は、損害保険会社であるが、再保険の補完として利用されるため、保険市場と金融市場の結びつきはそれほど強くない。また、キャットボンドなどを購入した金融市場の投資家がそのヘッジ手段として、この ILW の購入者となることも考えられるが、この場合は、金融市場のリスクが保険市場に移転されることになる。

　伝統的な ILW は、再保険契約の形式となるが、デリバティブ又はスワップの形式のものもある。

　再保険形式の ILW の仕組みは、図 48 の通りである。

　ILW のトリガーは、二つのトリガーが設定される。例えば、ILW を購入した損害保険会社の支払保険金が一定額を超え、さらに参照インデックスも一定値を超えることが、トリガーの発動の条件となる。ILW において、最も頻繁に使用される参照インデックスは、アメリカにおける PCS（Property Claims Service）によって計算される保険業界全体の損害指数である。ここで、

図48 再保険形式の ILW

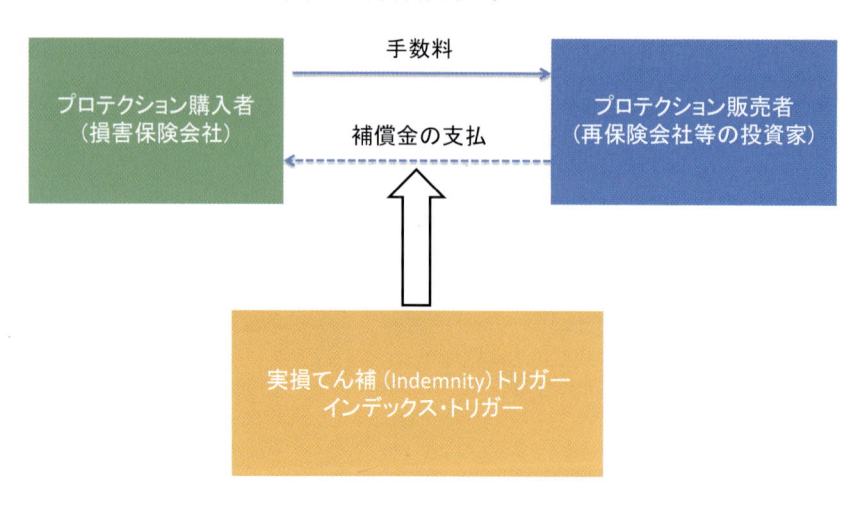

▌出典：各種資料を参考にして作成

実損てん補トリガーは、ILW の購入者がトリガーに達するまでは損害を負担することを意味する。それは ILW の購入者が損害の可能性である被保険利益を有しているため、アメリカなどでは、その部分は、再保険契約として分類される。 ILW が再保険契約に分類されると、保険会社が購入者である場合、準備金の積み立て義務などが免除される。

また、スワップ形式の保険デリバティブは、CDS を模倣した店頭取引商品であり、イベント・ロス・スワップ（Event Loss Swap）とも呼ばれる。

スワップ形式の ILW の仕組みは、図49 の通りである。

プロテクションの購入者は、プロテクションの販売者に手数料などの形で固定の支払を行い、プロテクションの販売者は、インデックス・トリガーが抵触した場合は、そのトリガーに従って補償金などの形の変動の支払を行う。

多くの取引所（EUREX、CME、IFEX）には、パラメトリックまたは損害保険業界全体の損害指数にリンクした先物契約が上場されている。その中に、保険先物取引所（IFEX）に上場されているイベント・リンク先物（ELF）がある。

図 49 スワップ形式の ILW

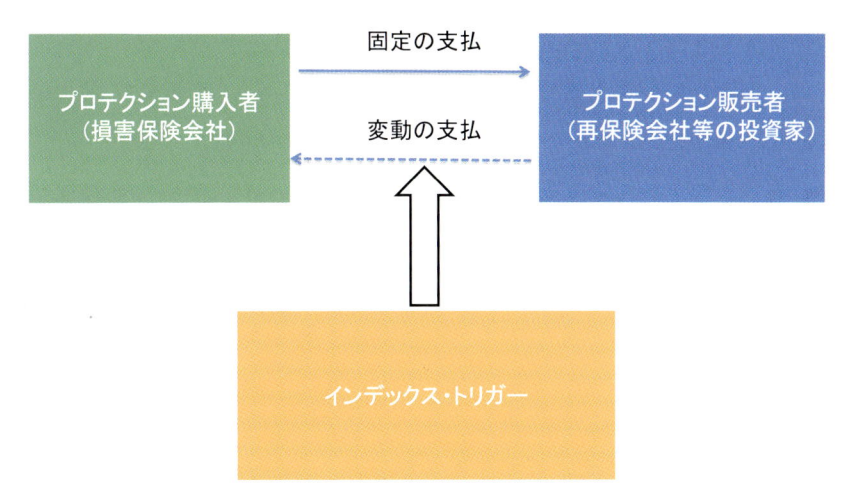

プロテクション購入者
（損害保険会社）

固定の支払

変動の支払

プロテクション販売者
（再保険会社等の投資家）

インデックス・トリガー

出典：各種資料を参考にして作成

　ILW は、アメリカの保険業界の統計機関である（PCS：Property Claim Service）などの第三者機関が公表する保険業界全体の損害額を支払いの指標（トリガー）とするため、損害確定の仕組みが再保険よりも単純であるが、購入保険会社の保険金支払い実績をトリガーとして追加して複数のトリガーとする場合もある。その場合、ILW を購入した保険会社の損害額と、保険業界全体の損害指数（インダストリー・インデックス）が同時に一定の値を超えることが、支払いの条件となる。しかし、ILW を購入した保険会社は、自社の損害額はトリガーに抵触しているが、業界のトリガーを満たさない危険がある。このように、保険業界全体の損害指数と ILW の購入保険会社の損害指数が異なることもあるため、購入保険会社には損害額と支払の受取り額が異なるベーシス・リスクの可能性がある。

　損害保険業界の損害指数は非常に透明であるため、引受手続きは簡単に実施できる。通常は個々の取引のためにカスタマイズされていないが、ILW には標準化された契約書がある。標準化された契約は、流通市場でより容易

に取引され、決済金の請求が容易になる。この ILW は、用語が標準化され、価格設定が透明であるため、最も流動性の高い ILS であるとされる。

ILW は、決済金が購入者の報告する損害ではなく、独立した第三者の指標に基づいて算出されるため、モラル・ハザードの問題を引き起こす可能性は低い。例えば、個別企業の損害指数は、企業が自社の損害に影響を与える可能性があるため、モラル・ハザードの可能性がある。また、ILW は、その支払いが広く利用可能な情報に基づいており、悪用される情報の非対称性がほとんどないため、逆選択の可能性も少ない。

取引所で取引される ILW の重要なもう一つの特徴は、カウンター・パーティのリスクがないことである。この ILW は、取引所が証拠金と決済機関の保証を通じて信用リスクを解消している。デリバティブ商品は、担保を提供するために第三者の保管機関が保有する現金、有価証券、信用状などを使用している。

04　担保付再保険

再保険市場では、保険会社または再保険会社が、元受保険会社から引き受けたリスクの一部または全部を再々保険に移転することを繰り返し、保険業界全体にリスクが分散されている。この再保険市場に、資本市場の投資家が参入できるように開発されたものが、担保付再保険または担保付再々保険である。

担保付再保険 (Collateralized Reinsurance) の仕組みは、図 50 の通りである。

保険会社等のスポンサーが、SPI に再保険料を支払い、リスクを移転する。保険会社等のスポンサーからの保険料は信託口座に預けられる。投資家は、SPI に対し優先株などの株式または債券を購入することによって投資を行い、その資金が保険金支払いの原資として、再保険料と共に信託口座に預

図 50 担保付再保険の仕組み

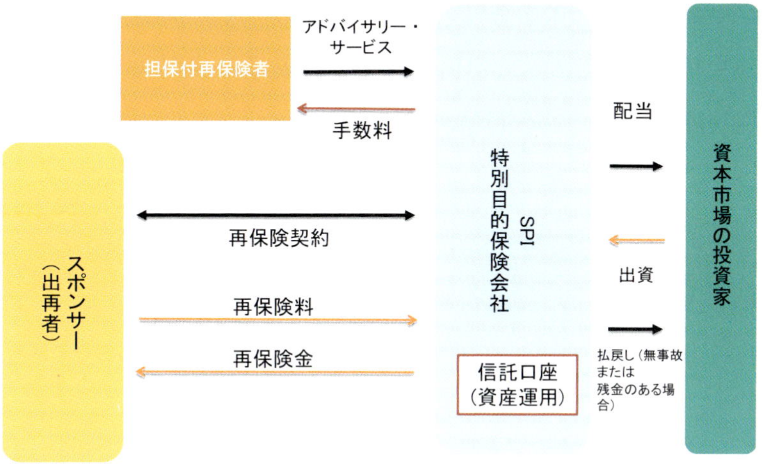

担保付再保険者 — アドバイザリー・サービス → 特別目的保険会社 SPI
← 手数料

特別目的保険会社 SPI — 配当 → 資本市場の投資家
← 出資

信託口座（資産運用）

スポンサー（出再者）
再保険契約
再保険料 →
← 再保険金

払戻し（無事故または残金のある場合）

▌出典：各種資料を参考にして作成

けられる。この信託口座は、アメリカ国債などの安全資産で運用され、平常時には投資家への元利金の返済資金となり、損害発生時には、保険金支払いの担保（Collateral）となる。

また、担保付再保険者（Collateralized Reinsurer）は、担保付再保険において、仕組みの設計や再保険・信託契約の交渉など、重要な役割を果たしている。

この担保付再保険者は、手数料を対価として、SPI を設置して提供・管理する主体であるが、必ずしも伝統的な再保険会社ではなく、ILS ファンドや、担保付再保険の取引事務、アドバイザリー・サービス（Advisory Service）を行う専門会社などである。この担保付再保険者は、アンダーライティングや交渉のサービスを提供するが、リスクの移転は引受けない。担保付再保険者には、リスク評価およびモデリングに対する専門的な知識や再保険取引の複雑な契約文言に対する理解が必要とされる。

担保付再保険は、近年の ILS 市場において最も成長が見られる取引形態であり、その拡大の背景は、次の通りである。補償の買手にとって、担保付再保険は、伝統的再保険と変わらない構造となっており、キャットボンドと比

べて、より広いカバー範囲が、より安いコストで提供されていることである。しかし、実際のリスクの引き受け手が、格付けのない脆弱な資本基盤の特別目的保険会社 (SPI) であり、提供される担保資産の確実性は、その裏づけとなる信託契約によるという問題が指摘される。

❶ キャットボンドの発行事例を挙げ、その効果と問題点について説明しなさい。

❷ サイドカー、ILW、担保付再保険の特徴について比較説明しなさい。

❸ 事業会社のリスクマネジメントにおける保険リンク証券の役割と可能性について議論しなさい。

第9章
デリバティブと保険デリバティブ

　保険デリバティブは、デリバティブの仕組みを保険リスクに適用して、作られた。本章では、デリバティブと保険デリバティブの仕組みについて概説する[27]。

01　デリバティブ

(1) デリバティブの概要

　デリバティブ（Derivatives）すなわち金融派生商品とは、原資産（Underlying Asset）と呼ばれる株式・債券・為替・預金・貸付など、既存の金融商品から派生して行われる取引の総称であり、正式には、金融派生商品（Financial Derivative Products）と称される。ここでのデリバティブ（Derivative）は、英語では「派生的な」や「副次的な」という意味である。

　デリバティブの歴史は紀元前にまで遡るといわれるが、日本におけるデリバティブの起源は、先物取引の原型として、18世紀の日本の江戸時代、大阪の堂島において、米商人の間で、収穫前に米の売買価格をあらかじめ決めておく「帳合（ちょうあい）米取引」であるとされる。米の価格は、天候・天災などによって常に変動するため、米商人たちはその価格を安定させるこ

---

[27] 本章は、拙著『リスクマネジメント論（2019年）』（成文堂）の第14章の内容を参考にして修正加筆して再録した。

とを目的に、収穫前に米の売買価格を決めておくことで、米の価格変動から発生する損害の可能性を除去していた。また、それを利用して、米の値上がりを予測し買い入れておく人と、値下がりを予測し売り付けておく人が現れた。しかし、現代的な意味でのデリバティブの利用は、1980 年代半ば頃の為替デリバティブからであるとされる。1990 年代には金利デリバティブが利用され始めていた。

デリバティブ取引の対象となる資産には、個別株式（Equities）、通貨（Currencies）、市況商品（Commodities）など多様なものがあり、それらは、原資産（Underlying Assets）または原証券（Underlying Securities）と呼ばれる。デリバティブ（金融派生商品）は、一般的に原資産の価格を指標化し、その価値の損益を将来的に交換する取引となっている。市場で取引されるデリバティブには、「標準品」と「指数」がある。

この金融派生商品には、先物取引、オプション取引、スワップ取引がある。

デリバティブ（Derivatives）の種類は、表 13 の通りである。

表 13　デリバティブ（Derivatives）の種類

原資産 \ 種類	先物	オプション	スワップ
株式	株価指数先物	個別株オプション 株価指数先物オプション	-
金利	金利先物 債券先物	金利先物オプション 債券先物・現物オプション キャップ等	金利スワップ
通貨	通貨先物 為替予約	通貨オプション	通貨スワップ

出典：各種資料を参考にして作成

デリバティブの特徴は次の通りである。第一に、デリバティブは、オフバランス（Off-balance）であるため、貸借対照表（Balance Sheet）[28] に計上されない。契約時点でのデリバティブの価値はゼロである。第二に、デリバティブは、レバレッジ（Leverage）取引であり、少額の証拠金で、大きな金額の取引ができる。デリバティブは、予約取引であるため、その取引の際に多額の資金は必要なく、決済は、差金部分のみの受け渡しとなる。第三に、デリバティブは、リスク取引であるため、将来の価格変動などの不確実性により、損益が変動する。

このデリバティブの利用目的は、次の 3 種類に分類される。第一に、リスクヘッジ（Risk Hedge）であり、ヘッジ対象の損益の相殺のために行われる。第二に、スペキュレーション（Speculation）であり、少額の投資で多額の利益を獲得するために行われる。第三に、アービトラージ（Arbitrage：裁定取引）であり、市場価値と比較して、割高もしくは割安の金融商品の売買を通じた利益の獲得を目的とする。

デリバティブの利用目的は、図 51 のように分類できる。

図 51　デリバティブの利用目的

リスクヘッジ（Risk Hedge：損益相殺取引）	• ヘッジ対象の損益の相殺
スペキュレーション（Speculation：投機取引）	• 少額の投資をもとに多額の利益を得ること
アービトラージ（Arbitrage：裁定取引）	• 市場価値と比較して割高もしくは割安の金融商品を売買することにより利益を得ること

出典：各種資料を参考にして作成

---

28 貸借対照表は、決算日時点での財政状態を示す書類である。会社が保有する現金や建物といった財産に法律上の権利やソフトウェアなどの形のない財産を含めた「資産」、いずれ返済しなければならない「負債」、返済義務のない自己資本である「純資産」を把握することができる。

ヘッジには株式・債券などの価格変動リスク、預金金利・債券金利などの金利変動リスク、為替レート変動リスクに対するものがある。ヘッジは、「保険つなぎ」または「掛けつなぎ」ともいわれ、「売りつなぎ」と「買いつなぎ」とがある。例えば、実際に金融商品などを所有した場合、その後の金融商品の価格の下落による損害を被るリスクを、先物取引を利用して移転する場合などである。現物ポジションがある場合は、先物取引で同数量を売り予約しておけば、この先物の価格が下落した場合は利益が発生するため、現物の価格の下落のリスクを、先物の売り契約の建玉（たてぎょく）の手仕舞いによる益金で穴埋めする場合などがその事例である。

　建玉（Position/Open Interest）とは、信用取引や先物取引者等において、取引約定後に反対売買されず残されている未決済ぶん、または未決済になっている契約総数を指す。買いの未決済分を買建玉（Long Position）、売りの未決済分を売建玉（Short Position）という。

　スペキュレーションとは、純粋にデリバティブ価格の上昇または下落を見込んで取引を行い、それによる利益を得ようとする取引である。アービトラージとは、商品間または市場間の金利差や価格差を利用した取引を行い、利鞘（りざや）を稼ぐ取引である。

　デリバティブの取引市場は、次の特徴がある。①原資産の種類によって、そのデリバティブが取引される市場が異なる。②日本の先物取引は、大阪証券取引所、東京金融先物取引所に上場されている。③スワップは、交換というその取引の性質上、店頭において相対で取引される。④通貨オプションは、多くは店頭取引であるが、金利と株式のデリバティブは、取引所で取引されている。

　デリバティブの取引市場は、表 14 の通りである。

表14　デリバティブの取引市場

区分	先物	スワップ	オプション
為替	上場	店頭	店頭
金利	上場	店頭	上場
株式	上場	-	上場

▌出典：各種資料を参考にして作成

(2) 先物

　先物 (Futures) とは、特定の金融商品に対して、現時点では価格・数量・売買の期日などを約定し、約定の期日が到来した時点で、売買を行う取引である。この先物は、取引所における定型商品の予約取引であり、当初の買い予約または売り予約に対して、その期限 (限月) 内に反対売買を行い、その損益のみを差金決済する取引である。先物に対する反対の概念は、直物 (じきもの) 取引である。この先物取引では、あらかじめ約定の期日が到来した時点での売買価格を決めておくため、価格が変動する商品の価格変動リスクのヘッジに利用される。

　先物取引の特徴は、次の通りである。

① 取引所取引

先物は、取引所で取引が行われる。

② 定型化

定型化された商品は「標準物」と呼ばれ、予約の対象となる為替・国債などの売買単位や受渡期日などの取引条件が決まっている。

③ 証拠金制度

先物の予約の際には証拠金のみが必要であるが、この証拠金は、予約金額

の 3% 前後であるため、少額の証拠金で大きい金額の取引ができるレバレッジ（てこの原理）効果がある。

④ 差金決済

差金（差額）決済とは、先物取引において、満期の前に当初の予約の取引との反対売買によって、その取引における損益を清算するものであり、取引所の先物取引における特有の制度である。例えば、当初先物を購入した場合は、先物を売却し、その差額によって取引の損益を清算する。具体的に、先物を 150 円で購入し、その価格が 200 円に値上がりした場合には、その先物の反対売買すなわち 200 円での売却を行えば、50 円の利益が発生し、買値と売値の差額だけを授受する差金（差額）決済によって、当初の取引と反対売買のそれぞれの取引の商品と代金の受渡しは必要なくなる。

先物取引は、取引所で取引され、取引単位や決済期日が規格化されていることが特徴である。売手と買手が相対（あいたい）で期日や金額などの取引条件を自由に交渉する場合は、将来の受渡を前提とする場合でも、先物とは呼ばず、先渡し（フォワード：Forward）となる。為替予約がフォワードの典型であり、先物為替と呼ばれることもあるが、正式には先渡し取引である。

為替の先物は、取引所取引である。為替の先物は、不特定多数が参加し、特定の通貨を、将来の特定日に、特定の価格で、特定の金額の予約をする取引であり、取引単位や決済期日などの取引条件は、規格化・標準化されている。

一方、現先取引とは、債券などを一定期間後に一定の価格で買い戻す（売り戻す）ことを、事前に約束して売買する取引である。売手と買手が合意のうえ、一定期間の利回りを市中金利の変動とは関係なく事前に確定する取引である。債券の売手の立場では、「売現先」と呼ばれる短期の資金調達となり、買手の立場では、「買現先」呼ばれる短期の資金運用となる。

この先物取引は、ヘッジの手段としても利用される。将来の特定の時点において、その価格が値上がりした場合でも、先物取引によって予約した価格

で購入できるためである。例えば、将来、商品の購入予定があり、その価格の値上がりが予想される場合、現時点においてその価格を決め、将来の一定期日にそれを購入する予約をする場合などである。先物取引によって、将来の一定期日に商品の購入価格を事前に確定し、その値上がりリスクを回避することは、買いヘッジと称される。また、将来、商品の売却予定があり、その価格の下落の可能性がある場合、先物取引によって、現時点において商品の売却価格を決め、値下がりのリスクを回避することは、売りヘッジと称される。このヘッジに対して、価格の変動を利用して利益を追求することは、スペキュレーション（Speculation）と称される。

(3) オプション

① 概念

オプション（Option）とは、選択権という意味の通り、為替・株式・債券などを、将来の一定期日に、あるいは一定期間内に、特定の価格で、買う、または売ることができる選択権の売買である。オプションには、原資産（株、金利、通貨）を買う権利であるコール・オプション（Call Option）と、原資産を売る権利であるプット・オプション（Put Option）の2種類がある。

あらかじめ決めておくオプションの対象商品である原資産（Underlying Asset）の売買予定価格が行使価格または権利行使価格（Strike Price、Exercise Price）であり、この価格でオプションの権利を行使できる。実際のオプションの取引において、原資産が外国為替の場合を通貨オプションと称し、ボンド（債券）の場合をボンド（債券）オプション、金利の場合を金利オプション、株価指数の場合を株価指数オプションと称する。また、オプションの価格のことをオプション・プレミアム（Option Premium）またはオプション料（Option Price）と称される。

オプションの買手は、その権利を獲得するために、オプションの売手

（設定者）に対して、オプション料またはオプション・プレミアム（Option Premium）と呼ばれる対価を支払い、コールあるいはプットを取得する。オプションは、将来の価格変動リスクを、その買手が売手に転嫁しているものである。

　コール・オプションの買手は、原資産が値上がりする可能性があると予測しているため、そのリスクを売手にプレミアムを支払って移転しており、その売手は、値下がりするが値上がりしないと予測しているため、プレミアムを受け取って比較的に安全と判断したリスクを引き受けていることを意味する。また、プット・オプションの買手は、原資産が値下がりする可能性があると予測しているため、そのリスクを売手にプレミアムを支払って移転しており、その売手は、値上がりするが値下がりしないと予測しているため、プレミアムを受け取って比較的に安全と判断したリスクを引き受けていることを意味する。

　このプレミアムは、リスク転嫁の対価という側面からは、保険における保険料に類似しており、オプションの原資産の価格、ボラティリティ（価格変動性：Volatility）、満期までの期間などによって変動する。ボラティリティとは、原資産の価格変動の可能性すなわち価格変動リスクであるが、このボラティリティが大きい原資産のオプション・プレミアムは高くなり、ボラティリティの小さい原資産のオプション・プレミアムは安くなる。

　オプションの買手は、自分の都合の良いときにだけ、その権利を行使することができる。つまり、コールの買手は、自分に有利な状況で選択的に権利を行使することによって、その対象商品を行使価格で購入することができ、プットの買手は、自分に有利な状況で選択的に権利を行使することによって、その対象商品を行使価格で売却することができる。オプションの売手は、買手からプレミアムを受取る対価として、買手がオプションを行使した場合には、行使価格で売買に応じる義務を負う。満期日（Maturity Date）にしか権利行

使ができないオプションは、ヨーロピアン（European Type）と称され、満期日までいつでも権利行使ができるオプションは、アメリカン（American Type）と称される。

オプション取引は、将来の売買取引の予約という点において、先物取引と類似している。しかし、先物の買手は、前述の通り、オプション取引のような選択権はなく、必ず将来売買する「約束」を実行するか反対売買を通じて差金決済をする義務があり、先物価格の変動による利益と損失の両方の可能性がある。一方、オプションの買手は、利益となる場合のみに権利行使を選択し、損失となる場合には権利行使を放棄できる。

② コール・オプションの損益

コール・オプションでは、その商品の購入時の市場価格が行使価格より高くなった場合、その権利を行使することによって、その購入者は、市場価格より安い行使価格で購入することができる。また、その商品の購入時の市場価格が行使価格より低くなった場合は、購入者は、市場で行使価格より安い価格で買うことができるため、権利を放棄することもできる。このコール・オプションの損益は、図 52 の通りである。

図 52　コール・オプションの損益（行使価格 1,000 円、プレミアム 100 円の例）

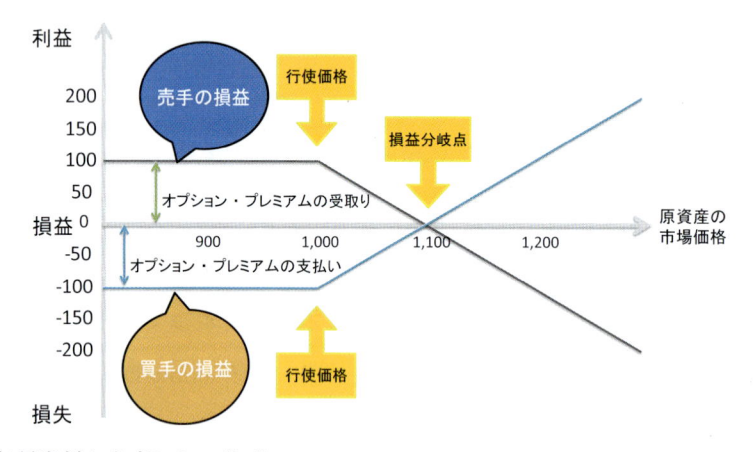

出典：各種資料を参考にして作成

図で示した通り、コール・オプションの買手は、損失はオプション・プレミアムの支払額が限度となるが、利益は価格が上がるにしたがって制限なく増加する。一方、コール・オプションの売手は、利益はオプション・プレミアムの受取額が限度となるが、損失は価格が上がるにしたがって制限なく増加する。

③ プット・オプションの損益

　プット・オプションは、その購入者は、その商品の売却時の市場価格が行使価格より低くなった場合、その権利を行使することによって、市場価格より高い行使価格で売却することができる。また、その商品の売却時の市場価格が行使価格より高くなった場合は、購入者は、市場で行使価格より高い価格で売却することができるため、権利を放棄することもできる。このプット・オプションの損益は、図53の通りである。

図 53 プット・オプションの損益（行使価格 1,000 円、プレミアム 100 円の例）

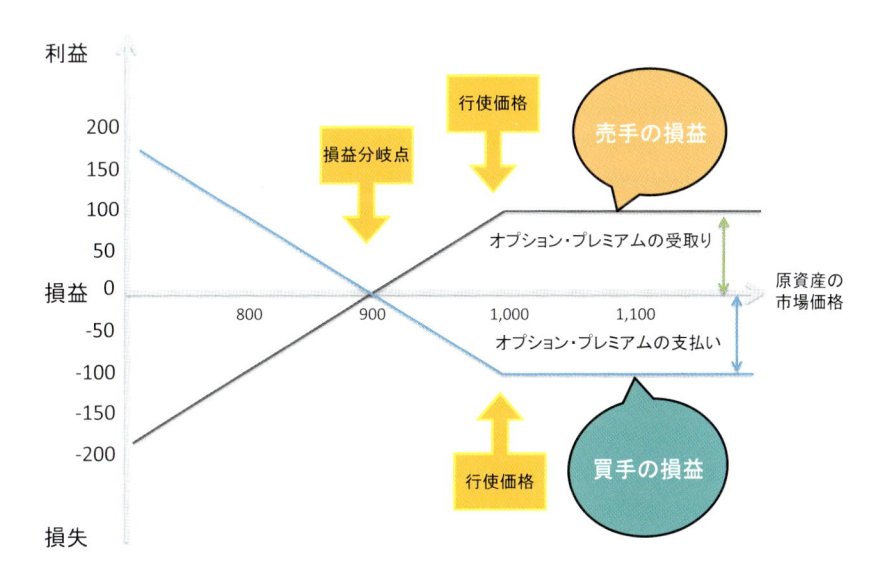

▌出典：各種資料を参考にして作成

図で示した通り、プット・オプションの買手は、損失はオプション・プレミアムの支払額が限度となるが、利益は価格が下がるにしたがってその価格がゼロになるまで増加する。一方、プット・オプションの売手は、利益はオプション・プレミアムの受取額が限度となるが、損失は価格が下がるにしたがってその価格がゼロになるまで増加する。

④ オプション取引の反対売買

　オプション取引は、反対売買（Offesetting Transaction Reversing Trade）によって、買値と売値の差額を受け渡し、その時点でオプション契約は消滅する。この反対売買を利用して、オプション・プレミアムの変動による利益を獲得するための取引を行うこともできる。オプションを購入し、その後にプレミアムが上昇した時点で売却すれば、その差額が利益となるためである。逆に、オプションを売却しておき、後に安く買い戻しても、利益が得られる。たとえば、コール・オプションのプレミアムが 100 円のときに買い、その後 150円に値上がりしたときに売却する反対売買を行えば、差額 50 円が利益となる。その反対売買を行うと、当初買ったコール・オプション契約は消滅する。このように、原資産の値上がりの可能性がある場合、コール・オプションを買い、市場価格の上昇の際には利益が得られる。しかし、予想に反しコール・オプションの価格が低下した場合でも、その権利の行使を放棄すればいいので、損害は支払ったプレミアムに限定される。

⑤ キャップ（**Cap**）付ローン

　キャップ（Cap）付ローンとは、金利の上限（キャップ）が付いている変動金利型ローンである。このキャップ付ローンには、金利のコール・オプションが組み込まれているため、金利水準が一定の水準を上回るとその分の利息をオプションの売手から受け取り、その金額で一定の金利水準を上回った

金利を補充しているため、その金利水準が実質的な金利負担の上限となる。キャップ付ローンにおいて消費者が負担する金利は、通常の変動金利型と比べてオプション・プレミアムの支払い分程度と高めになるが、金利上昇リスクをヘッジできるものである。

　キャップ（Cap）付ローンの事例は、次の通りである。事業会社が銀行から「6か月円 LIBOR+ ローン・スプレッド」の条件で借入れを行う場合、LIBOR が低い間は低金利メリットを享受できる反面、LIBOR が上昇した場合には、調達コストが限りなく増大するリスクを抱えている。期間 5 年間で上限金利 =1.5% のキャップを購入すれば、プレミアム分は負担が増加するものの、今後 5 年間の調達コストは最大限で「1.5%+ ローン・スプレッド」にとどめることができ、かつ低金利メリットも享受できる。プレミアムの支払は、契約の際に一括して支払うことも、契約期間中にわたって分割して支払うことも可能で、資金状況に合わせた運営が可能である。

　キャップ（Cap）付ローンの仕組みは、図 54 の通りである。

図 54 キャップ（Cap）付ローンの仕組み

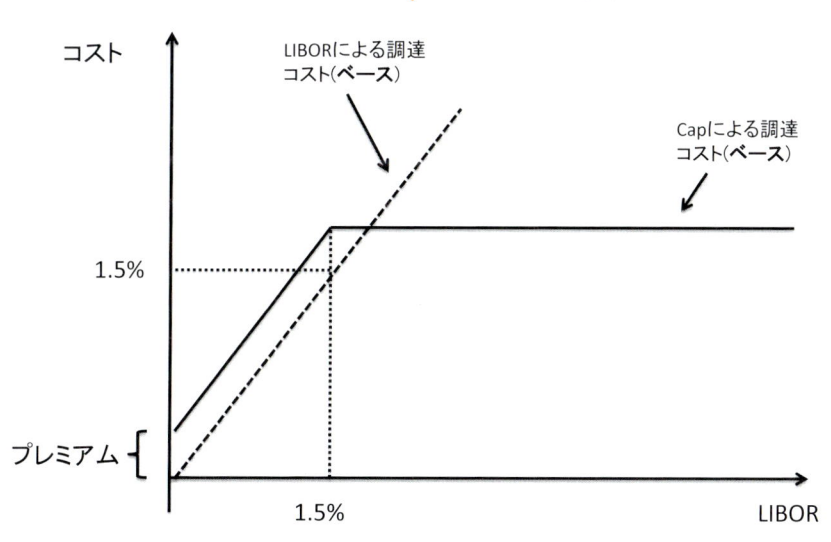

┃出典：各種資料を参考にして作成

(4) スワップ

スワップ（Swap）とは、交換の意味を持ち、等価のキャッシュ・フローを交換する取引の総称である。このスワップ取引は、売手1人と買手1人の相対（あいたい）取引で、2者間で同じ価値をもつ「将来の一連のお金の流れ」を交換する取引である。スワップ契約においては、交換の時期、交換金額の計算方法などが定められる。

スワップ取引には、金利スワップと通貨スワップがある。

① 金利スワップ

金利スワップ（Interest Rate Swap）は、同一の通貨間に異なる種類の金利を交換する取引である。金利スワップ取引は、1980年代初頭に開発された取引であるが、1980年代中頃より、大手事業会社が金利のリスクマネジメントのために利用し始め、1990年代には、中小企業も活発に利用するようになった。

金利スワップでは、通常、元本は交換しないが、金利計算のための名目上の元本である想定元本を決定する。具体的には、2者間で、一定の想定元本、期間、利息交換日などを決定し、固定金利と変動金利、変動金利と異種の変動金利などを交換する。固定金利と変動金利の LIBOR の交換が、一番多く使われている。

交換される変動金利は、LIBOR のほかに TIBOR、長期プライム・レート、短期プライム・レート等があり、事業会社の有する調達や運用の金利種別に応じて使い分けられている。LIBOR（ライボー：London Inter Bank Offered Rate）とは、ロンドン市場で、資金を提供する銀行が提示するロンドン銀行間の貸出金利で、国際金融取引おける基準金利として使用される。英国銀行協会（BBA：The British Banker's Assosiation）は、ロンドン時間午前11時における各銀行の売手が呈示するレートであるオファード・レート（Offered Rate）を集計して、その平均値を公表している。これに対して買手が呈示す

るレートは、ビッド・レート（Bid Rate）という。一方、TIBOR（タイボー：Tokyo Inter Bank Offered Rate）とは、東京市場で、資金を貸し出す銀行が呈示する東京オフショア市場における銀行間貸出レートで、金融機関の間の金融取引の際に基準金利として使われている。全国銀行協会は、日本時間午前 11 時における特定銀行のオファード・レートを集計して、その平均値を公表している。

　例えば、大手優良企業 A 社と中堅企業 B 社の資金調達コストは、表 15 の通りであると仮定する。

表 15　A 社と B 社の資金調達コスト

区分	短期資金	長期資金
A 社	TIBOR + 0.25%	3%
B 社	TIBOR + 0.5%	3.75%
コスト差	0.25%	0.75%

出典：各種資料を参考にして作成

　この調達コストは、長短の両方において大手の優良企業である A 社が有利であるが、長期資金の調達コストの差は 0.75% で、短期資金の差は 0.25% に比べて、0.5% 大きい。ここで B 社は、本来、長期資金を必要としているが、自社は短期資金の調達を決定し、より資金調達のコストの差が大きい長期資金の調達を A 社に依頼し、両社は金利支払い債務を交換する金利スワップを行うこととした。

　A 社は長期資金を固定金利 3% で調達し、金融機関を介して B 社に 3.25% で提供することによって、0.25% の利ざやを確保した。これに対して B 社は、変動金利の短期資金を TIBOR プラス 0.5% で調達し、A 社に TIBOR プラス 0.25% で提供する。このスワップによる資金の流れを図示すれば、図 55 の通りである。

図 55 金利スワップの仕組み

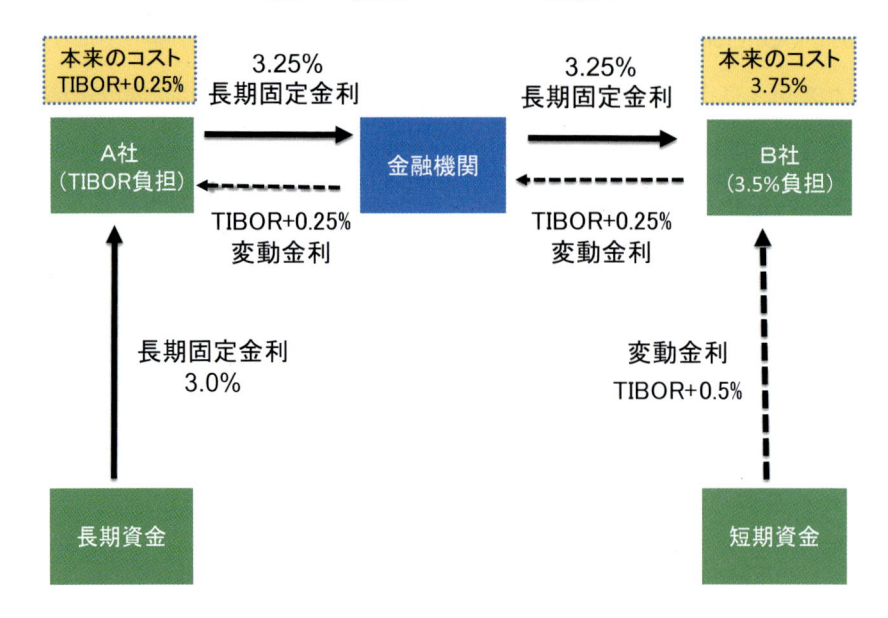

出典：各種資料を参考にして作成

このスワップによって、A 社は B 社に支払う変動金利の TIBOR プラス 0.25%（変動金利）から B 社との長期固定金利の交換による利ざや分 0.25%（3.25%-3.0%）を差し引くと、実質 TIBOR である 3% を支払うことになる。

一方、B 社は、その実際の資金調達コストは、A 社に支払う 3.25%（長期固定金利）に、変動金利の交換による不足分 0.25% を加算した 3.5% となる。B 社は、短期資金に対して、TIBOR プラス 0.5% の変動金利を支払うが、A 社から受け取る金利は TIBOR プラス 0.25% であるため、0.25% が足りなくなるためである。

このスワップ取引によって、A 社は単独の短期資金調達コストが TIBOR プラス 0.25%（3.25%）であったが、TIBOR そのものである 3% で調達できるようになり、B 社は単独の長期資金調達コストが 3.75% であったが、固定金利 3.5% で調達できた。その結果、A 社と B 社の両社は、それぞれが単独で資金調達をする場合に比べ、それぞれ 0.25% ずつそのコストが低くなった。

② 通貨スワップ

通貨スワップ（Currency Swap）とは、2当事者が、異なる通貨間に異なる種類の金利を交換する取引であり、元本を交換する。例えば、ドル建ての社債を発行し、通貨スワップによって、その支払いを円に交換すれば、将来の利払いや元本の償還は円となる。通貨スワップでは、一般的に、金利の交換に加えて、取引の開始時と終了時の元本の交換も行われるが、元本の交換を行わずに金利だけを交換する通貨スワップは、「クーポン・スワップ（Coupon Swap）」とも呼ばれる。なお、通貨スワップは、金利スワップと同様に、店頭取引（相対取引）によって行われ、その期間などの条件は当事者間の交渉を通じて決める。

通貨スワップは、開始日と満期日に元本の交換が行われるため、金利スワップにおける「想定元本（Notional Principal Amount）」は設定されず、単に「元本（Principal Amount）」という用語が使われる。一方、「通貨スワップ協定」は、デリバティブの通貨スワップとは異なり、各国の中央銀行の間で結ぶ協定である。その内容は、自国が通貨危機の際に、自国通貨の預入と交換に、事前に定めたレートで協定相手国の通貨を交換することを定めるものである。例えば、ドルの元本1億ドルを現在の為替相場である1ドル当たり100円の条件で円に交換し、毎年の利息もドルの金利4%を円の金利3%などに交換した3億円とし、償還日も元本1億ドルに対する100億円の返済にする条件の交換が行われるものである。

02 　保険デリバティブ

保険デリバティブ（Insurance Derivatives）という用語は、実定法上使用されていない概念であり、その定義が確立していないが、伝統的に保険が担保

してきたリスクを対象としたデリバティブである。この保険デリバティブは、天候デリバティブ、地震デリバティブ、クレジット・デリバティブなどを総称する。この保険デリバティブは、保険ではなく、金融デリバティブの一種とされるが、保険会社や銀行によって販売されている。

　保険デリバティブを利用して、保険リスクを金融市場に移転することができれば、保険市場の引き受け能力を補完し、リスク引受能力が飛躍的に増大する。保険デリバティブは、その支払いの発動条件として、地震のマグニチュードまたは震度、気温や降水量などの観測数値が使われている。その場合、発動条件に定めた一定の数値が観測されると、実際の損害の発生とは関係なく、あらかじめ決められた条件にしたがって支払いが行われる。その場合、支払いの金額が実際の損害額を超える可能性はあるが、支払いが発動条件に定めた一定の数値によって自動的に実行されることから、事故事象の発生から支払いまでの期間が極めて短期間となる。

　保険デリバティブに利用される金融デリバティブの技術は、オプションとスワップの２種類である。つまり、金融デリバティブにおける価格変動リスクの他者への移転と他者との交換の機能を保険リスクの移転と交換に応用したものである。オプション取引型は、気象観測の数値などを基準にして、事前に約定した数値と将来の一定の時期における実際の数値との差によって算出される金額の支払を約定するものである。一定の基準値（行使価格）を超えるか下回る場合に権利行使するイメージである。

　また、スワップ取引型は、事業会社同士が異なるリスクを交換して、そのリスク発生に対して互いに補償金を支払うものである。スワップ取引型には、クレジット・デリバティブであるクレジット・デフォルト・スワップ（CDS）がある。クレジット・デリバティブは、債券などの信用リスクをスワップまたはオプションの形式にしたものである。このクレジット・デリバティブは、債務者である発行体などの信用力を指標にして将来の受け渡しを行う

デリバティブであるが、他のデリバティブが価格変動の市場リスクを対象にしているのに対して、信用リスクを対象にしている。

　この保険デリバティブは、保険ではなく、金融デリバティブの一種と理解されるが、通常のデリバティブとは異なる。保険デリバティブと通常の金融デリバティブ（以下、デリバティブと称する。）は、次の点が異なる。①対象とするリスクが異なる。デリバティブは、主として市場リスクを対象としており、保険デリバティブは保険リスク（純粋リスク）を対象としている。②原資産の有無が異なる。保険デリバティブには原資産となる金融商品がなく、保険リスクを基準とする指標の変動等が対象となっている。したがって、デリバティブによって、原資産である保有金融資産のリスクをヘッジすることができるが、保険デリバティブによって、原資産のリスクをヘッジすることはできない。つまり、保険デリバティブの売手は、その原資産がないので、保険デリバティブをヘッジの手段として使えない。　その結果、保険デリバティブの売手は、天候リスクなどのリスクを抱えたままになり、その分を天候デリバティブ価格にリスク・プレミアムとして加えることになる。

　この保険デリバティブと保険は、次の点が異なる。①保険デリバティブは、保険商品ではなく、デリバティブの一種とされる。②保険デリバティブは、客観的な指標（Index Base）などによって決済金が支払われ、実損てん補（Indemnity Base）を原則とせず、「実損」が発生していることを要件としていないため、保険金支払いに必要な損害調査も行われない。したがって、実際の損害額と支払金額に差が出る可能性であるベーシス・リスク（Basis Risk）が存在する。③被保険利益の概念もないため、一部保険、全部保険、超過保険の概念がない。したがって、利得禁止の原則もない。④保険料率は、大数の法則に基づいた統計的な手法によって算出されるが、保険デリバティブのプレミアムは、金融工学的な手法によって算出される。

　一方、刑法は単に「賭博をした者」と規定しているのみで（185 条・186

条）、「賭博」は定義されていないが、一般的に賭博とは、「偶然の勝敗によって、財物その他財産上の利益の得失を争うこと」とされる。この賭博は、法令上の正当行為でない限り、刑法第185条[29]によって原則として禁止されており、賭博を行った者は、3年以下の懲役に処される[30]。ここで、偶然の事象によって財物のやりとりを行う点においては、保険デリバティブも賭博と類似している。これに対応するため、1998年12月施行の金融システム改革法関連の法令改正により、「デリバティブ取引」が保険業法上の付随業務として位置付けられた（保険業法第98条[31]）。また、クレジット・デリバティブは、銀行と保険会社の付随業務である「金融等デリバティブ取引」とされている[32]。保険デリバティブは、このようにして、賭博と区分されている。

　一方、日本の損害保険会社は、投機目的の契約は販売しない。証券取引等監視委員会の検査マニュアルにおいて、天候デリバティブを投機目的で使うことはその商品の購入者の適合性に問題があるとしているため、投機または投資を目的にした保険デリバティブの販売はできない。

---

29 刑法 第185条（賭博）賭博をした者は、50万円以下の罰金又は科料に処する。ただし、一時の娯楽に供する物を賭けたにとどまるときは、この限りでない。

30 刑法 第186条（常習賭博及び賭博場開張等図利）①常習として賭博をした者は、3年以下の懲役に処する。②賭博場を開張し、又は博徒を結合して利益を図った者は、3月以上5年以下の懲役に処する。

31 第98条 保険会社は、第97条の規定により行う業務のほか、当該業務に付随する次に掲げる業務その他の業務を行うことができる。
　六 デリバティブ取引（資産の運用のために行うもの及び有価証券関連デリバティブ取引に該当するものを除く。次号において同じ。）であって、内閣府令で定めるもの（第4号に掲げる業務に該当するものを除く。）

32 銀行法10条2項14号、同法施行規則13条の2第6号、保険業法98条1項8号、同法施行規則52条の3第6号。

❶ 金融デリバティブを利用したリスクマネジメントと保険を利用した
リスクマネジメントの適用分野を比較して、それぞれが適用される
理由について議論しなさい。

❷ オプションと保険の異同を比較説明しなさい。

❸ 保険デリバティブとオプションを比較説明しなさい。

第10章
天候デリバティブ

多くの事業会社は、天候リスクによって業績が左右される。本章では、保険デリバティブの代表的な天候デリバティブについて概説する[33]。

01 天候リスクと企業

天気、天候、気候は、特定の地域の晴雨・気温・温度・風などの気象状況を表す。これらの区分はその期間によって行われる。天気は数時間から数日間の気象状態であり、天候は天気より長い一週間や一か月などの気象状態を表す。気候は一か月以上の長期の気象状態である。また、気象とは、大気の状態変化を物理的現象として表す用語である。

近年、台風や洪水などの異常気象が頻発しており、多くの企業の収益または販売量は、その異常気象に影響されている。この異常気象とは、過去の平均的な気象現象から大きく外れたもので、まれにしか発生しない気象現象を称する。異常気象には、短時間の激しい大雨や強風等、長期の干ばつ、極端な冷夏・暖冬などがある。気象庁による異常気象は、原則として「ある場所（地域）・ある時期（週・月・季節）において、30年間に1回以下の頻度で発生する現象」を基準に判断している。また、世界気象機関では、「平均

---

[33] 本章は、拙著『リスクマネジメント論（2019年）』（成文堂）の第15章の内容を修正加筆して再録した。

気温や降水量の偏差が 25 年以上に 1 回しか起こらない程度の大きさの現象」を異常気象として定義している。

エルニーニョ（El Nino）またはラニーニャ（La Nina）現象は、数年を周期として発生するものであり、それら自体が異常気象として判断されることはない。エルニーニョ現象とは、冷水海域である南米ペルー沖の海域に、海面水温が平年より高い状態が 1 年程度続く現象をいう。また、ラニーニャ現象とは、エルニーニョ現象の逆で、東太平洋赤道付近の海面温度が平年より低い状態が長期間続く現象をいう。エルニーニョ現象が発生する場合、日本付近では、夏には、気温が低く日照時間が少なくなる傾向にあるため、冷夏となるが、冬には暖冬となる。ラニーニャ現象が発生する場合、日本付近では、夏には、気温が高くなる傾向にあるため、暑夏となるが、冬季では、寒冬となる。

企業の収益は、このような異常気象によって、大きく影響されている。天候と企業利益の関係に関する過去の新聞記事を幾つか抜粋し掲載すると、次の通りである。

①1 月の石油ヒーターの国内出荷台数が、前年同月の 5 倍に急伸した。関東各地で大雪が降るなど厳しい寒さが続いているためで、各メーカーは「寒波到来のおかげ」と特需に喜んでいる（2001/ 2/ 9 毎日）。

②ジャスコは 10 日から 3 日間、大雪などの天候不順による不作から店頭価格が上昇している野菜の安値販売を実施する。契約農家から大量に仕入れ、大根や国産キャベツなどを現在の店頭価格より 3 〜 5 割の割引で販売する（2001/ 2/ 9 日経）。

③記録的な大雪の影響で東北地方のスキー場利用が大幅に落ち込んでいる。2000 年度のリフトの旅客収入は 2 ケタ減となった。前シーズンの雪不足から一転、大雪による悪天候が打撃となって客足が遠のいたのが原因（2001/ 4/28 日経）。

④連日の猛暑で夏物商品の売れ行きが好調だ。エアコンや飲料、冷菓、日用雑貨などの販売が前年を大幅に上回っている。容器などの資材にも猛暑効果が波及し、増産態勢をとる企業が増えてきた。猛暑が個人消費を刺激し、景気を下支えしている（2001/ 7/25 日経）。

⑤仙台市中心部にあるビルの屋上ビアガーデンでは、7 月は猛暑が続き、連日にぎわいをみせたが、8 月に入ってからの来客数は昨年の半分程度。仙台管区気象台によると、仙台の 7 月の平均気温は24.7℃で平年に比べ 2.6℃も高かったが、8 月上旬は 21.0℃と平年を 3.5℃も下回る気温だった（2001/ 8/15 日経）。

企業の損益に影響を与える天候リスクは、表 16 の通りである。

表16 収益減少の天候リスクと業種

天候リスク（収益減少）	業　種
冷夏	電力会社、飲料、エアコンメーカー、プール、海の家、水着メーカー、ビアガーデン
多雨	遊園地、外食産業、生鮮食料品販売、ゴルフ場、デパート、生菓子製造販売、建設業者
台風	イベント業者、運送運輸関係（船舶、航空）、農業関連、地方自治体プール、海の家、テーマパーク
暖冬	ガス会社、灯油販売、暖房機器製造、冬物衣料製造、スキー場（少雪）

出典：各種資料を参考にして作成

天候によって損益の影響を受ける企業は、全体の 4 分の 3 であるといわれている。このような天候リスクは、長期的な気候の変動には、経営戦略に基

づいて、製品構成の変更や投入市場の変更などによって対応する必要がある。しかし、一時的に平均から離れる気候変動などのリスクには、本章で説明する天候デリバティブなどのリスクファイナンシングによって対応することが有効である。

この天候リスクに対処するための最初の天候デリバティブ（Weather Derivative）取引は、1997年9月、総合エネルギー会社であったENRON社とKoch社によるウィスコンシン州地域の1997年から1998年の間の冬季の気温を対象にしたものであった、といわれている。テキサス州ヒューストンに本社があるENRON社は、冷夏の場合には冷房の需要が減少することによる電力使用量が減り、収益が減少していた。一方、暖房に使うガスは、暖冬の場合に需要が減少する。そこでENRON社は、暖冬の場合に収益が減少する北部のエネルギー会社Koch社との間でデリバティブ契約を利用して、双方のリスクをヘッジし始めた。アメリカでは電力の自由化が進んでおり、冷夏で収益が下がった場合に、その減収分を電力料金に転嫁することが難しい事情があり、これが天候デリバティブ取引を生む原因となった。

02 天候デリバティブ

(1) 天候デリバティブの特徴

天候デリバティブは、一定期間の平均的な気象データを基準にし、その期間の実際の気象データとその基準との差を基にして決済金が決まる取引である。異常気象現象によって業績に影響を受ける企業は、天候デリバティブでそのリスクを回避できる。天候デリバティブは、気温・湿度・降雨量・降雪量・霜・風速・台風などの気象現象を基準として条件を定め、この条件と実際の数値の差を基に算出された金額が支払われる権利を約定する取引であ

る。購入者は、オプション料を支払い、気象の結果によって販売者から購入者に補償金が支払われる。

この天候デリバティブ（Weather Derivatives）の特徴は、次の通りである。①基準となる気象データは、気温・風・降水量・積雪量等、様々な天候データであるが、通常は、単一のデータではなく、いくつかの気象事象を組み合わせた気象データが使われている。②天候デリバティブは、地震などの発生確率は低いが損害額が大きい大損害ではなく、冷夏などのように、発生確率は高いが損害額が少ない天候リスクを対象とする。③天候デリバティブでは、実際に契約者が被った損害額とは関係なく、実現した気象事象のみで支払いが決定される。支払いの判定基準を、トリガー・イベントと呼ぶが、天候デリバティブでは、気温などの指標が事前に定められた基準に達した場合に支払いが行われる。④実際に損害が発生したのかは関係なく、支払いが行わるため、契約者の受け取りと実際の損害額に差があるベーシス・リスク（Basis Risk）が発生する可能性があり、損害額よりも支払額が少ないこともある。⑤指標となるデータは、気象庁を初めとする中立的な第三者が公表する客観的な気象データが対象となる。日本の気象庁アメダス・データは、全国約1、300ヶ所で、1976年より観測したデータである。最近では、NASAなどの衛星観測データを利用し、海外進出企業を対象とした天候デリバティブを販売している事例も見られる[34]。

天候デリバティブの決定条件は、次の通りである。

① 対象リスク

対象リスクは、各企業の収益に影響を与える気象現象とする。この対象リスクには、最高気温・最低気温・平均気温・降水量・降雪量・積雪深・風速・

---

[34] 三井住友海上火災保険は、2016年12月、多雨による鉱山開発の遅延、海水温の上昇による養殖事業などの損害を補償するため、NASA等の衛星観測データを利用した天候デリバティブを発売した。

日照時間があり、これらを組み合わせる場合もある。

② 観測地点

この観測地点は、一般的には、気象変動の影響を最も大きく受ける地点を選択する。

③ 行使値（ストライク）

行使値とは、支払いが開始される数値であるが、この行使値を決定する。

④ 支払期間

対象気象による支払期間は、数週間から数ヶ月間が一般的である。

⑤ 支払い方法

行使値を基準にして、それを上（下）回った場合に、1日につき○○○円というように、支払額の算出方法を決定する。

⑥ 最大支払額

一契約あたりの支払限度額を設定する。

(2) 天候デリバティブの形態

天候デリバティブには、オプション形態とスワップ形態の2種類がある。オプション形態は、事業会社などが保険会社等に、事前にプレミアムを支払い、一定期間内に気温などの気象事象が一定の水準を超えるか下回ると一定の補償金をもらえる形態である。このオプション取引には、指標が大きくなればなるほど契約者の受取金額が大きくなる「コール・オプション」取引と、指標が小さくなればなるほど契約者の受取金額が大きくなる「プット・オプション」取引の2種類がある。

天候デリバティブのコール・オプション取引の損益は、図56の通りである。

図 56 天候デリバティブのコール・オプション取引の損益

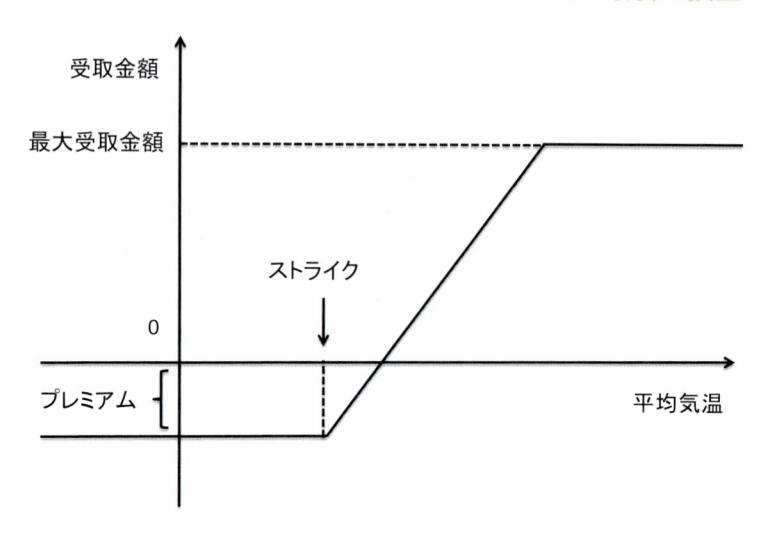

┃出典：各種資料を参考にして作成

天候デリバティブのプット・オプション取引の損益は、図 57 の通りである。

図 57 天候デリバティブのプット・オプション取引の損益

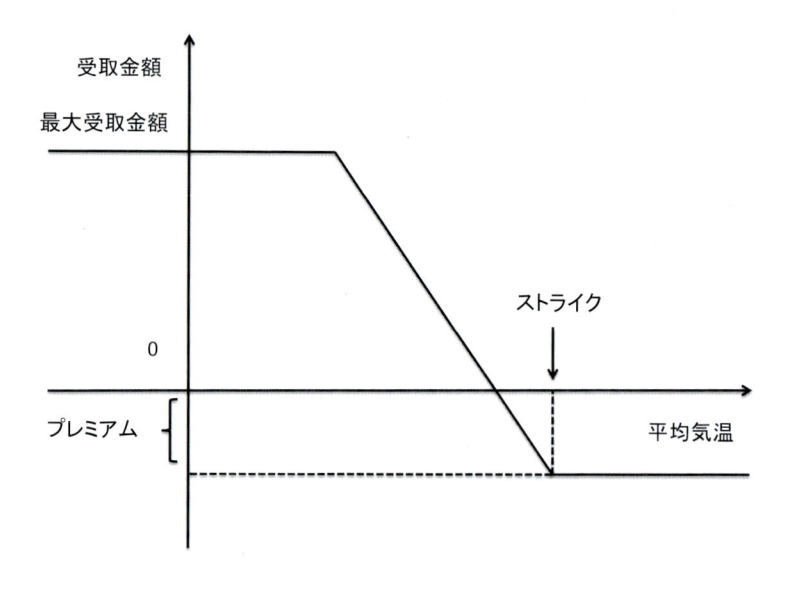

┃出典：各種資料を参考にして作成

天候デリバティブを含む保険デリバティブでは、原資産がないので、原資産の取引はできないが、原資産のあるオプションの資金授受曲線の形を基準にして、コール・オプションとプット・オプションを区分している。つまり、ストライク値を超えて指数が増えると、受取金額が増えるものをコール・オプションと称し、ストライク値を下回って指数が減ると、受取金額が増えるものをプット・オプションと称する。いずれの取引もオプションの買手である契約者にとっての資金負担は、契約時に売手に支払うプレミアムに限定される。

　また、スワップ形態は、事業会社同士が異なる天候リスクを交換する方法である。スワップ形態の取引は、契約する事業会社間で事前にプレミアムを支払う必要はなく、一定期間中に気象条件が自社の収益の増加になる条件であれば資金を支払うことになり、気象条件が自社の収益の減少になる条件であれば資金を受け取ることになる。

　天候デリバティブのスワップ取引の損益は、図 58 の通りである。

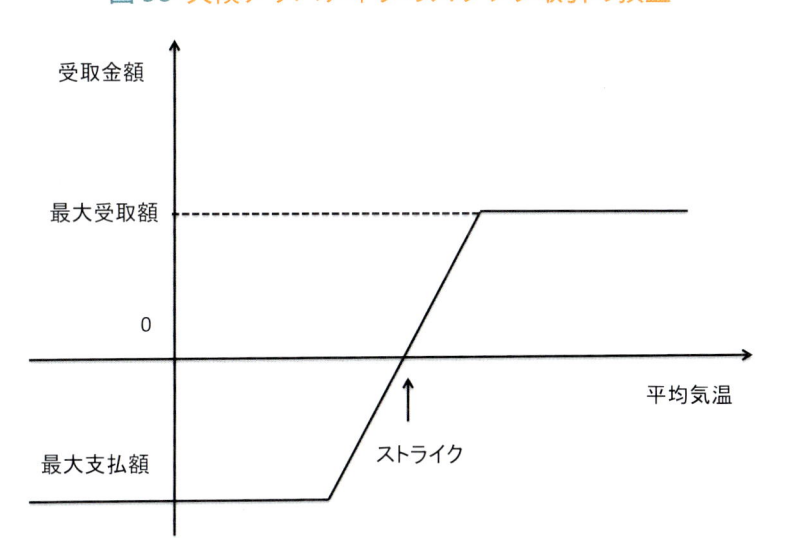

図 58 天候デリバティブのスワップ取引の損益

出典：各種資料を参考にして作成

このスワップの変形として、カラー（Collar）と呼ばれるものがある。カラー取引では、観測期間中の気象条件が平均気温の±1°Cのように、一定の範囲内であれば、相互に資金の授受を行わず、その一定範囲を超えた場合に資金授受を行う。この取引形態の資金授受を表す曲線が襟（Collar）に類似しているため、カラー取引と呼ばれている。

天候デリバティブのカラー（Collar）取引の損益は、図59の通りである。

図59 天候デリバティブのカラー (Collar) 取引の損益

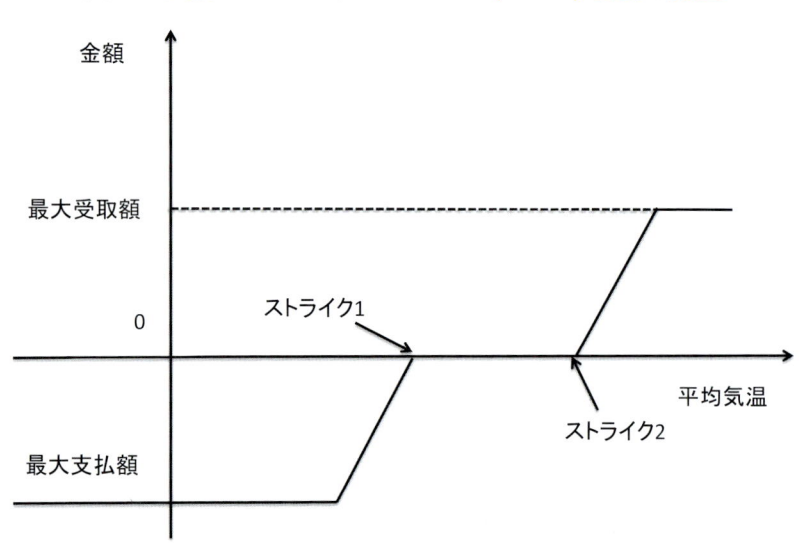

出典：各種資料を参考にして作成

（3）天候デリバティブの効果

天候デリバティブの購入の効果は、次の通りである。第一に、天候リスクの対策となるため、経営の安定化になる。天候リスクに対するリスクマネジメントの手段となり、異常気象によって企業の収益が減少（売上減少・費用増加）することへの対策となる。第二に、企業の IR (Investor Relations)としての効果がある。つまり、企業の積極的なリスクマネジメントへの取り組み

を取引先や投資家に説明できる。第三に、異常気象が発生した場合には天候デリバティブの支払を利用したキャッシュバックなどを実施して、サービスまたは製品の販売促進の手段として使用できる。

　天候デリバティブの活用の事例は、次の通りである。①「サッカーチームを運営しているA社は、当日券の売上が多く、試合日当日の降雨による入場者数の減少リスクに対する対策として、試合開催日を対象とした天候デリバティブを購入した。②北海道（紋別）において流氷砕氷船（観光船）を運航しているB社は、風向き・風の強さによって流氷の着岸が遅れたり、離岸が早まったりすることで流氷砕氷船の乗客数が減少するリスクに対応するため、天候デリバティブを購入した。③漬物製造をしているC社は日照不足によって原料の野菜の価格が高騰するリスクに対応するため、天候デリバティブを購入した。

　天候デリバティブのサービスへの付加価値（購入効果）は、表17の通りである。

表17　天候デリバティブのサービスへの付加価値（購入効果）

業種	活用方法
エアコン	冷夏の場合にエアコンを購入した契約者にキャッシュバック
ゴルフ場	猛暑日にプレーをした契約者にプレー代金の一部をキャッシュバック
リース業	納豆の発酵条件に影響する猛暑の場合に納豆製造装置をリースした契約者にリース代金の一部をキャッシュバック
自動車用品販売	少雪の場合にスタッドレスタイヤ購入者にキャッシュバック
暖房機器販売	暖冬になった場合に暖房機器購入者にキャッシュバック
旅館	降雨日に宿泊客にアワビ提供
結婚式場	降雨日に披露宴開催カップルに宿泊券提供

┃出典：各種資料を参考にして作成

一方、商品などを販売する場合のキャッシュバック等の懸賞は、不当景品類及び不当表示防止法（景品表示法）によって、その金額が 売上予定総額の 2% 以内、または 10 万円以内に制限される。

03　天候デリバティブ取引

(1) CDD と HDD

　CDD と HDD は、アメリカにおける天候デリバティブのインデックスとして、店頭取引（OTC：Over The Counter）の時から伝統的に使われており、上場された天候デリバティブでも多く使われている。これは、気温が華氏 65 度（18.315℃）[35] になると暖炉を点火していたため、この華氏 65 度を下回ると一般家庭で暖房器具を使い始め、華氏 65 度を上回ると冷房器具を使い始めると想定し、便宜上、これを天候デリバティブの計算に使用するようになった。華氏 65 度からの乖離が大きいほど、寒暖のいずれかのエネルギー消費量が増える。

　華氏 65 度を基準にして、冬はそれを下回った度数を計算したものが Heating Degree Days（HDD）であり、夏はこれを上回った度数を計算したものが Cooling Degree Days（CDD）である。Degree Day とは、0 時から 24 時の間の最高気温と最低気温の合計を 2 で除した値である 1 日の平均気温と、華氏 65 度（摂氏 18.33 度）の差を意味する。アメリカの国立天候データ・センター

---

[35] ℉（Fahrenheit: 華氏）& ℃（Celsius: 摂氏）の関係は、次の通りである。華氏を摂氏に変換する算式は、「（華氏℉-32）× 0.555 = ℃」である。一方、摂氏を華氏に変換する算式は、「1.8 × 摂氏℃ + 32 = ℉」である。摂氏は、水の凝固点を 0 度、沸点を 100 とした温度の単位である。これに対して華氏は、水の融点を 32 度、沸点を 212 度とし、間に 180 度で区切られている温度の単位である。

(NCDC、National Climate Data Center) は、アメリカ各地の HDD と CDD を発表している。

日次 HDD を算式で示すと、次の通りである。

日次 HDD = Max （0、または華氏 65 度 —日次平均気温）

日々の平均気温が華氏 40 度の場合は、65 – 40 = 25 であるため、日々の HDD は 25 となる。日々の平均気温が華氏 67 度であれば、65 – 67 = マイナス 2 としてゼロ以下であるため、日々の HDD はゼロとなる。CME の HDD 指数は、一か月（暦）における日々の HDD の集積であり、1HDD につき 100 ドルで最終現金決済が行なわれる。例えば、ある都市の11月における日々の平均 HDD が 25（華氏 65 度 — 華氏 40 度）だとすると、11 月は 30 日あるため、HDD 指数は 750 となる（日々の HDD 25 × 30 日）。11 月の HDD 指数が 750 とすると、その都市の先物市場の名目価格は 75,000 ドルとなる（HDD 指数 750 × 100 ドル）。

日次 CDD を算式で示すと、次の通りである。

日次 CDD = Max （0、日次平均気温—または華氏 65 度）

夏のある日の平均気温が華氏 85 度の場合、85 – 65 = 20 であるため、CDD は、20 となる。62 度であれば、62 – 65 = マイナス 3 であるため、CDD は、0 となる。HDD 指数と同様に、CDD 指数は一か月（暦）における日々の CDD の集積であり、1CDD につき 100 ドルで最終現金決済が行なわれる。例えば、ある都市の 6 月における日々の平均 CDD が 10（華氏 75 度—華氏 65 度）であるとすると、6 月は 30 日あるため、CDD 指数は 300 となる（日々の CDD10 × 30 日）。6 月の CDD 指数が 300 とすると、その都市の先物市場の名目価格は 30,000 ドルとなる（CDD 指数 300 × 100）

（2）天候デリバティブの上場

　天候デリバティブは、1992 年にハリケーン・アンドリュー（Hurricane Andrew）の襲来後、シカゴ商品取引所（CBOT：Chicago Board of Trade）に上場され、ISO（Insurance Services Office）が提供するインデックスにリンクした異常災害の先物取引が開始されたことが始まりで、オプション取引（プット、コール双方）も行われた。その後、ISO が 1995 年に発生したカリフォルニア・ノースリッジ地震による損害を十分反映できなかったため、同先物・オプションのインデックスは PCS（Property Claims Service）に変更されたが、取引量が少ないため、2000 年に上場廃止された。CBOT は、2007 年、CME グループに買収された。

　さらに、1996 年に設立されたバミューダ商品取引所（Bermuda Commodities Exchange）には、オプションが上場され、アメリカ国内の異常気象による個人財産損害を対象とし、特定の保険会社（計 40 社前後）の保険金の支払額と収入保険料を基準に算出される GCCI（Guy Carpenter Catastrophe Index）によるインデックスが使われた。しかし、これも取引量が少ないため、2 年で取引が中止された [36]。これらの上場商品としての保険デリバティブの取引が十分に伸びなかった理由は、取引量が少なかったことと、保険会社と再保険会社の間での再保険取引の重視も指摘されたが、ベーシス・リスクの存在もその一つの理由とされる。

　北米最大の金融と商品のデリバティブ取引所であるシカゴ・マーカンタイル取引所（CME：Chicago Mercantile Exchange）には、アメリカにおける電力自由化と 1997 年に発生したエルニーニョ現象による記録的な暖冬による天候デリバティブの店頭取引（OTC：Over The Counter）が急増したことを背景に 1999 年 9 月 22 日、世界で初めて HDD を対象指数とした天候デリバティ

36　多田 修「活況を呈し始めた保険リンク証券への期待 - キャットボンドを中心とした動向 -」『損保ジャパン日本興亜総合研究所レポート』Vol.61、2012 年 9 月 28 日。

ブ先物、先物オプションおよびスワップが上場された。上場の当初は、アメリカの4都市（アトランタ、シカゴ、シンシナティ、ニューヨーク）を対象にしたものであったが、後にその他の地域も追加され、CDD も対象指数として追加された。しかし、この天候デリバティブは、取引の低迷などのため、2000 年に上場廃止された。

このシカゴ・マーカンタイル取引所（CME）の天候デリバティブは、毎月の CDD または HDD の累積インデックスによる期間中の気温先物およびオプション取引である。上場された天候デリバティブでは、5月から9月までの5か月間（夏期）は CDD を対象とし、10月から3月までの5か月間（冬期）は HDD を対象とする。

CME に上場された天候デリバティブの特徴は、次の通りである。①取引所取引であるため、取引相手先の信用リスクがない。店頭取引（Over-The-Counter）の場合には、取引相手方の債務不履行になる信用リスクが存在する。しかし、取引所の取引では、市場参加者の資金決済は、取引所の精算所（The Exchange Clearing House）が行う。②取引参加者は、一定の証拠金を預ける必要がある。③取引を定型・小口化した。インデックスが、CDD/HDD に画一化され、一単位が 100 ドルとなっているため、大口の取引のみならず、小口取引も行われるようになった。④ CME では、専用の電子取引システムによる 24 時間の取引が可能である。取引所経由の取引では、市場価格が形成される。

さらに、CME では、2005 年にアメリカを襲った KRW（Katrina, Rita and Wilma）と総称される3つの巨大ハリケーンをきっかけに、2007 年に、アメリカのハリケーン・リスクの先物取引とオプション取引が上場された。CME における取引は、アメリカ気象局の国立ハリケーン・センターのデータに基づいて、ハリケーンに起因する潜在的損害額を測る CHI（CME Hurricane Index）というインデックスが使われている。

04 日本における天候デリバティブ

　日本では、1998年12月に施行された保険業法によって保険会社に天候デリバティブ商品の販売が認められたが、上場されたものはなく、店頭取引（OTC：Over The Counter）で販売されている。1999年6月25日、三井海上（現三井住友海上火災保険）と株式会社ヒマラヤ（スキー・スノーボードを中心とした総合スポーツ専門量販店大手）との間で、降雨量が少ないリスクを対象として、プレミアム料1000万円で、最初の天候デリバティブ取引が行われた（オプション取引）。結局、雪が降ったため、ヒマラヤに決済額は支払われなかった。

　日本で取引される天候デリバティブの特徴は、次の通りである。

　第一に、アメリカにおける天候デリバティブの買手は、主としてエネルギー会社であるため、前述したように、HDDとCDDを指数とし、気温を対象リスク[37]にするものが多い。しかし、日本における天候デリバティブの買手は、エネルギー会社に加えて、百貨店・商社・飲食店・建設会社・小売り会社・旅行業・アパレル業などのように多様である。

　第二に、日本における天候デリバティブの買手は多様であるため、その対象リスクも、気温・湿度・降雨量・降雪量・霜・風速・台風などの多様な気象現象となっている。現状では、気温・降雨量・降雪量・台風を対象リスクとしているものが多いと見られる。しかし、風力やソーラー発電などの再生可能なエネルギーの生産が増加すると予測されるため、日照時間と風力を指数とする天候デリバティブも増加すると見られる。

　第三に、アメリカにおける天候デリバティブは、取引所に上場されている。しかし、日本における天候デリバティブは、上場された事例はなく、店頭取引によって取引されている。

---

[37] 天候デリバティブにおける対象リスクを原資産と呼ぶ場合も見られる。

第四に、日本における天候デリバティブの商品開発とリスクの引き受けは、主に損害保険会社と大手銀行によって行われている。この損害保険会社と大手銀行は直接販売も行っているが、地方銀行と信用金庫などがその代理店として加わっている。また、大手銀行は、引き受けたリスクの一部を損害保険会社にヘッジしている。従来、保険会社によって風水害などの自然災害のリスクを引き受けており、取引市場が整備されておらず、プレミアムの算出は、保険料算出のために統計的手法を用いている保険会社の得意分野であるためとされる。

第五に、電力会社とガス会社のエネルギー関連会社は、天候リスクの収益への影響が大きい。エネルギー関連会社は、エネルギー会社間のスワップによるリスクの交換を好む傾向がある。

日本における天候デリバティブの販売経路は、図 60 の通りである。

図 60　日本における天候デリバティブの販売経路

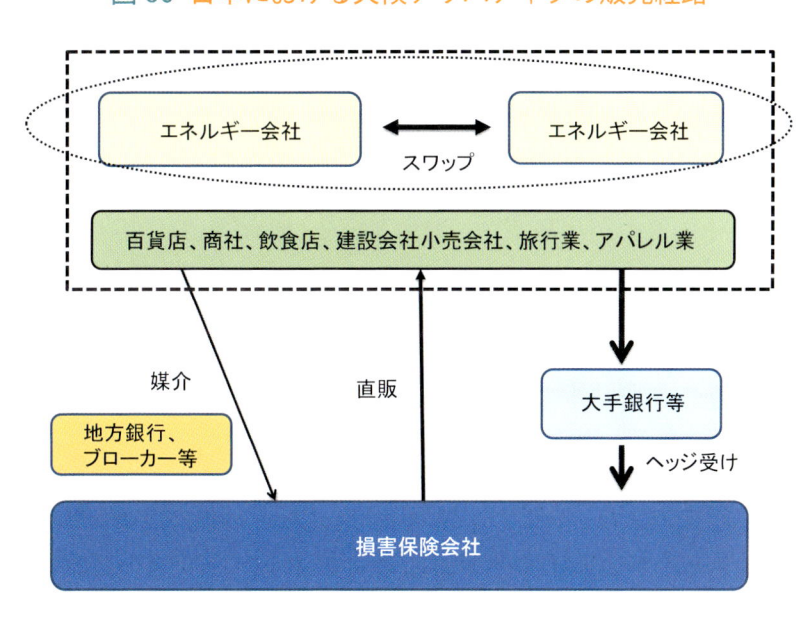

▌出典：各種資料を参考にして作成

05 　天候デリバティブ商品の事例

(1) リスク交換取引

　中国電力株式会社と広島ガス株式会社は、2003 年夏季の気温変動リスク
を交換する契約を締結した。中国電力と広島ガスとの間には、夏季の気温と
利益に逆の相関がある。つまり、中国電力は、冷房需要が増える猛暑時には
利益が増加し、冷夏時には利益が減少する。しかし、広島ガスは、家庭用の
給湯需要が減る猛暑時には利益が減少し、逆に冷夏時には利益が増加する。
交換の内容は、猛暑時には中国電力が増収の一部を広島ガスに支払い、冷夏
時には広島ガスが増収の一部を中国電力に支払うというものである。リスク
交換取引の条件などは、次の通りである。

① 対象期間：平成 15 年 7 月 1 日から 9 月 30 日（92 日間）
② 取引指標：広島地方気象台を観測地点とする対象期間の平均気温
③ 基準気温：両社が合意した気温。過去の同時期の気温をもとに、両社
　　の取引が対等になるように設定
④ 取引内容：対象期間の実績平均気温が基準気温 +0.8℃を上回る猛暑時
　　には、中国電力が広島ガスに対して、上回った気温に応じて事前に取
　　り決めた金額を支払う。対象期間の実績平均気温が基準気温 −0.8℃を
　　下回る冷夏時には、広島ガスが中国電力に対して、下回った気温に応
　　じて事前に取り決めた金額を支払う。ただし、金銭授受額の限度は、
　　基準気温 ± 2.0℃離れた場合の約 5000 万円とする。

　中国電力株式会社と広島ガス株式会社の気温リスク交換の概略は、図 61
の通りである。

図61 中国電力株式会社と広島ガス株式会社の気温リスク交換の概略

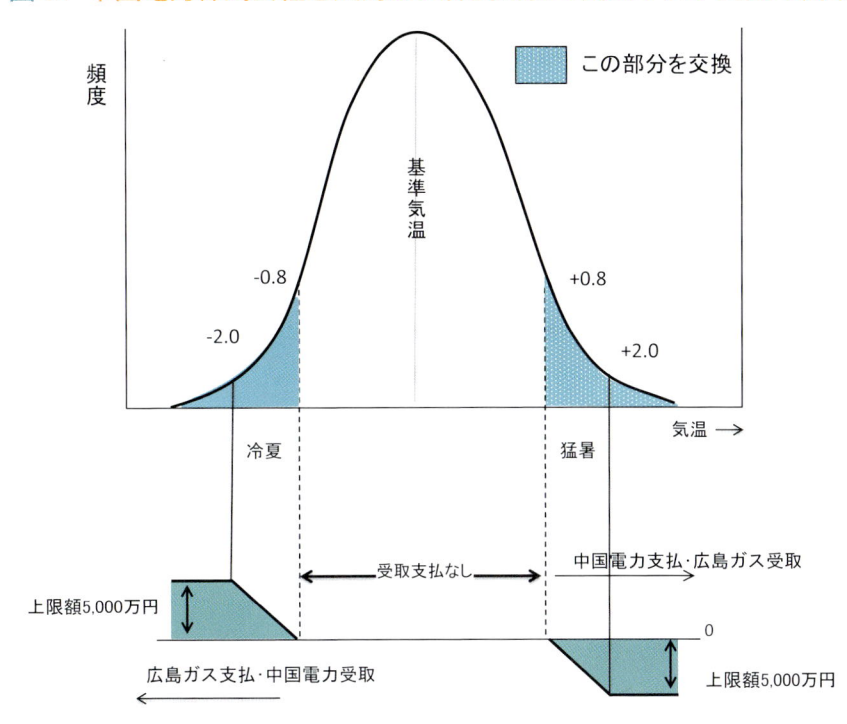

出典：同社のニュースリリース

(2) 損害保険会社の商品

　地球温暖化などがその原因であるといわれる異常気象は、その発生が増加していることもあり、損害保険各社の天候デリバティブの販売高は、毎年順調に増加していると知られている。

　業界別の天候リスクは、表18の通りである。

　ビアレストラン（低温 or 雨天）の事例である。契約者は期間限定で営業する屋外ビアレストランである。リスクは低温と雨で、気温が低いと来客数は激減する。また雨よけはあるものの、激しい雨が降るとほぼ開店休業状態となってしまう。低温・多雨リスクをヘッジする。

表 18　業界別の天候リスク

業界	天候リスク
レジャー（テーマパーク、ゴルフ場、スキー場、ホテル、旅館）	降雨 台風 地震 降雪 少雪などにより来場者が減少
小売・飲食	降雨、台風、降雪などにより来店者が減少するリスク
飲料、アパレル、冷暖房機器、灯油、LP ガス	冷夏や暖冬などにより売り上げが減少
エネルギー（電力、ガス、石油）	冷夏や暖冬などにより売り上げが減少するリスク
建設、運輸	降雨、台風、降雪などによる作業遅延

出典：各種資料を参考にして作成

　天候デリバティブの契約事例は、表 19 の通りである。

表 19　低温・多雨の事例

区分	内容
取引形態	低温 or 雨天日数コール・オプション（ヨーロピアン）
対象期間	2002 年 7 月 1 日〜8 月 10 日
観測地	北海道札幌市
インデックス	1 日の降水量が 10mm 以上の日数、または最高気温が 22℃以下の合計日数
行使値	5 日
支払額	1 日につき 200 万円
最大支払額	2000 万円

出典：各種資料を参考にして作成

降雨に備える天候デリバティブの事例である。保険料に相当するプレミアムが 1 口 25 万円と比較的少額に設定しているため、少ない金額から加入口数を選択できる。ゴールデンウィーク期間中、5mm 以上の雨が一定日数（例えば東京は 3 日）以上降った場合に、一口 1 日あたり 50 万円、最高 300 万円が支払われる。長期間の降雨に備えたい事業者向けの「もしもタイプ」は、1 口 25 万円〜 45 万円のプレミアムで、ゴールデンウィーク期間中、5mm 以上の雨が 6 日以上降った場合に、1 日あたり 500 万円、最高 1000 万円が支払われる。これは、「標準タイプ」と比較し、支払を受け取る確率は少なくなるが、万が一の時には「標準タイプ」よりも受取金額が大きくなる。

表20　晴れたらいいな 2（旧ニッセイ同和損害）

区分		標準タイプ	もしもタイプ
気象観測地		札幌、仙台、東京、横浜、名古屋、京都、大阪、神戸、広島、福岡の 10 地域	
気象観測期間		2002 年 4 月 27 日〜 5 月 6 日（10 日間）	
支払	条件	観測期間中、一定量（日降水量が 5mm）以上の降雨のあった日数に応じて、免責日数を超えた 1 日につき、タイプ毎に以下の金額を支払う	
	金額（人口当たり）	1 日につき 50 万円、300 万円を限度	1 日につき 500 万円、1000 万円を限度
	免責日数	札幌・東京は 2 日、名古屋は 4 日、その他の気象観測地は 3 日	すべての気象観測地で 5 日
プレミアム		すべての気象観測地で 1 口 25 万円	札幌・東京は 25 万円、名古屋は 45 万円、その他の気象観測地は 30 万円

▎出典：同社のニュースリリース

❶ 天候リスクの企業への影響について、事例を挙げて説明しなさい。

❷ 天候デリバティブの事例を挙げて、その特徴と効果について説明しなさい。

❸ アメリカにおける天候デリバティブの取引実態について、事例を挙げて説明しなさい。

❹ 日本における天候デリバティブの事例と流通について説明しなさい。

第三部

日中韓における災害リスクとリスクファイナンシング

第11章

日本における災害リスクと公的支援

　日本における近年の災害による損害は、地震によるものが8割以上を占めている。このような日本での災害のリスクファイナンシングは、地震リスクの対応に集中している。しかし、その枠組みは1960年代に作られたものであり、現代の状況に合わなくなった面が少なくない。現在の災害は多様化・巨大化し、リスクファイナンシング手段も多様化しているためである。

　本章では巨大災害に対する各種法律や公的支援について概説する。

01　災害の定義および現状

　災害対策基本法における災害の定義は、次の通りである。

　「災害とは、「暴風、竜巻、豪雨、豪雪、洪水、崖崩れ、土石流、高潮、地震、津波、噴火、地滑りその他の異常な自然現象又は大規模な火事若しくは爆発その他その及ぼす被害の程度においてこれらに類する政令で定める原因により生ずる被害」をいう（災害対策基本法第2条1号）。これらに類する政令で定める原因としては「放射性物質の大量の放出、多数の者の遭難を伴う船舶の沈没その他の大規模な事故」が定められている（同法施行令第1条）。」

　したがって、災害対策基本法上の災害には自然災害以外の原因による災害も含まれる。

　一方、社会学的な災害の分類は、次の通りである。

第一に、自然災害とは、「被災者生活再建支援法」第二条で「暴風、豪雨、豪雪、洪水、高潮、地震、津波、噴火その他の異常な自然現象により生ずる被害」であると定義されている。

　第二に、人為災害とは、交通事故など文字通り人為的な要因によって生じる災害である。人為災害は、都市災害・産業災害・交通事故・管理災害・環境災害がある。都市災害は、人類の発展に伴って引き起こされた大気汚染・水質汚濁・騒音・振動・汚物・悪臭・地盤沈下・火災である。産業災害は、人が生活する上で作った工場、土建現場での災害やその職業に就いたことによる職業病・労働災害などである。交通事故は、車やバス、電車における陸上交通機関および飛行機、船舶の運行による交通事情を原因とした災害である。管理災害は、管理を怠ったことによる災害や初期段階からの設計・計画のずさんさによる災害。施工の劣悪による災害などである。環境災害は、環境破壊によって引き起こされる災害である。

　第三に、特殊災害とは、化学物質の漏洩など自然現象以外が要因となって発生する災害である。災害の頭文字をとって CBRNE と呼ばれている。Chemical（化学）は、化学兵器や有害物質の漏洩などの災害である。Biological（生物）は、病原体や生物兵器による災害である。Radiological（放射性物質）は、放射性物質の漏洩や原子力事故などである。Nuclear（核）は、核兵器を使ったテロである。Explosive（爆発）は、テロや事故による爆発である。

　1985 年〜2018 年の自然災害の被害額の割合（%）は、図 62 に、また過去 20 年間水害被害額（名目額）（単位 : 百万円）は、図 63 の通りである。

　2004 年には、観測史上最多となる 10 個の上陸台風を記録した。台風だけではなく、梅雨前線豪雨や集中豪雨も発生し、全国のアメダス 100 地点以上で各々時間雨量、日雨量の記録を更新した。また、洪水の発生状況を見ても、例えば台風 23 号では直轄河川において 7 水系 9 河川で計画高水位を突破し、

図 62 日本における 1985 年〜2018 年の自然災害の被害額の割合 (%)

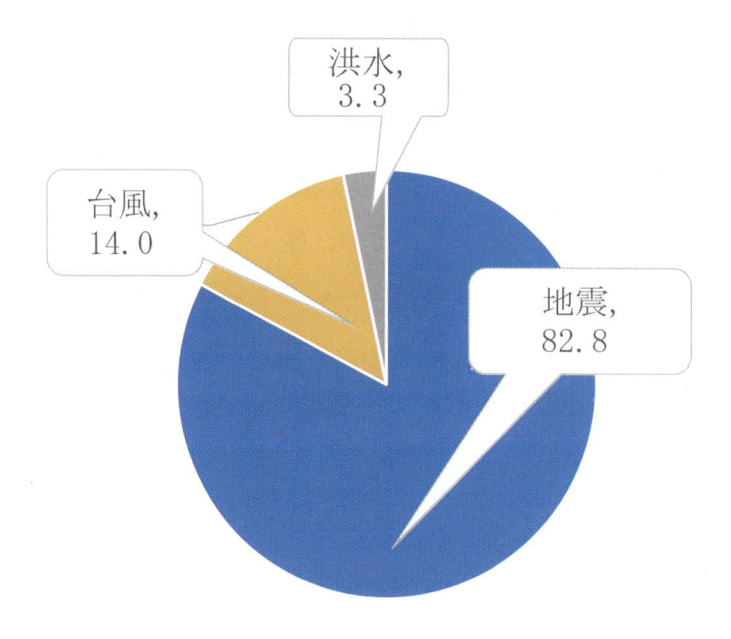

▍出典 : 2019 White Paper on Small and Medium Enterprise in Japan, p.398

図 63 日本における過去 20 年間水害被害額（名目額）（単位：百万円）

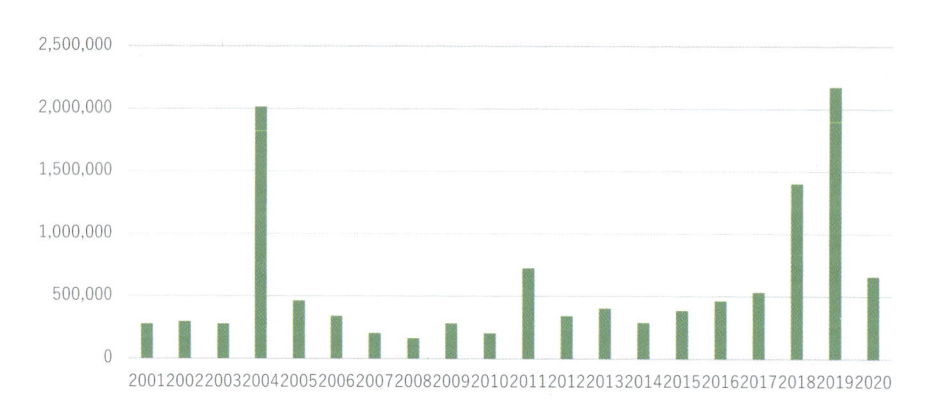

▍出典 : Ministry of Land, Infrastructure, Transport and Tourism

23 水系 30 河川では危険水位を突破するなど、多くの河川で大洪水となった。

　また、国土交通省がまとめた 2019 年に全国でおこった水害（洪水、内水、高潮、津波、土石流、地すべりなど)による被害総額は 2 兆 1500 億円(暫定値)となった。津波以外の年間水害被害額としては、1961 年の統計開始以来最大となった。このうち 1 兆 8600 億円は 10 月中旬に生じた 2019 年東日本台風(台風 19 号）による被害で、単一の水害被害としては、2018 年 7 月豪雨（台風 7 号と梅雨前線）の 1 兆 2150 億円を上回り、過去最大であった。この台風では広範囲に記録的な大雨が降り、全国 142 カ所で堤防が決壊。死者・行方不明者 87 人、被災した建物が 8 万棟を超えるなど甚大な被害となった。

02 災害に関する法律

(1) 災害対策基本法

　災害対策基本法は、1959 年 9 月の伊勢湾台風（中心気圧 930hPa（ヘクトパスカル）、死者・行方不明者 5,098 名）を契機とし、災害対策の総合性・計画性を確保するとともに、広域的な大規模災害に対応する体制を整備するため、国の災害対策の基本となる法律として、1961 年に「災害対策基本法」が制定された。この法律は、社会の秩序を維持し、公共の福祉確保につながることを目的としている。

　1961 年に起きた伊勢湾台風は昭和の三大台風の一つに数えられており、5,000 人近い死者を出し甚大な被害を及ぼした災害である。この災害におけるダメージをきっかけとして災害対策基本法が制定された。災害対策基本法によって、防災に対する総合的・計画的な体制がつくられている。例えば、地域別防災ガイドラインがその一つである。

　1995 年 1 月の阪神・淡路大震災により、情報網の寸断や行政機能の麻痺、各種ライフラインの供給停止など都市機能の低下が生じたこと等を踏まえ、

同年 6 月および 12 月に災害対策基本法の大幅な改正が行われた [38]。

　2011 年 3 月の東日本大震災では、地震および津波により、死者 19,630 名、行方不明者 2,569 名、住家全壊 121,781 棟、半壊 280,962 棟などの甚大な被害が生じた（2018 年 3 月時点）。地方公共団体の庁舎・職員が被災して行政機能が低下し、救助活動や復興に影響を及ぼしたほか、東京電力福島第一原子力発電所事故の発生など、今までにない広域かつ複合的な災害となった。2011 年 3 月 11 日に起きた東日本大震災を機に大きく改正され、被災地への対応だけではなく、被災者側や支援する側の対応や方法も明記されている [39]。

(2) 災害救助法

　戦前は、「罹災救助基金法」（1899 年制定）に基づき、各府県において貯蓄された「罹災救助基金」を利用して、被災者を救助するための避難所費、食料費、被服費、治療費、小屋掛費、学用品費などが支弁されてきた。その後、終戦直後から枕崎台風や南海地震など大規模な災害に見舞われ、多数の被災者が生じることとなった。

　この罹災救助基金法は、基金に関する法律であり、救助活動全般にわたる規定が設けられていなかったことと、終戦後の物価高騰で基金のみでは財源が不足すること等の問題があったため、1946 年の南海地震を契機に、これ

---

[38] 主な改正内容は、災害緊急事態の布告がなくても著しく異常かつ激甚な非常災害の場合には緊急災害対策本部を設置することができること、緊急災害対策本部長（内閣総理大臣）が指定行政機関の長等に指示をすることができること、非常災害対策本部及び緊急災害対策本部に現地対策本部を置くことができること、国及び地方公共団体は、自主防災組織の育成、ボランティアによる防災活動の環境の整備、高齢者・障害者等に特に配慮し、地方公共団体の相互応援に関する協定の締結に努めなければならないこと、市町村長が都道府県知事に対し自衛隊の災害派遣を要請することができることなどである。

[39] 内閣府 防災情報のページ（災害対策法制のあり方に関する研究会）「主な災害対策関係法律の類型別整理表」

に代わるものとして、1947年、「災害救助法」（厚生省所管）が制定された。

　また、2011年3月の東日本大震災を受けて、発災後により迅速な対応を行うため、2013年10月、災害救助法の所管については、厚生労働省から、防災や発災後の応急期対策および復旧・復興を一元的に担う内閣府に移管されている。

　災害救助法は、災害が起きたときに応急救助を行い、被災者を保護し社会の秩序を守り維持するために制定された法律である。災害救助法に基づき都道府県知事が救助要請や指示を出し、市町村長が補助するという形で成り立っている。そして、地方自治体が災害救助のために必要となった費用を国が負担するように規定されている。

　災害の復旧や復興ではなく、応急救助のみで災害発生直後の救助に必要となった費用が対象となる。住民が避難を余儀なくされており、救助がすぐに必要である際に適用されるものが災害救助法である。

　災害救助法では次のような方法で災害被害者の支援が行われる。避難所、応急仮設住宅、食料品や飲料水、生活必需品、医療費、埋葬関連費用の補助である。災害が起きた地域だけで救助を行うことは財政的に不可能であることが多く、日本として災害地域と被災者を援助できるという法律が災害救助法である。

(3) 災害弔慰金の支給等に関する法律

　災害により被害を受けた場合、「災害弔慰金の支給等に関する法律」に基づき、市町村は、条例の定めるところにより、一定条件を満たす自然災害により死亡した者の遺族を対象に、災害弔慰金（生計維持者：500万円、その他の者：250万円）を、災害により精神又は身体に著しい障害を受けた者には災害障害見舞金（生計維持者：250万円、その他の者：125万円）を、それぞれ支給することができる。

（4）被災者生活再建支援法

10 世帯以上の住宅全壊被害が生じる程度の自然災害が発生した市町村等で住宅が一定規模の被害を受けた世帯を対象として、①住宅の被害程度に応じて支給する支援金（基礎支援金）、②住宅の再建方法に応じて支給する支援金（加算支援金）の 2 種類の支援金を合計で最大 300 万円まで支給できることとしている。

この支援業務は、被災者の生活再建を支援する業務を行う被災者生活再建支援法人として指定された公益財団法人都道府県センターが、都道府県が相互扶助の観点を踏まえ世帯数その他の地域の事情を考慮して拠出した基金を活用して実施している。

国は支給する支援金の 2 分の 1 に相当する額の補助を行うほか、東日本大震災に限っては、その重大な被害に鑑み、「東日本大震災に対処するための特別の財政援助及び助成に関する法律の一部を改正する法律」に基づき、国の補助率を 5 分の 4 に引き上げている。

なお、2016 年 12 月に発生した新潟県糸魚川市の大規模火災においては、被災者生活再建支援法に規定する「その他の異常な自然現象により生ずる被害」に、同市で発生したフェーン現象による強風が該当するものとされ、同法が適用されている。

（5）激甚災害に対処するための特別の財政援助等に関する法律

著しく激甚である災害が発生した場合、「激甚災害に対処するための特別の財政援助等に関する法律」（1962 年法律第 150 号）に基づき、当該災害を激甚災害であると政令で指定し、災害復旧にかかる地方公共団体の負担の緩和と、被災者に対する特別の助成措置を講じる。

激甚災害制度は、被害が広範囲に及ぶ場合に特定の災害（による被害）全体を指定する「激甚災害（本激）」と、局所的被害が出た市町村を対象にす

る「局地激甚災害（局激）」に分けられる。激甚災害は、豪雨や地震、台風などで著しい被害があり、復旧事業を進める自治体への財政支援が必要と判断される災害のことで、「激甚災害法」に基づいて政府が指定する。激甚災害の指定は、復旧・復興費が被災自治体の税収の5割に達するかなどを基準に判断される。

　激甚災害に指定されると、道路、橋、トンネル、河川、学校、図書館、被災者住宅などの復旧・建設事業、農地や水産業施設の復旧事業、感染予防事業などの国庫補助率が通常の5〜8割から1〜2割かさ上げされる。また被災地の中小企業、農林漁業者への貸付制度や災害保証の特例措置も設けられる。

（6）自然災害義援金差押禁止法

　2021年6月4日、「自然災害義援金に係る差押禁止等に関する法律」が参議院本会議にて全会一致で成立した。法律は、保護の対象になる「自然災害義援金」を「自然災害の被災者等の生活を支援し、被災者等を慰藉する等のために自発的に拠出された金銭を原資として、都道府県又は市町村が一定の配分の基準に従って被災者等に交付する金銭」と定義した。災害の種類を「自然災害」に限定してはいるものの、災害の規模については限定していない。災害規模の大小を問わずに、すべての義援金が保護の対象になる。

　これまで義援金は、年金や生活保護受給権のように一律に「差押禁止財産」ではなかった。通常の財産のように、債権者らによる強制執行・差押え等の対象であり、破産手続や債務整理等でも原則として返済原資にしなければならなかった。しかし、そのような現実は、あまりにも寄付者の期待とかけ離れているし、被災者支援のために支給する義援金の機能と矛盾する。

03 災害時の支援金・弔慰金など

(1) 罹災証明書

罹災証明書は、被災者生活再建支援金や義援金等の給付、災害援護資金等の融資、税や公共料金等の減免・猶予、応急仮設住宅の提供など各種被災者支援策の適用に際しての判断材料として幅広く活用されている。罹災証明書は、市区町村の担当部署で申請・発行を行い、災害により被災した住家等の被害の程度を市町村長が証明する書面である。

表21　罹災 (りさい) 証明書の被害区分 (2021 年現在)

被害区分	住宅被害全体に占める被害割合
全壊	50% 以上
大規模半壊	40% 以上 50% 未満
中規模半壊	30% 以上 40% 未満
半壊	20% 以上 30% 未満
準半壊	10% 以上 20% 未満
準半壊に至らない (一部損壊)	10% 未満

出典：2021 年 6 月 24 日付府政防 670 号内閣府政策統括官（防災担当）

(2) 被災者生活再建支援制度

被災者生活再建支援制度は、「被災者生活再建支援法」に基づいて、自然災害により 10 世帯以上の住宅全壊被害がでた市町村などを対象にした制度である。自然災害とは、暴風、豪雨、豪雪、洪水、高潮、地震、津波、噴火その他の異常な自然現象により生ずる被害のことをいう。

「全壊等」には以下の世帯が含まれる。住宅が半壊し、または住宅の敷地

に被害が生じた場合で、住宅の倒壊防止、居住するために必要な補修費等が著しく高額となること、その他これらに準ずるやむを得ない事由により、住宅を解体し、または解体されるに至った世帯（解体世帯）。噴火災害等で、危険な状況が継続し、長期にわたり住宅が居住不能になった世帯（長期避難世帯）。

補助金額は、住宅の被害程度に応じて決まる「基礎支援金」と住宅の再建方法によって決まる「加算支援金」の合計金額となり、全壊世帯は上限300万円、半壊世帯には上限250万円が支給される。補助金の申請時には、被害状況を確認するための罹災証明書が必要である。補助金の支給額は下記の「基礎支援金」「加算支援金」の合計額となる。単身世帯の場合は金額がそれぞれ4分の3となる。

基礎支援金は、表22の通りである。

表22　住宅の被害程度に応じて支給される支援金（基礎支援金）

区分	全壊等	大規模半壊
支給額	100万円	50万円

加算支援金は、表23の通りである。

表23　住宅の再建方法に応じて支給される支援金（加算支援金）

区分	建築・購入	補修	賃借（公営住宅除く）
支給額	200万円	100万円	50万円

（3）応急修理制度

応急修理制度は「災害救助法」に基づく救助の一つである。この法律には被害の程度によって、寝具類や日用品といった生活必需品の支援等についても定められている。応急修理制度を利用できる人は、この罹災（りさい）証明書の被害認定が「準半壊」以上の世帯になる。応急修理制度を利用したい人が自治体へ申請すると、自治体が修理業者と契約を結ぶ。自治体が負担する金額には上限があるため、それ以上の修理費が生じたときは申請者が差額分を支払う。

自治体が負担する修理費用の限度額は、次の通りである。

大規模半壊、半壊の世帯は、59万5千円以内、②準半壊の世帯は、30万円以内である。

（4）災害障害見舞金

災害障害見舞金は、「災害弔慰金の支給等に関する法律」に基づいて、自然災害によって負傷や疾病にかかり、完治した後にも、精神・身体に、日常生活を送ることが困難になるほどの後遺症[40]が残ってしまった人へ支給される支援金である。自然災害の規模は、一つの市区町村において住居が5世帯以上滅失した等一定の被害をもたらした災害である。生計を担っていた人が障害を負った場合には250万円、その他の人の場合は125万円を上限に支給される。

---

40 神経系統の機能または精神に著しい障害があり、常に介護が必要、両目が失明した、咀嚼（そしゃく）および言語の機能を失った、精神または身体の障害が重複して障害の程度が一定以上、両上肢を肘関節以上で失った、両上肢の用を全廃した、両下肢を膝関節以上で失った、両下肢の用を全廃した場合である。

(5) 災害弔慰金

　災害弔慰金は、「災害弔慰金の支給等に関する法律」に基づいて、自然災害で亡くなった人の遺族[41]が受け取れる一時金である。自然災害の規模は、「災害障害見舞金」と同様に、一つの市区町村において住居が5世帯以上滅失した等一定の被害をもたらした災害である。

　生計を担っていた人が亡くなった場合には500万円、その他の人が亡くなった場合には250万円が上限となっている。地震、津波などの直接的な原因だけではなく、被災によるショックなど二次的な要因による死亡も対象になる。

---

[41] 遺族の範囲は、配偶者、子、父母、孫、祖父母、兄弟姉妹（1〜5が存在せず、死亡者と生計を同じくしていた人のみ）である。

① 日本における災害に対する法律について説明しなさい。

② 日本における災害時の支援金などについて説明しなさい。

③ 災害発生時に活用できる国の制度について議論しなさい。

第12章

日本における災害リスクと リスクファイナンシング

　日本での災害のリスクファイナンシングの枠組みは 1960 年代に作られたものであり、現代の状況に合わなくなった面が少なくない。現在の災害は多様化・巨大化しているが、リスクファイナンシング手段も多様化しているためである。本章では巨大災害に対する保険や ART について概説する。

01　災害リスクと保険

（1）人的損害と保険

　生命保険の死亡保険金は、地震や津波、台風や洪水などの自然災害で被保険者が死亡した時でも保険金は支払われる。ただし、事故や災害が原因で被保険者が死亡した場合に保障が上乗せされる「災害割増特約」や「傷害特約」については、地震・津波・噴火など大きな自然災害の場合には、保険会社の保険金支払いの負担が大きくなるため、保険金は削減されるか支払われないこともある。なお、阪神淡路大震災（1995 年）や東日本大震災（2011 年）の時には、保険金は通常通り支払われた。

　また、損害保険の中にも日常生活のけが（病気は対象外）で死傷した場合に補償される「傷害保険」がある。傷害保険では地震・津波・噴火で死亡した時やけがをした時には補償されない。ただし、天災補償特約（保険会社によって名称は異なる）を付けると、地震・津波・噴火が原因の死亡やけがでも補償される。

表 24　保険の種類別の死亡保険金

保険の種類	死亡の原因		
	普通死亡	災害死亡	地震・噴火・津波死亡
生命保険	○	○	○
災害割増特約	×	○	△ （災害の規模による）
傷害特約	×	○	△ （災害の規模による）
傷害保険	○	○	× （特約付ければ可）

出典：各種資料を参考にして作成

(2) 自然災害と火災保険

　火災保険は、用途別に分類され、「住宅用」と「店舗用」の2つに分けられる。住宅用の火災保険には、住宅火災保険・住宅総合保険・団地保険などがある。「住宅火災保険」は、火災・落雷・台風・破裂や爆発のような災害によって、住宅専用の建物または家財に生じた損害を補償する保険である。「住宅総合保険」は、住宅火災保険の補償内容に加えて、落下物、衝突、倒壊、水漏れ、盗難などによる損害を被った場合に保険金が支払われる。また、「団地保険」は、マンションや共同住宅専用の保険である。団地保険は、自らの出火による火災、階下への水漏れ、ガス爆発による損害などのような損害賠償責任も担保される。

　店舗用の火災保険は、店舗・事務所・倉庫・店舗兼住宅が対象となる火災保険であり、普通火災保険と、店舗総合保険がある。普通火災保険は、店舗などの火災や落雷、雹（ひょう）といった自然災害を含み、カセットコンロの爆発や水道管の凍結が原因による破裂なども担保され、建物内に収容されるダンスやテレビなどの家財も保険の対象である。

店舗総合保険は、事業所、作業場の建物の損害を含み、什器や備品などの家財が担保の対象であり、落下、飛来、衝突や水害、盗難といった損害も担保される。

　日本の火災保険では、地震リスクが免責とされるため、地震・噴火またはこれらによる津波を直接または間接の原因とする損害は補償されない。したがって、地震リスクを保険で担保するためには、地震保険に別途加入しなければならない。

表25　火災保険の種類別担保内容

リスクの種類	住宅火災保険	住宅総合保険	普通火災保険	店舗総合保険	団地保険	長期総合保険
火災・落雷・破裂・爆発	○	○	○	○	○	○
風、雨、ひょう、雪の災害	○	○	○	○	○	○
建物の外からの物体の落下、飛来、衝突、倒壊	×	○	×	○	○	○
水漏れ	×	○	×	○	○	○
水害	×	○	×	○	×	○
盗難	×	○	×	○	○	○
集団、労働争議による暴力行為	×	○	×	○	○	○
持ち出し家財の損害	×	○	×	○	○	○
災害で発生した臨時費用	○	○	○	○	○	○
失火見舞金	○	○	○	○	○	○
残存物片付け費用	○	○	○	○	○	○
マンション内でのケガ	×	×	×	×	○	×
家主に対する賠償	×	×	×	×	○	×
第三者に対する賠償	×	×	×	×	○	×

出典：各種資料を参考にして作成

（3）地震保険

　地震リスクは、その発生がきわめて不規則であること、大地震の場合には甚大な被害をもたらすことから通常では、保険制度としては成立しにくいものと考えられていた。しかし、1964年6月の新潟地震を契機に実現に向けての気運が高まり、政府と損害保険業界で保険制度を検討した結果、1966年5月に「地震保険に関する法律」が制定された。この法律に基づいて家計地震保険制度が発足し、政府が再保険を引き受けることになった。この「地震保険に関する法律」に規定される地震保険の再保険業務を営む損害保険会社として日本地震再保険株式会社が設立された。

　この法律による地震保険は、一定の金額を限度とし、家計向けの居住用建物と生活用動産（貴金属や宝石・美術品などは除く）を対象とし、企業向けの工場や事務所専用の建物・什器備品・機械などは対象外となった[42]。この家計向けの地震保険は、家の再建を目的とするものではなく、生活の立て直し資金を確保し、被災者の生活安定に資することを目的としている。したがって、この地震保険は、家の再建のための資金としては十分なものとはいえない。その結果、日本の地震保険は、政府再保険がある一定の金額内の家計向けの地震保険と、その限度額を超える地震リスクと企業向けの政府再保険のない地震保険が存在することになった。

　この地震保険は、単独で加入することはできず、火災保険（住宅火災保険、住宅総合保険、普通火災保険、店舗総合保険等）に特約として添付するようにし、保険会社の契約費用を抑え、その分の保険料を安くしている。地震保険の添付を希望しない場合には、地震保険に加入しないという意思確認のための「火災保険契約申込書」の『地震保険ご確認欄』に捺印することにしている（加入を希望する場合は捺印しない）。

---

[42] 家計向けの地震保険制度の発足時の内容は、保険金額の限度額は建物90万円、家財60万円、支払保険金は全損の場合のみ補償、総支払限度額は3000億円というものであった。

図64 日本の地震保険の再保険の仕組み

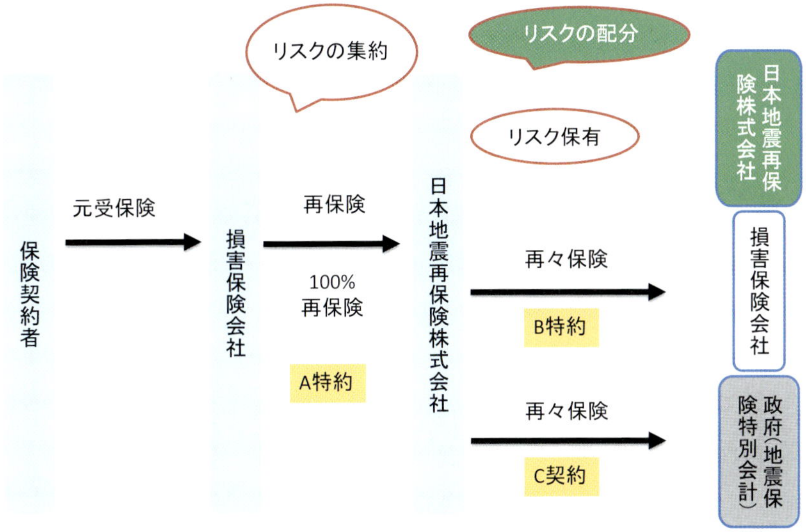

|出典：日本地震再保険株式会社の資料を参照して作成

　日本地震再保険株式会社は、元受損害保険会社が引き受けた地震保険契約の保険責任を再保険により全額引き受けて、その引受責任のうち一定部分を超過損害額再保険方式（一定額を超える損害額を再保険する方式）によって政府へ再保険している。さらに、この政府への再保険を除いた保険責任のうち、一定部分を同じく超過損害額再保険方式により元受損害保険会社等へ再保険している。

　A特約は、日本国内で営業している損害保険各社と日本地震再保険株式会社との間で再保険特約を締結している。日本地震再保険株式会社は、この再保険特約によって損害保険会社が引き受けた地震保険契約の保険責任の全額をもれなく引き受ける。

　B特約は、日本地震再保険株式会社は、損害保険会社と個別に再保険特約を締結して、地震保険再保険特約（A）によって引き受けた保険責任のうち損害保険会社が負担すべき保険責任について再々保険している。損害保険各

社の地震保険の危険準備金残高などに応じて再保険の引き受け割合が決定されている。

　C契約は、日本地震再保険株式会社は、政府と地震保険超過損害額再保険契約を締結して、地震保険再保険特約（A）によって引き受けた保険責任のうち国会で承認された責任限度額を政府に出再している。

　地震保険の保険金額は、地震保険が添付される火災保険の保険金額の30%から50%の範囲内で設定されるが、建物については5000万円、家財については1000万円を限度としている。大地震が発生した場合には、その損害額が巨額となり、地震保険の積立金が足りなくなる可能性があるため、1回の地震等による政府と損害保険会社の保険金総支払に限度額が設けられている。保険金総支払限度額は、過去に発生した最大級の地震である関東大震災規模の地震災害の保険金支払結果に基づいてその金額が設定されている（2021年4月現在12兆円）。関東大地震は、1923年9月1日に発生したマグニチュード7.9の地震で、地震後に発生した火災によって損害が拡大していった。1回の地震等とは、72時間以内に発生した2つ以上の地震等を一括して指すが、被災地域が重複しないときは別個の地震とみなされ、減額の規定は各々に適用される。

　保険金総支払限度額を超えて保険金が請求された場合は、算出された保険金総額に対する保険金総支払限度額の割合で、1件当たりの保険契約で支払われる地震保険金が減額される。

$$支払保険金 = 契約別に算出された保険金 \times \frac{保険金総支払限度額}{算出された保険金総額}$$

　「地震保険に関する法律施行令」の改正により、保険始期が2017年1月1日以降の地震保険契約では、損害区分が、それまでの3区分（全損・半損・

一部損）における「半損」が2分割され、4区分（全損・大半損・小半損・一部損）となった。

このように損害の区分をその程度によって4つに区分し、後述の認定基準を単純化している理由は、地震による損害は大量に発生すると考えられるため、その支払い業務の効率化を図り、迅速に処理するためである。

地震保険における損害区分と保険金の支払は、表26の通りである。

表26　地震保険における損害の認定基準

損害区分	建物		家財
	主要構造部の損害額	焼失、流失した床面積（一部損は床上浸水等）	家財の損害額
全損	建物の時価の50%以上	建物の延床面積の70%以上	家財の時価の80%以上
大半損	建物の時価の40%以上50%未満	建物の延床面積の50%以上70%未満	家財の時価の60%以上80%未満
小半損	建物の時価の20%以上40%未満	建物の延床面積の20%以上50%未満	家財の時価の30%以上60%未満
一部損	建物の時価の3%以上20%未満	建物が床上浸水または地盤面から45cmを超える浸水を受け損害が生じた場合で、全損、大半損または小半損に至らない場合	家財の時価の10%以上30%未満

出典：地震保険損害認定基準

図 65　損害区分と保険金の支払

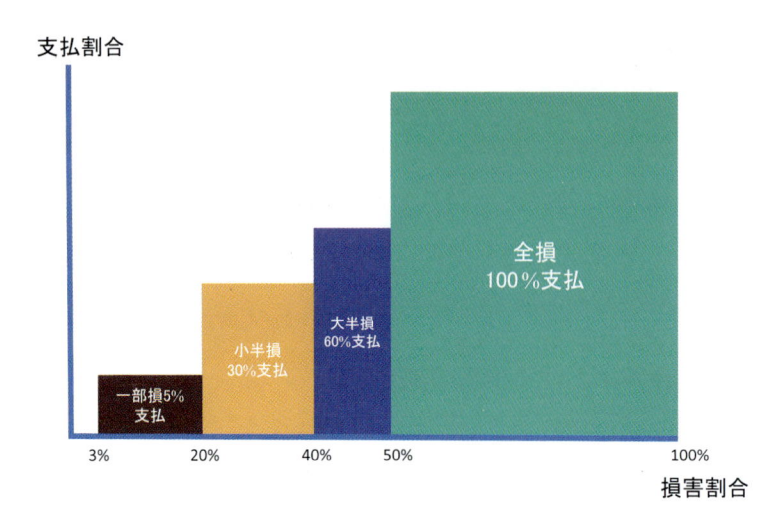

出典：「地震保険に関する法律施行令」に基づいて作成

1995年兵庫県南部地震による損害は、図66の通りである。

図 66　兵庫県南部地震による損害（1995年）

人的損害
50,229人

・ 死者・行方不明者　6,437人
・ 負傷者　43,792人

経済損害
9兆9268億円

・ 建築物　約5兆8000億円
・ 鉄道　約3430億円
・ 高速道路　約5500億円
・ 公共土木工事　約2961億円
・ 文教施設　約3352億円
・ 商工関係　約6300億円
・ …………

出典：日本損害保険協会

1995年兵庫県南部地震に関連した保険金・共済金の支払は、表27の通りである。

表27　1995年兵庫県南部地震に関連した保険金・共済金の支払

種類	金額
家計地震保険	783億円
JA共済	1188億円
全労済	185億円

┃出典：日本損害保険協会、JA共済、全労済

　2011年東日本大震災の損害は、図67の通りである。

図67　2011年東日本大震災の損害

人的損害
計24,590人
- 死者・行方不明者　　15,895人
- 行方不明者　　　　　2,539人
- 負傷者　　　　　　　6,156人

経済損害
16兆9000億円
- 建築物　約10兆4000億円
- インフラ施設（水道・ガス・電気・通信設備など）約1兆3000億円
- 社会基盤施設（河川・道路・港湾など）約2兆2000億円
- 農林水産関係　約1兆9000億円
- その他　約1兆1000億円

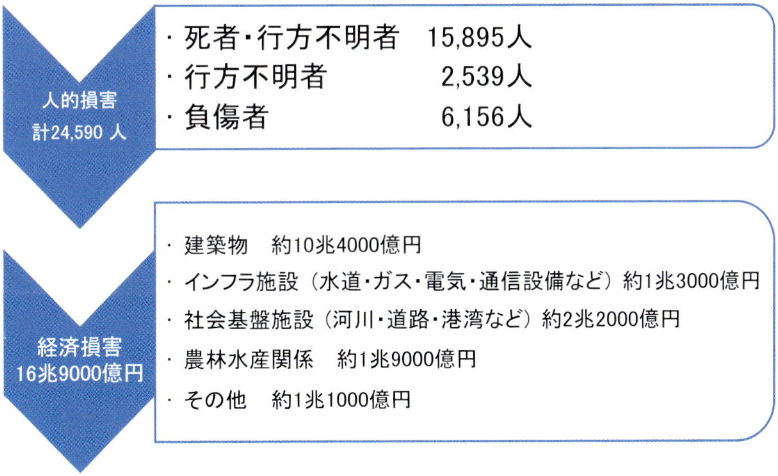

┃出典：内閣府など（原発事故による損害は除く）

2011 年東日本大震災に関連した保険金・共済金の支払は、表 28 の通りである。

表 28　2011 年東日本大震災に関連した保険金・共済金の支払

種類		金額	備考
損害保険	家計地震保険	1 兆 2346 億円	2012 年 5 月 31 日現在
	家計地震保険以外の損害保険（再保険回収後）	6000 億円（2000 億円）	2011 年 5 月 19 日決算発表
共済	建物系	1 兆 537 億円	2012 年 9 月末時点
	生命系	645 億円	
生命保険	死亡保険金	1599 億円	2012 年 3 月末時点

出典：生命保険協会、損害保険協会、日本共済協会、金融庁

　地震による被災者には、二重ローンの問題が発生する場合が多い。銀行などから住宅ローンを借りる場合、抵当権が設定する住宅の担保価値を維持するため、債務者は火災保険の加入を求められるが、地震保険の加入までは求められない。しかし、地震によって住宅が損壊した場合、地震リスクを免責としている火災保険から補償されることはなく、住宅ローンは残る。被災者は、住宅ローンを抱えた状態で、自宅を建て替えるため、銀行などから再度ローンを組むことになって、二つの住宅ローンを抱える二重ローンの状態になり、その返済に苦しむことになる。

　地震保険に加入した場合でも、その補償限度である保険金額は建物の時価額の 30 〜 50% としているため、保険金で住宅ローンを完済できない場合もあるが、地震保険は、二重ローンの発生防止に一定の役割を果たしている。一方、保険会社等は、政府による地震保険の再保険の対象外になる地震やハリケーンなどのリスク（Catastrophe Risk）を保険契約者から引き受け、投資

家に移転する ILS の一種であるキャットボンド（CAT Bond）を発行している。

地震保険の世帯加入率と付帯率は、図 68 の通りである。

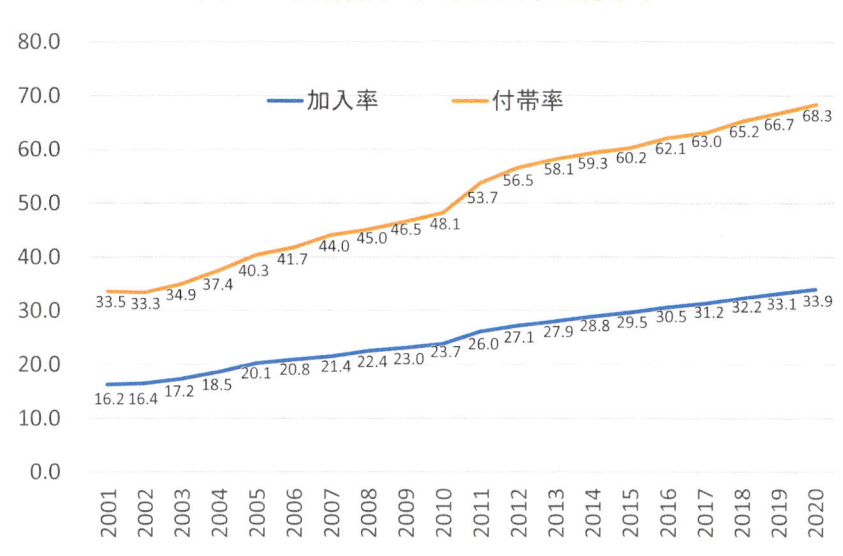

図 68 地震保険の世帯加入率と付帯率

|出典：損害保険協会の資料を基に作成

火災保険に地震保険特約を添付する付帯率は、7 割近くまでに増加しているが、全体の世帯の中での地震保険の加入率は 3 割程度と低いままである。

（4）原子力損害

原子力損害賠償制度は、被害者の保護および原子力事業の健全な発達のため、「原子力損害の賠償に関する法律（1962 年施行）」と「原子力損害賠償補償契約に関する法律」の二つの法律によって構成されている。原子力損害に係る賠償責任は、故意・過失を問わず賠償責任を負う無過失責任であり、原子力事業者以外の者は賠償責任を負わない責任集中と、賠償責任の限度額の規定のない無限責任という特徴がある。

原賠法は、原子力損害を賠償するための措置（「損害賠償措置」）を講じな

ければ、原子炉の運転等をしてはならないと規定し（原賠法第6条）、原子力事業者に対して、損害賠償措置を講ずべき義務を課している。原子力事業者は、通常、民営保険会社と原子力損害賠償責任保険契約を締結するとともに、国と原子力損害賠償補償契約を締結することになる。

通常の原子力損害の損害賠償は、民営の損害保険会社が引き受けている損害賠償責任保険により、原子力損害賠償措置額である1200億円まで保険金が支払われる。

原子力損害賠償措置額を超える原子力損害が発生した場合、国が原子力事業者に必要な援助を行うことを可能とすることにより被害者救済に遺漏がないよう措置する等について定められている。

民営の損害保険会社による保険では対応できない、地震・噴火・津波の自然災害による原子力損害は、原子力事業者と政府との間の補償契約に基づいた政府補償により、原子力損害賠償措置額まで補償金が支払われる。異常に巨大な天災地変又は社会的動乱によって生じた原子力損害については、原子力事業者は免責される（原賠法第3条第1項但し書）。異常に巨大な天災地変又は社会的動乱とは、特に不可抗力性の強いものを指すと考えられている。この場合、政府は、被災者の救助及び被害の拡大防止のため必要な措置を講ずるようにするものとされている（原賠法第17条）。

日本では、原子力損害賠償制度の確立に対処するため、1960年に国内損害保険会社により日本原子力保険プールが結成され、原子力事業者との間で原子力損害賠償責任保険契約を締結している。

原子力損害賠償責任保険は、ロンドン等の海外保険市場で再保険を手配しなければならない関係等もあり、次の損害は免責にしている。つまり、①地震、噴火又は津波によって生じた原子力損害、②正常運転によって生じた原子力損害、③損害の発生の原因となった事故等があった日から10年を経過する日までの間に被害者から賠償請求が行われなかった原子力損害等については、原子力損害賠償責任保険によって補償されない。

図 69 原子力損害賠償の仕組み

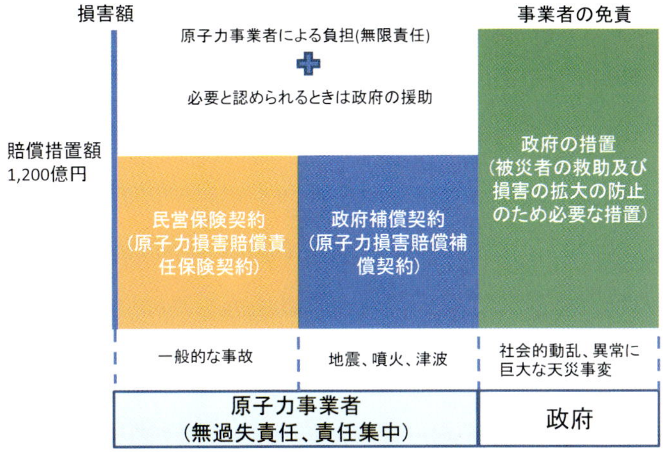

出典：「原子力損害賠償制度 制度の概要」文部科学省ウェブサイト

また、地震、噴火又は津波による原子力損害は、国と原子力事業者が締結する原子力損害賠償補償契約により補償される（補償契約法第3条）。民営の責任保険契約その他の原子力損害賠償措置ではうめることができない原子力損害に対応するため、政府と原子力事業者との間で、一種の国営保険契約である原子力損害賠償補償契約が締結される（原賠法第10条第1項）。原子力損害賠償契約契約に基づき、当該の原子力損害を原子力事業者が賠償することにより生じる損害については、政府が当該事業者に対して補償することになり、原子力事業者からは政府に対して補償料が納付される（補償契約法第2条）。

(5) リスクファイナンシングの課題

日本における災害に対する包括的なリスクファイナンシングの課題は、次のように整理できる。

第一に、自然災害の被害者は、人的・物的被害に対して政府から公的支援を受けることができる。ここでいう自然災害とは、暴風雨、豪雨、豪雪、洪水、

高潮、地震、津波、火山噴火、その他異常な自然現象による損害を指す。一方、地震災害に対しては、地震保険がある。このうち、地震保険は加入者からの保険料で賄われ、公的支援金は国からの無拠出・無償の支援である。このように、公的支援金も地震保険制度も、地震災害に対して重複して適用されている。このように、日本の災害リスクファイナンシングは、地震災害に対するリスクファイナンシングに重点を置いていることがわかる。民間保険制度は、保険料の負担を通じて加入者の自己責任感を高め、災害への無関心というモラルハザードを防止することを目的としているものと思われる。

　第二に、地震保険の目的は、被災者の損害を補填することではなく、地震災害を受けた人の生活の安定に寄与することである。そのため、過去の地震保険から支払われた被災者一人当たりの保険金の平均額は 100 万円程度と少額であった。この金額は、公的支援金よりも少なく、物的損害に限定されたものである。従って、日本における地震保険の役割は非常に限定的である。

　第三に、地震保険制度は、再保険によって地震リスクを政府に集中させるものである。しかし、地震のような巨大災害に対する保険は、日本のような地震リスクの高い一国の政府に集中するのではなく、世界各地に分散させるべきものである。日本の地震リスクを海外に分散させるために、再保険の活用が必要である。海外の再保険市場が不安定な場合は、ART を活用してリスクの証券化を行い、国内外にリスクを分散させるべきである。

02　災害リスクと ART

(1) 地震リスクと ART

　政府再保険による地震保険は、家計向けの保険であり、企業はその対象となれていない。また、建物の倒壊などは補償するが、それによる収入減は補

償の対象としていない。地震保険は、損害調査のため、地震の発生時から保険金の支払いまでには時間がかかる。地震保険は、他の保険と比べて相対的に保険料が高い。

　このような地震保険の問題点や損害保険会社の引受能力の不足が背景にあり、多くの企業が地震保険に加入してない。一部の損害保険会社は、家計向けの地震保険の限度額を超えるリスクの部分を自主的に引き受けている。

　一方、キャットボンド（CAT Bond：Catastrophe Bond）は、保険リンク証券（ILS）の一種であり、保険会社または事業会社が、地震・台風・暴風雨など自然の大災害のリスクを、金融市場の投資家に移転する債券である。Hannover Re が 1994 年にキャットボンドを発行して以降、多くの国内外の保険会社も発行した。また、東京ディズニーランドを運営するオリエンタルランドが、1999 年 4 月、世界で事業会社として最初の約200 億円の「地震ボンド」を発行した。

　損害保険業界における世界の 5 大リスクは、その規模の大きい順番で、アメリカのハリケーン、アメリカの地震、ヨーロッパの暴風雨、日本の台風、日本の地震であるといわれてきた。キャットボンドは、この 5 大リスクのいずれかまたはその組合せをトリガーとして発行される場合が多い。キャットボンドは、大震災などの巨大災害リスクを引受けた保険会社または大災害によるリスクを抱えた事業会社などがスポンサーとして、特別目的保険会社（SPI：Special Purpose Insurer）を設立し、SPI に保険料を払い、リスクを移転する。

　この SPI は、スポンサーから受け取る保険料を原資としてキャットボンド（債券）を発行し、投資家にそのキャットボンド（債券）を販売する仕組みである。

図70 キャットボンド（Cat Bond）の仕組み

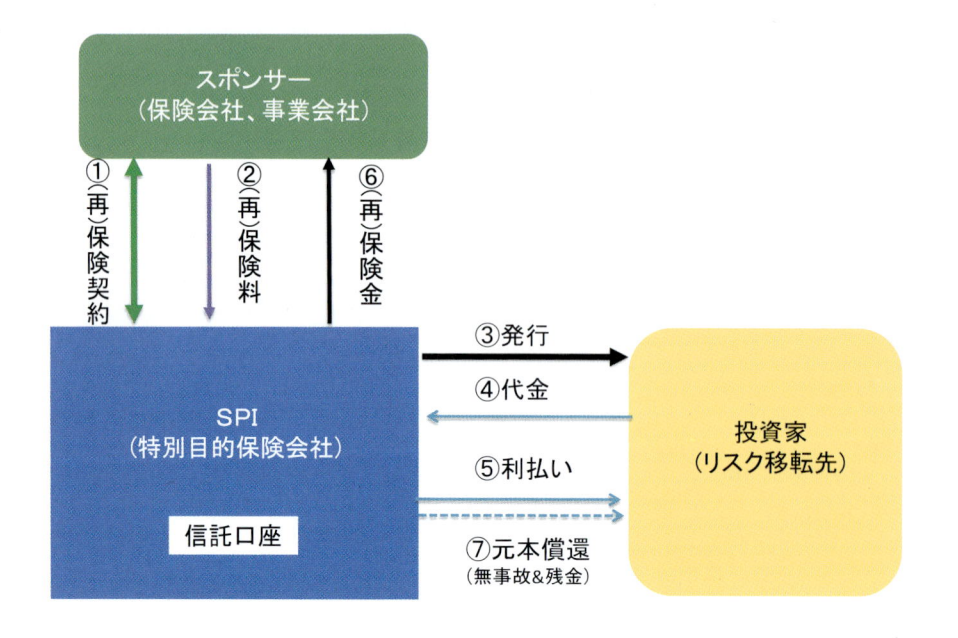

出典：各種資料を参考にして作成

（2）ART の事例

① オリエンタルランドの事例（自社発行）

東京ディズニーランド（TDL）の運営会社であるオリエンタルランド社は、施設の十分な耐震性などを理由に、地震保険に加入していなかった。しかし、同社は、地震が発生すれば、来場者が減少するリスクを懸念していた。同社の1999年3月期の収入総額は、1877億7200万円であったが、この全額がTDL一か所からの収入であった。地震災害によって営業停止となれば、事業所が一極集中となっているため、この収入額が全額なくなる可能性がある。

TDL は、この営業損失の可能性に備えるため、1999年6月、特別目的会社（SPC）を海外に設立し、それを通じて総額2億ドル（約240億円）のキャットボンド「地震債券」をアメリカ市場で発行した。発行したキャットボンドは、元本の一部または全部の返済が免除される「元本リスク型」が1億ドル

と、元本は返済されるが金利の支払いが3年間免除される「信用リスク・スイッチ型」が1億ドルであった。このキャットボンドは、事業会社としては、世界で最初として知られる。そのキャットボンドは、千葉県浦安市にあるTDLの半径75km以内でマグニチュード6.5以上の地震が発生した場合、オリエンタルランド社は、その地震の規模に応じて返済が免除された債券の元本からの資金を受け取るものであった。例えば、5年内に、TDLの半径10km以内でマグニチュード6.5以上の直下型地震が発生した場合は、元本の25%、マグニチュード7.5以上の地震が発生した場合は、元本全額を地震発生の後すぐに受け取るものであった。

　一方、投資家は、5年内にTDLの半径10km以内でマグニチュード7.5の地震が発生した場合、元本をすべて失うリスクもあるが、その期間内に地震の発生がない場合は、元本の償還を受け、約8%の高利回りの利息を受け取ることになる。

② JA共済キャットボンド「Muteki」（再保険会社介在）

　ミュンヘン再保険（Munich Re）は、2008年5月にケイマン諸島に特別目的会社のMUTEKI Ltd.を設立し、日本国内の地震を対象にして、3年満期、クーポン（金利）LIBOR+4.4%、米ドル建ての額面3億ドルの全共連を受益者とするキャットボンドを発行した。このキャットボンド「Muteki」では、2011年3月に発生した東日本大震災によって、発行金額3億ドル（約240億円）の全額が回収され、地震災害の再保険金が回収される初めてのキャットボンドとなった。キャットボンドで、元本の償還が100%免除されるのは、それまでの歴史で初めてのことであった。

　それ以前に、ハリケーン「カトリーナ」によって、スイスの保険大手チューリッヒ・ファイナンシャル・サービシズ（ZURN. VX）が損害を被り、Kamp Re 2005の債券（1億9千万ドル）の元本の一部が減額された例はあった。

③ 台風リスクの証券化（再保険会社介在）

三井住友海上は、2012 年 4 月 16 日、特別目的会社「AKIBARE II Limited」を通して、償還期間 4 年の台風リスク証券「AKIBARE II」を発行した。

そのキャットボンドの台風リスク証券は、大型台風が発生した場合、気象庁の観測データに基づいた推定損害を算出し、その推定損害額が一定の水準を超えた場合、その超過額に応じて投資家への元本償還が一部または全部免除され、その免除された金額が三井住友海上に支払われるものであった。

台風リスク証券「AKIBARE II」で元本の一部が減額される台風の規模は、おおむね 60 年に 1 回の水準、全額が減額されるのは 200 年に 1 回の水準の台風と想定された。

これは、日本国内の災害リスクを対象とする証券としては初めて、インデックスとして気象庁の観測データを基準にした台風の推定損害が採用された。

図 71 台風リスク証券「AKIBAREII」(三井住友海上)

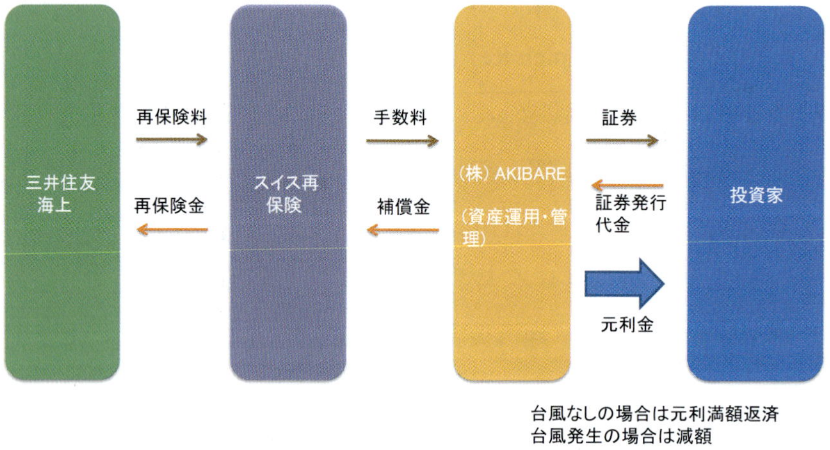

台風なしの場合は元利満額返済
台風発生の場合は減額

▌出典：各種資料を参考にして作成

さらに、MS&AD インシュアランス・グループの三井住友海上とあいおいニッセイ同和損保は、2018 年 3 月に国内自然災害リスクを対象とするキャッ

トボンド「Akibare Re 2018-1」を共同発行した。三井住友海上は 4 回目の発行であり、あいおいニッセイ同和損保は初めての発行となった。このキャットボンドは、国内の台風リスクに加え、損害保険業界で初めて洪水リスクを対象にしているほか、三井住友海上が発行するキャットボンドは、地震火災費用のリスクも対象にしている。

　また、固定部分の利回りは、1.90% と設定された。地震火災費用のリスクは、地震もしくは噴火またはこれらによる津波を原因とする火災で一定割合以上の損害が発生した場合に支払われる保険金である。

表 29　「Akibare Re 2018-1」の概要

区分	Class A	Class B
対象会社	三井住友海上	あいおいニッセイ同和損保
発行体	Akibare Re Ltd.	
発行時期	2018 年 3 月	
満期	2022 年 3 月末（期間 4 年）	
対象リスク	①国内の台風リスク ②国内の洪水リスク ③国内の地震火災費用リスク	①国内の台風リスク ②国内の洪水リスク
発行金額	220 百万米ドル（約 233 億円） ：1 ドル =106 円換算	100 百万米ドル（約 106 億円） ：1 ドル =106 円換算
利回り	担保債券の利回り＋1.90%	担保債券の利回り＋1.90%

▌出典：同社のニュースリリース

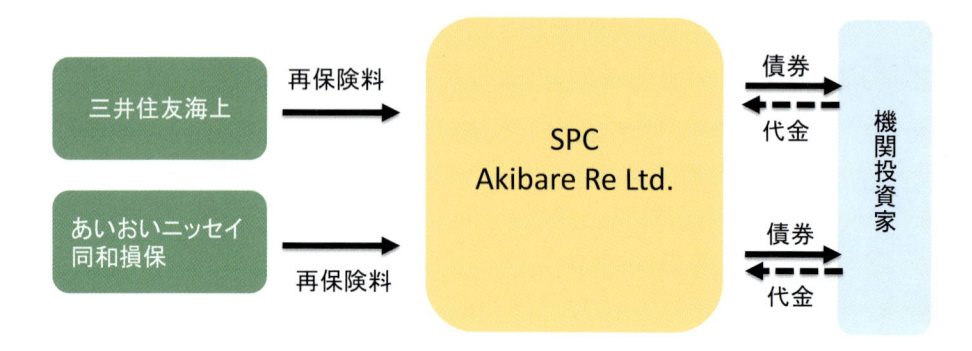

図 72 「Akibare Re 2018-1」の仕組み (発行時点)

┃出典：同社のニュースリリース

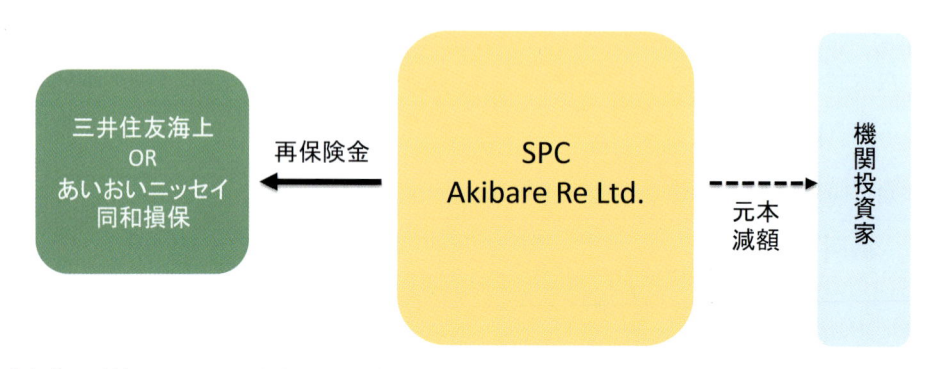

図 73 「Akibare Re 2018-1」の仕組み (災害発生時)

┃出典：同社のニュースリリース

03 論点

　日本の災害に対するリスクファイナンシングにおける論点は、次の通りである。

　第一に、災害時には、公的予算から支援金や弔慰金などが支払われる。しかし、支援金などに依存せずに、民間の保険を利用した自助的な災害対策と

してのリスクファイナンシングを活性化することが求められている。支援金を支払う必要のある災害リスクに対しては、政策保険の導入などを検討する必要がある。

第二に、政府の予算からは、地震リスク（家計向け）と原子力リスクに対する支援が行われている。この中で、家計の地震リスクに対しては、一定の限度まで任意加入した地震保険に対して、政府再保険が行われ、地震リスクが政府に集中される。この家計の地震リスクに対する予算支援は、限度額があり、その限度額を超えて損害が発生した場合は、保険金が減額される。再保険はリスクを分散させるために使うことで知られているが、日本の地震保険は、リスクを集中させるため、引受限度額を設定し、その限度額を超えた場合の減額を想定しなければならない。

このような地震リスクの仕組みとなった理由は、地震リスクの発生が不規則的であるため、引受を保険市場の機能に任せることは難しいという理由からであった。しかし、現在は各種 ART が開発されており、保険会社による ART の活用も増加している。また、再保険市場も発展しているので、その仕組みに対する再検討の余地が大きくなったように見える。

第三に、自然災害に対する支援金などの支援は家計中心になっており、中小企業などはその対象となっていない。また、政府の再保険による地震リスクの引受も家計向けに限定される。その支援の対象を中小企業などに拡大する必要がある。

❶ 日本における災害に対する保険について説明しなさい。

❷ 日本における災害リスクと ART について説明しなさい。

❸ 日本における災害とリスクファイナンシングの論点について説明しなさい。

第13章

韓国における災害と
リスクファイナンシング

　大災害に対するリスクファイナンシング（Risk Financing）の重要な手段として保険制度が使われている。この巨大災害は自然災害や人的災害の両方において増加の傾向にあり、その対策が急がれている。しかし、この巨大災害に対するリスクファイナンシングの考え方は国ごとに異なり、その効果的な対処方法は提示されていない[43]。

　日本では、リスク発生後の資金対策である保険などを指す用語として、リスクマネジメントの発祥地であるアメリカでは使われていない和製英語であるリスクファイナンス（Risk Finance）が使われているが、本稿では、正しい英語の表記であるリスクファイナンシング[44]と称する。

---

[43] 本章の内容は、2021年10月23日に開催された日本保険学会において韓国保険学会の派遣者の資格で報告した内容を改題し、加筆修正を加えたものである。

[44] アメリカで出版された書籍を検索すれば、リスクファイナンシング(Risk Financing)は、多数検索されるが、リスクファイナンス(Risk Finance)は一件も検索されない。しかし、日本では、このリスクファイナンシングの代わりに、リスクファイナンスが馴染みのある用語であるという理由で、日本保険学会などでも無批判的に使用される状況となっている。このリスクファイナンスという用語は、リスクマネジメントの発祥地でもあるアメリカでは使われていないため、和製英語であるといえ、正しい用語とはいえない。この用語の誤用によって、リスクファイナンシングが応用経済学の一分野である金融学だと誤解される場合があり、リスクマネジメントまたは保険学が独立した学問ではなく経済学に配属されるものであると誤解される可能性も生じている（拙著(2022)『保険論』第2版、博英社、第2章を参照されたい）。その他にも拙著(Hongmu Lee(2021))を含む参考文献に挙げる「Risk Financing」がタイトルに入るいくつかの英語文献を参照されたい。

本章では、韓国における国による巨大災害に対応した保険制度を活用した
リスクファイナンシング（Risk Financing）の特徴を明らかにする。

01　災難の分類と所管官庁

　韓国の『災難及び安全管理基本法』では、災害にその発生前後の活動を含
み、「災難」と称されている。本章では、同法の定義の意味の場合は災難と
称し、その他は災害と称する。

(1) 災難の分類

　『災難及び安全管理基本法』における「災難」とは、国民の生命・身体・
財産と国家に損害を与えるか与えることができるものと定義される（第3条
第1項）。この災難は、「自然災難」と「社会災難」に区分される。

　「自然災難」とは、台風、洪水、豪雨、強風、波浪、津波、大雪、寒波、落雷、
干ばつ、熱波、地震、黄砂、藻などの大量発生、潮（潮水）、火山活動、小
惑星・流星体などの自然宇宙物体の墜落・衝突、その他これに準ずる自然現
象により発生する災害を指す（『災難及び安全管理基本法』第3条第1項第1
号）。また、1995年に発生した日本の「阪神・淡路大震災」を契機に、既存
の『自然災害対策法』に地震の項目を追加することによって、初めて地震関
連の法的条項を整備することになった。さらに、地震災害に対する防災シス
テムを構築し、地震から国民の生命および財産と主要基幹施設を保護するた
めに、2009年に『地震災害対策法』が制定され、2013年に『地震・火山災
害対策法』に改称された。この『地震・火山災害対策法』には、橋、ダム、
空港、ガス施設、原子力利用施設などの主要な公共施設の管理主体に施設の
震災の防災を目的にした地震加速度計測器設置を義務化している。また、一

般建築物に対する耐震設計基準が 1988 年に制定されていたが、『地震・火山災害対策法』に基づいて政府は耐震設計基準の設定・運営の実態の確認を行わなければならなくなった。さらに、2017 年 3 月には、「耐震設計基準共通適用事項」に合わせて各施設別の基準が改訂され、2 階以上の建築物に対しても耐震設計が義務づけられた。

　一方、「社会災難」には次のようなものが含まれる（『災難及び安全管理基本法』第 3 条第 1 項第 2 号）。第一に、火災・崩壊・爆発・交通事故（航空・海上事故を含む）・化学兵器の事故・環境汚染事故などにより発生する一定規模以上の被害と国の核心基盤の麻痺である。第二に、『感染症の予防及び管理に関する法律』に基づく感染症または『家畜伝染病予防法』による家畜伝染病の拡散である。第三に、『微細粉塵低減及び管理に関する特別法』による微細粉塵などによる被害である。

　過去には、巨大災害を人的原因による災難（disaster）と自然災害（catastrophe）に区分することもあったが、いずれも事故発生の前には事故発生を予防し、事故発生後には国民の生命・身体・財産を保護するための活動が必要である理由で「災難」に統合された [45]。このような背景で、『災難及び安全管理基本法』における「自然災難」と「社会災難」ではその対応の体制と災難が発生した際の対応が一元化されており、両者には損害の復旧責任のみが異なっている。つまり、「社会災難」ではその損害賠償責任を損害の原因提供者が負うことになるが、「自然災難」ではその賠償責任の究明より被害の回復が優先される場合が多いため国の一部補助および支援が行われる。また、「社会災難」と「自然災難」の損害の復旧責任が異なるため、後述のように、「災難」に対するリスクファイナンシングである政策保険の考え方も異なっている。

---

[45] シン・ドンホ他 (2015)『社会災難政策保険の導入及び災難保険管理運営体系改善方案の研究』保険開発院、p.4。

（2）所管官庁

　2014 年 4 月 16 日に全羅南道の西海の海上で発生したセウォル号沈没事故によって、死亡者 299 人、行方不明者 5 人が発生した。その中に、修学旅行中であった高校生 248 人が死亡し、2 人が行方不明となったことから社会に衝撃を与えた。その後 2014 年 11 月に「災難」を担当する行政機関として「国民安全処」が設置されたが、2017 年 7 月に「内務部」の流れを汲む「行政安全部」に統合された。

　「中央災難安全対策本部 (Central Disaster and Safety Countermeasures Headquarters：CDSCHQ)」は、韓国の大規模な災害の対応・復旧等に関する事項を総括・調整し、必要な措置をするために、「行政安全部」に設置されている機関である。本来は、「行政安全部」の長官を本部長にする。しかし、海外で発生した災害の場合には、外務大臣の所管となり、放射能災害の場合では、中央放射能災害対策本部長である「原子力安全委員会」委員長が本部長の権限を行使する。

02 自然災害の特徴

（1）自然災害の状況

　韓国の「行政安全部」が発行した『2020 災害年報 (自然災難)』による自然災害別の平均損害額は、図 74 の通りである。

　2011 年から 2020 年の 10 年間に起こった自然災害による損害額[46]の中で台

---

[46] 2011 年から 2020 年まで 10 年間の自然災害での損害額の年平均は、約 4797 億ウォン (約 478 億円相当) である。2021 年 5 月 21 日現在の為替レートは、100 円当たり 1,003 ウォンなので、479,680,000,000/(1,003 ウォン /100 円)= 47,824,526,420 円となる。

風と豪雨による損害額の比率は、90.2% であった。この統計が示す通り、韓国における自然災害による損害の多くは台風と豪雨によるものであり、自然災難の政策も台風と豪雨による損害の予防と回復に焦点が置かれている。

図74 韓国における 2011 年から 2020 年の自然災害の種類別の平均損害額 (%)

（合計 479,680 万ウォン）

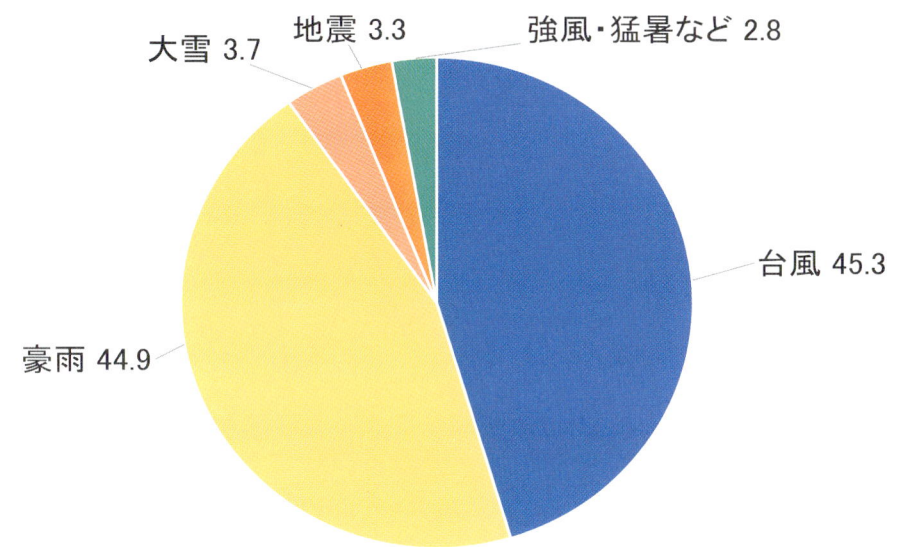

出典：韓国行政安全部（2021 年 12 月）『2020 災害年報（自然災難）』、p.26 から抜粋して作成

(2) 地震災害

韓半島には体感できる地震が少ないので一般には地震がないとも認識されているが、『朝鮮王朝実録』[47] のハングル版では朝鮮王朝時代約 500 年間の記

---

[47] 『朝鮮王朝実録』は李王朝の初代太祖の時から哲宗に至るまでの 25 代の 472 年間の歴史を編纂した歴史書である。これは、韓国国宝第 151 号であり、ユネスコの世界記録遺産として登録されている。原本は漢字で書かれているが、「国史編纂委員会」などによるハングル版もインターネット上に公開されている。この『朝鮮王朝実録』には、政治・社会・文化、天災等の膨大な史料が正確に記録され、研究などに活用されている。また、これは王自身とその子孫は見ることができないという原則が守られてきたため、歪曲がなく正確であることが高く評価されている。

録の中で 2,059 件の地震記録が検索される。韓国における地震の本格的な観測は、1978 年から始まったとされる[48]。2001 年からのマグニチュード 3 以上の地震発生件数の推移は、図 75 の通りである。

図 75 韓半島における M3 以上の地震発生件数の推移

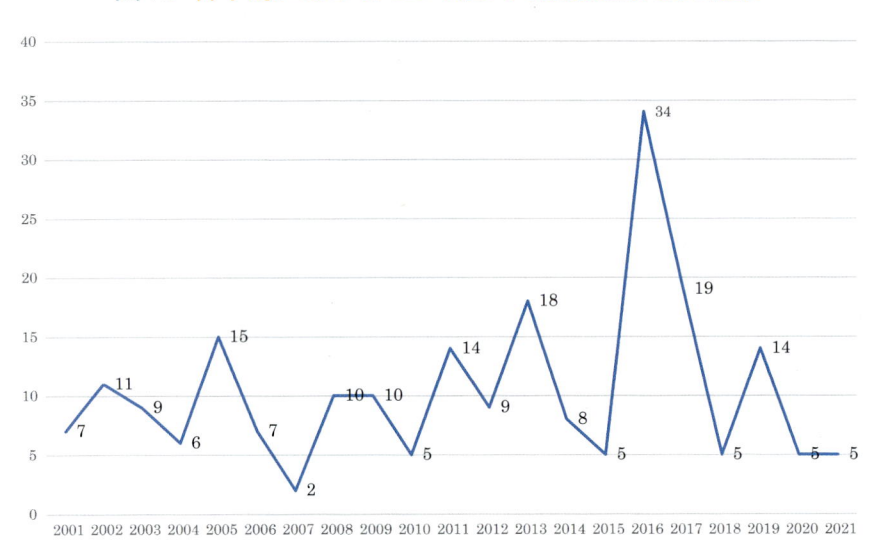

▍出典 : 韓国気象庁地震統計 (www.weather.go.kr) から抜粋して作成

　韓国における地震観測の観測地が多くなるにつれ、観測される地震の件数も増えているが、地震による損害が発生した件数は多くない。2017 年に地震発生が急増しているのは、日本で 2011 年 3 月 11 日に発生した東北地方太平洋沖地震の影響も指摘されるが、同年に発生した後述の浦項地震とその余震の影響の可能性も指摘される。

　地震による死亡者の発生は、1983 年 5 月 26 日に日本で発生した「東海中

48 　韓国において機器を使用して地震観測が行われたのは、日本の植民地時代であった
　　1905 年 3 月 24 日、朝鮮総督府が仁川に地震観測所を設置したことが最初であると
　　される。韓国政府による独自の地震観測所は、1977 年にソウル特別市と光州市に初
　　めて設置された。

部地震」（M7.7）による津波を原因として、江原道東海市などで 3 人が死亡した事例のみである。2016 年 9 月 12 日に慶尚南道慶州地方のマグニチュード 5.8 の「慶州地震」が発生した。これは、韓国気象庁が 1978 年に観測を始めて以来最大規模の地震であった。この慶州地震では負傷者が 23 人発生し、財産損害は 58 億 3500 万ウォンとなった。

　近年、韓国で起きた 2 番目の大規模地震は、2017 年 11 月 15 日午後 2 時 30 分頃に韓国南東部の慶尚北道にある浦項付近で発生したマグニチュード 5.4 の「浦項地震」であった。韓国政府の調査団は、2019 年 3 月 20 日、近くの地熱発電所で地熱発電のために注入した高圧の水が知られていなかった断層を活性化した誘発地震であったと発表した。「浦項地震」による損害は、表 30 の通りである。

表 30 浦項地震による損害

区分	損害
人的損害	負傷者 135 人 罹災者 1,797 人
財産損害	総 57,039 件、85,022 百万ウォン 内 私有施設 56,622 ヶ所、58,159 百万ウォン 公共施設 417 ヶ所、26,863 百万ウォン

┃出典 : 韓国国会（2020 年 2 月 14 日）『Issue と論点』第 1658 号から抜粋して作成

03 自然災難と政策保険

(1) 災難政策保険の運営

「自然災難」に対する保険制度の中で、風水害保険、農作物災害保険、家畜災害保険、養殖水産物災害保険、農業者・漁業者安全保険、漁船・漁船員災害補償保険に対しては、政府が保険契約者に対して保険料を支援し、保険会社に対しては運営費の支援を行っており、これらの保険は「災難政策保険」と称される[49]。

災難政策保険の状況は、表31の通りである。

表31　災難政策保険の状況（2021年10月基準）

区分	風水害保険	農作物災害保険	家畜災害保険	養殖水産物災害保険
関連法律	風水害保険法	農魚業災害保険法		
所管	行政安全部	農林畜産食品部		海洋水産部
保険対象物	住宅、温室、小商工人	林檎、梨、柿等（67品目）	牛、豚、馬、鶏など（15種）	ヒラメ、アワビ、ソイなど（15品目）
対象災害（主契約）	台風、洪水、豪雨、強風、波浪、高潮、大雪、地震	自然災害、野生動物被害、火災など	自然災害、火災、疾病など	自然災害および疾病
加入方法	任意			
財政支援	最大92%	純保険料50%、事業費100%		
保険事業者	DB損害保険、現代火災、三星火災、KB損害保険、NH損害保険、ハンファ生命	NH損害保険	農協中央会、LIGコンソーシアム	水産協同組合

---

[49] Hongmu Lee(2021), *Risk Management - Fundamentals, Theory, and Practice in Asia-*, Springer, 第17章を参照。

区分	農業者安全保険	漁業者安全保険	漁船保険	漁船員保険
関連法律	農漁業者の安全保険および安全災害予防に関する法律		漁船員及び漁船災害補償保険法	
所管	海洋水産部			
保険対象物	農業従事者（15歳~87歳まで）	魚業従事者（15歳~87歳まで）	漁船	漁船員の乗務中の災害
対象災害（主契約）	死亡1億3千万ウオン、傷害・疾病・治療費5千万ウオン	死亡1億2千万ウオンなど	漁船災害	漁船員の乗務中の災害
加入方法	任意			強制
財政支援	保険料50%~70%、自治体および農協20~40%補助	保険料50%~70%、自治体補助	純保険料0~70%、付加保険料75%	純保険料0~70%、付加保険料75%
保険事業者	NH農協生命	水産協同組合		

出典：韓国国会（2019年11月）『災難被害支援制度現況と財政所要分析』、p.18を参考に修正

　表で示されたように、「災難政策保険」は、強制加入である漁船員保険を除いては、任意加入である。この「災難政策保険」では、加入者の保険料と保険会社の事業費が、国と地方自治体の財政から支援される。ここでの保険料の支援は、所得区分によって行われており、所得が低いほど支援比率が上がる仕組みとなっている。これは、所得が低いほど保険の加入率が低くなることが明らかになっていたためである。

　「国民権益委員会[50]」は、低調である災難政策保険の加入率を高めるためには、中央政府のみならず地方自治体の支援も必要であるとしている。実際に

---

50 苦情処理とこれに関連した行政制度の改善と腐敗防止のための中央行政機関である。

地方自治体の支援がある場合は、加入率が上がっていることが報告されている。「行政安全部」によれば、風水害保険の場合、2021年6月基準の加入率は、住宅 23.7%、温室 14.7% であったが、政府目標値である 30 〜 40% に満たない状況である。

　一方、保険会社は、損害率 200% までのリスクを再保険会社に移転するための再保険契約を締結している。さらに、損害率 200% を超える超過損害 (巨大災害) が発生した時に保険会社の損失を補てんするため、国による再保険の引受が行われている。

　また、政策保険の剰余金は、損失補てん準備金として積立てられ、保険会社の損失発生の際に、優先的にその損失補てんとして使われる。それでも保険会社の損失額が残る場合は、政府が出捐した基金によって補てんされる。

　韓国における災害政策保険の財政支援の仕組みは、図 76 の通りである。

図 76　災難政策保険の財政支援の仕組み

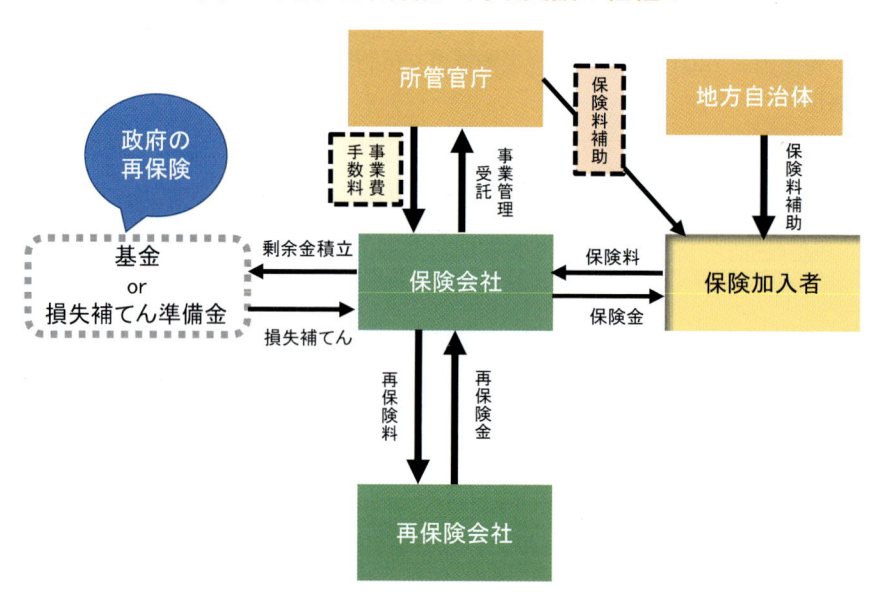

┃出典：韓国国会の資料を参考に作成

（2）風水害保険

　民営の火災保険では自然災害が免責とされ、これらの免責リスクは特約によって担保されている。「風水害保険」は、火災保険で免責される自然災害を担保リスクにしている。

（A）災難支援金と風水害保険

　韓国には、『災難及び安全管理基本法』に基づく私有財産に対する「災難支援金制度」がある。この「災難支援金制度」は、「自然災難」による住宅・農作物などの私有施設に損害を被った住民の迅速な生計安定を目的に支払われるものである。

　しかし、「災難支援金制度」による支給額が実際に復旧に必要とされる金額の 30-35% に止まっていたため、その金額では災害の復旧ができないという問題点が露呈されていた。また、災難支援金が農林漁業に限定され、中小企業などに対する支援が求められていた。

　災難支援金の支援対象及び金額（2020 年基準）は、表 32 の通りである。

表 32　災難支援金の支援対象及び金額（2020 年基準）

区分	支援対象	金額
人身損害救護金（1 人当たり）	死亡・行方不明	1000 万ウォン
	障害等級 14 級以上の負傷者	1 〜 7 等級 500 万ウォン 8 〜 14 等級 250 万ウォン
住宅災難復旧支援	住宅被害（全壊・半壊など）復旧費（1 棟）	全損 4200 万ウォン、半損 2100 万ウォン、一部損 90 万ウォン
	住宅被害（浸水）（1 棟）	90 万ウォン
	賃貸保証金（一世帯） 賃貸料（一世帯）	300 万ウォン 300 万ウォン

生活費支援	生活費支援	123 万ウォン（4 人家族基準）
教育費	各地域別・公私立別の高校の 6 か月の授業料	72.54 万ウォン（ソウル基準）

▌出典：「自然災難復旧費用算定基準」（行政安全部告示 2020 年第 29 号）から抜粋して作成

　災難支援金は、国と地方自治体が 100% 負担する（国 70%，地方自治体 30%）。しかし、次に述べる「風水害保険制度」が整備されるにつれ、同保険に加入した施設は、国などからその保険料の補助が行われるため、災難支援金の支払い対象から除かれる。但し、その場合においても、災難支援金以外の救護費や各種義援金などは、該当条件に従って、支払われる。また、「風水害保険」に加入していない施設に対する災難支援金の限度額は、2005 年までは無制限であったが、2006 年からは段階的に引き下げられ、2010 年以降は、一世帯当たり 5 千万ウォンとなった（2021 年からは死亡・行方不明に対する一世代あたりの限度額の制限はなくなった）。韓国政府は、このように「風水害保険制度」を導入して、国民に対して、災難に対する自己責任意識を持つように誘導し、災害に無関心になるモラルハザードをなくそうとしていた。

　一方、2003 年に起きた台風「マエミー（MAEMI）」によって、死者 117 名、失踪者 13 名、損害総額 4 兆 7 千 810 億ウォンの損害が発生した。それをきっかけに、その 3 年後の 2006 年に任意加入の風水害保険制度が法律として制度化され、さらにその 2 年後の 2008 年から実施された。

(B) 種類と内容

　「風水害保険」は、政府の「行政安全部」が管掌し、民間の保険会社が運営する政策保険である。この「風水害保険」は、保険料の一部が国と地方自治体から支援され、風水害（台風、洪水、豪雨、強風、波浪、高潮、大雪）

および地震災害（地震、津波）による財産損害を担保する保険である。また、被保険者などの故意または重大な過失や火災などによる損害は免責される。

「風水害保険」の種類と内容は、表 33 の通りである。

表 33　風水害保険の種類と内容

種類	加入対象	補償方法
風水害保険（Ⅰ）	住宅（動産は除く） 温室（ビニールハウス）	定額補償 （全損、全半損、 半損、小損）
風水害保険（Ⅱ） （契約者は地方自治体）	住宅（住宅の動産は除く） 動産（賃借人の動産）	
風水害保険（Ⅲ）	住宅	実損比例補償
風水害保険（Ⅳ）	温室（ビニールハウス）	実損補償
風水害保険（Ⅵ）	店舗・工場及び機械、施設／什器・ 備品、在庫資産	実損補償

┃出典：風水保険の販売保険会社のホームページを参考に作成

「風水害保険」の加入対象の施設は、住宅（動産を含む）、温室（ビニールハウスを含む）、小商工人の店舗・工場である。この「風水害保険」の契約方式には、契約時に定めた保険金額が支払われる定額補償型と、契約時に定めた保険金額を上限として実際に生じた損害額が支払われる実損補償型がある。実損補償型では、契約によって定められた保険金額を上限として、実際の損害額が保険金として支払われる。また、定額補償型では、損害の程度によって、契約時に定めた保険金額に対して、全損の場合は 100% 全半損の場合は 75% 半損の場合は 50% 小損の場合は 25% の保険金が支払われる。

「風水害保険」の保険料率は、保険業界の料率算出団体である「保険開発

院」が地方自治体ごとに算出し、民間保険会社が引き受ける[51]。「風水害保険（Ⅰ）～（Ⅳ）」に対する保険料支援は、基本的に国庫から56.5%、地方自治体が13.5%の合計70%となり、契約者の自己負担は30%となる。さらに、地方自治体別に異なるが、地方自治体の追加支援がある場合は92%までの支援となり、契約者の自己負担は8%となる。つまり、政府が営業保険料の70～92%を補助し、契約者は8～30%を負担する。また、「風水害保険（Ⅵ）」における小商工人の店舗・工場に対する保険料支援は、59～92%である。この保険料の支援は、所得が低いほどその支援比率が高くなる仕組みである。

(C) 保険制度のリスク分散

「風水害保険」は、その運営において、財政上のリスク分散が行われている。第一次的なリスク分散は、民間保険において、一般的に行われている再保険を通じて行われる（風水害保険法第22条）。「風水害保険」における民間保険会社への再保険は、損害率200%の範囲内の損害に対してのみ行われる。再保険料率は、元受保険者と再保険者の交渉によって決まる。これによって、損害率200%の範囲内の損害は、保険会社が負担することになっている。

第二次的なリスク分散は、損害率200%を超える保険金の支払についてである。損害率200%を超える保険金の支払については、まず保険会社が積み立てた異常危険準備金および損失補てん準備金によって補てんされる。保険会社の保険金の支払額が異常危険準備金および損失補てん準備金を超える場合は、その超える金額は国庫から補てんされる（風水害保険法第21条）。これによって、保険会社と政府が巨大損害のリスクを分担する仕組みになっている。

---

[51] DB損害保険、現代海上火災保険、三星火災、KB損害保険、NH農協損害保険、ハンファ生命保険の6社が販売している（2022年7月10日現在）。

表34　風水害保険の運営における財政リスクの分散

損害区分	損害 (リスク) 負担	
巨大損害 （損害率 200% 超過）	政府：損失補てん準備金の超過分を補てん 元受保険者：異常危険準備金、損失補てん準備金	
通常損害 （損害率 200% 以内）	元受保険者（保有）	再保険者（再保険の引受）

出典：韓国国会 (2019)『災難被害支援制度現況と財政所要分析』、p.33 を参考に作成

　「災難支援金制度」は依然として存在しているが、「風水害保険」に加入している建物・家財等は災難支援金の給付対象外となる。「風水害保険」では国庫からの保険料の支援が行われているが、その保険金に追加して災難支援金が支払われると国庫からの重複の支援となるためである。

04　社会災難と賠償責任保険

(1) 社会災難と強制保険

　韓国では、大規模災害が発生すると、その種類の災害に対処するための法律が制定または改定され、その法律の中で個別的に強制保険が導入されてきた。　例えば、1971 年 12 月 25 日の午後 10 時 17 分にソウル特別市中区所在の「大然閣ホテル」で火災が発生した。このホテルは 21 階建てであったが、当時の消防車のはしごでは 7 階までにしか達しなかった。この火災では、宿泊客 167 人が死亡し、64 人の負傷者が発生した。この「大然閣ホテル」の火災の影響で、1973 年 2 月 6 日に、『火災による災害補償と保険加入に関する法律』が制定された。

　この法律に基づいて「特殊建物」の所有者は、その「特殊建物」を対象に

して保険会社が販売する「身体損害賠償特約付き火災保険」に強制加入するようになった（同法第5条）。また、その加入の点検などのために、「韓国火災保険協会（Korea Fire Protection Association：KFPA）」が設立された。ここで「特殊建物」とは、国公有建物・教育施設・百貨店・商店街・医療施設・遊興施設・宿泊場・多衆利用業所[52]・運輸施設・工場・共同住宅・その他の複数の人が出入りまたは勤務・居住する建物として大統領令で定める建物である。この保険に未加入の場合は、500万ウォン以下の罰金に処される（同法第23条）。

　大規模の災害発生後に制定または改定され、保険加入が強制された法律は、表35の通りである。

表35　大規模災害発生後に制定または改定された法律

年度	大規模災害	主な災害の内容	制定または改定された法律
1973	大然閣ホテル火災	167人死亡、64人負傷	火災による災害補償と保険加入に関する法律
1993	西海フェリー号沈没	292人死亡	遊船及び渡船事業法
1994	阿峴洞都市ガス爆発	12人死亡、101人負傷	都市ガス事業法
1995	シープランス号座礁	5千トン以上の原油などが流出、1人行方不明	油類汚染損害賠償保障法
1999	華城市 青少年修練施設シーランド火災	23人死亡	青少年基本法

---

52 「多衆利用業所」とは、飲食店・居酒屋などの酒店・劇場など不特定多数が利用する施設で、営業中に火災などの災難が発生時に生命・身体・財産の被害が発生する可能性が高いもので、『多衆利用業所の安全管理に関する特別法施行令』「第2条（多衆利用業）」に定義する営業を指す。

年度	大規模災害	主な災害の内容	制定または改定された法律
2009	釜山 室内射撃場火災	11 人死亡、6 人負傷	多重利用事業所安全管理に関する特別法
2013	泰安郡 私設海兵隊キャンプ事故	5 人死亡	青少年活動振興法

出典：シン・ドンホ他 (2015)『社会災難政策保険の導入及び災難保険管理運営体系改善方案の研究』保険開発院、p.34 を参考に作成

このような経緯などで導入された強制保険は 30 種類を超えている。その強制保険には、表 36 に示す火災保険や賠償責任保険などがある。

表 36　強制保険の根拠法律及び所管官庁

番号	保険の種類	関連法律	所管官庁
1	ガス事故賠償責任保険	高圧ガス安全管理法、都市ガス事業法、液化石油ガスの安全管理及び事業法	産業通商資源部
2	建設工事保険	国家を当事者とする契約に関する法律施行令	企画財政部
3	観光事業者賠償責任保険	観光振興法	文化体育観光部
4	軌道運送業者賠償責任保険	軌道運送法	国土交通部
5	釣場及び釣漁船賠償責任保険	釣管理及び育成法	海洋水産部
6	多重利用業者火災賠償責任保険	多重利用業者の安全管理に関する特別法施	行政安全部
7	社会福祉施設賠償責任保険	社会福祉事業法	保健福祉部
8	産後調理院賠償責任保険	母子保健法	保健福祉部
9	船主賠償責任保険	開運法	海洋水産部

番号	保険の種類	関連法律	所管官庁
10	修練施設賠償責任保険	青少年活動振興法	女性家族部
11	狩猟保険	野生動物保護及び管理に関する法律	環境部
12	水上レジャー保険	水上レジャー安全法	行政安全部
13	乗降機施設所有（管理）賠償責任保険	乗降機施設安全管理法	行政安全部
14	子供遊戯施設賠償責任保険	子供遊戯施設安全管理法	行政安全部
15	保育所賠償責任保険	乳幼児保育法	保健福祉部
16	研究活動従事者傷害保険	研究室安全環境助成に関する法律	科学技術情報通信部
17	沿岸体験活動運営者賠償責任保険	沿岸事故予防に関する法律	行政安全部
18	宇宙損害賠償責任保険	宇宙損害賠償法	科学技術情報通信部
19	運転教習所総合保険	道路交通法	警察庁
20	原子力損害賠償保険	原子力損害賠償法	原子力安全委員会
21	遊渡船事業者賠償責任保険	遊船及び渡船事業法	行政安全部
22	油流汚染損害賠償責任保険	油流汚染損害賠償保障法	海洋水産部
23	遊漁場賠償責任保険	遊漁場の指定及び管理に関する規則	海洋水産部
24	認証設備賠償責任保険	新エネルギー及び再生エネルギーの開発・利用・普及促進法	産業通商資源部
25	自動車損害賠償責任保険	自動車損害賠償保障法	国土交通部
26	体育施設事業者賠償責任保険	体育施設の設置・利用に関する法律	文化体育観光部
27	塾賠償責任保険	塾の設立・運営及び課外教習に関する法律	教育部

番号	保険の種類	関連法律	所管官庁
28	計量航空機保険	航空法	国土交通部
29	航空保険	航空運送事業振興法	国土交通部
30	火災保険身体損害賠償責任特約	火災による災害補償と保険加入に関する法律	金融委員会

出典：シン・ドンホ他 (2015)『社会災難政策保険の導入及び災難保険管理運営体系改善方案の研究』保険開発院、p.45 を参考に作成

(2) 災難賠償責任保険

　2016 年 1 月 7 日に『災難及び安全管理基本法』が改定され、2017 年 1 月 8 日から施行され、「災難賠償責任保険」の加入が強制された。これによって、特定管理対象施設、『施設物安全法』による施設、その他他人に重大な被害を及ぼす可能性がある施設の内、大統領令で定める施設は、損害保険各社が販売する「災難賠償責任保険」に強制的に加入しなければならない（『災難及び安全管理基本法』第 76 条の 5）。

　この大統領令で規定される 20 種類の施設は、次の通りである。

　1. 宿泊施設、2. 科学館、3. 物流倉庫、4. 博物館、5. 美術館、6.1 階の飲食店、7. 葬式場、8. 競輪場、9. 競艇場、10. 場外売場（競輪、競艇）、11. 国際会議施設、12. 地下（道）商店街、13. 図書館、14. ガソリンスタンド、15. 旅客自動車ターミナル、16. 展示施設、17.15 階以下の共同住宅（マンション）、18. 競馬場、19. 場外発売所（競馬）、20. 農漁村民泊

　2 階以上に位置する飲食店は、『多衆利用業所の安全管理に関する特別法』によって「身体損害賠償特約付き火災保険」の加入が強制されているため、「災難賠償責任保険」の加入対象から除外される。また、16 階以上の共同住宅（マンション）は、『火災による災害補償と保険加入に関する法律』によって「身体損害賠償特約付き火災保険」の加入が強制されているため、「災難

賠償責任保険」の加入義務が免除される。

　上記の宿泊施設など20の業種の施設は、『災難及び安全管理基本法』第76条5の規定に基づいて、火災・爆発・崩壊等による第三者に対する損害賠償のための「災難賠償責任保険」の強制加入の対象となる。

　この「災難賠償責任保険」の担保範囲は、災難危険施設で発生する火災・爆発・崩壊事故によって、第三者が被る生命、身体および財産損害である。この「災難賠償責任保険」では、保険加入者の過失がない場合でも第三者が被った損害が補償されるため、無過失責任主義による迅速かつ実質的な被害者救済が行われる。

　「災難賠償責任保険」の補償限度額は、表37の通りである。

表37　災難賠償責任保険の補償限度額

担保対象		補償金額
対人	死亡	一人当たり1億5千万ウォン損害額が2千万ウォン未満の場合は2千万ウォン （1事故当たりの限度額は無制限）
	傷害	等級別限度額を適用 1級（3千万ウォン）～14級（50万ウォン）
	後遺障害	等級別限度額を適用 1級（1億5千万ウォン）～14級（1千万ウォン）
	1事故当たりの限度額は無制限	
対物	1事故当たりの限度額は10億ウォン	

出典：「災難及び安全管理基本法」施行令第84条の6

　施設の所有者と占有者および管理者が異なる場合は、占有者および管理者が「災難賠償責任保険」に加入しなければならない。2018年9月1日からは、加入対象者が保険に加入していない場合は、その所有者に対して30万ウォ

ン以上300万ウォン以下の過料が課される。

また、自賠責保険では保険加入情報が料率算出団体である「保険開発院」のシステムが行政システムや警察庁の交通警察業務管理システムと連結され、無保険車防止や加入確認などに活用されている。また、政府の「行政安全部」のホームページに「災難賠償責任保険施設情報照会」システムが公開されており、このシステムに住所や商号などを入力すれば、施設の詳細や固有番号などが照会できるようにしている。

 要約

韓国における巨大災害に対するリスクファイナンシング（Risk Financing）としての保険制度の活用は、次のように要約できる。

第一に、自然災害とそれ以外の火災・爆発・倒壊などを『災難及び安全管理基本法』の中で「自然災難」と「社会災難」に分類し、その対応を総合的に一元化している。

第二に、自然災害に対する政策保険では公私の危険分担が行われている。政府は、保険会社の安定的な事業の運営のために、政策保険の再保険を引き受けている。この政府による再保険の引受は、損害率200%を超える損害に対して行われるものであり、それ以下の損害率の損害は、民間保険会社の責任による再保険会社などへの再保険によって危険分散が行われる。

第三に、自然災害に対する政策保険は、原則的に任意加入として政府と地方自治体が保険料を支援している。一方、火災・爆発・倒壊などの「社会災難」に対しては、営利性が認められる民営の火災保険と賠償責任などへの加入が強制された。さらに、2016年には、無過失責任による強制保険の「災難賠償責任保険」が導入された。

① 韓国における自然災害（自然災難）と保険について説明しなさい。

② 韓国における風水害保険の仕組みとリスク分散について説明しなさい。

③ 韓国における社会災難と保険について説明しなさい。

第 14 章

中国における自然災害とサイバーリスク

中国は人口約 14 億人が暮らす大国である。この中国には、地震や台風・洪水などの自然災害が多発しており、この自然災害に対する保険制度が存在する。また、サイバリスクやパンデミックに対する対策も行われている。本章では、これらの中国におけるリスクマネジメントを概説する。

01 中国の地震リスク

(1) 中国における地震の特徴

中国のほとんど地域は、環太平洋地震帯とユーラシア地震帯の 2 つの主要な地震帯にあり、地震が頻繁に発生する国である。

中国における地震の特徴は、次の通りである。

第一に、地震の多発性である。中国は、環太平洋地震帯およびヨーロッパ・アジア地震帯という 2 大地震帯に挟まれている。また、太平洋プレート、インドプレート、フィリピン海プレートに囲まれ、断層が活発に活動している地域に位置している。

第二に、地震の大規模性である。その震度(中国では烈度)やマグニチュードの大きさだけでなく、犠牲となる人の数が非常に多いことや、家屋の倒壊などによる経済的損失の大きさもここに含まれる。1920 年と 1932 年の甘粛大地震では、合わせて 17 万人以上が死亡した。1927 年の南昌大地震では、

20万人以上が死亡した。そのように中国における地震は、その頻度が多く、損害額も巨大である。20世紀に世界でマグニチュード8.5クラスの巨大地震が3度観測されているが、そのうち2つが中国で発生しているという事実もある。これらのことから、中国における地震について、その大規模性は大きな特徴といえよう。

第三に、地震の広域性にある。中国各地の広範な省、直轄市でM5以上の地震が発生しており、人口100万人以上の中・大都市の70%で震度7以上の地震が観測されている。中国は12震階をとっており、M5は、日本の震度階の震度4程度に相当する。

第四に、中国で起きる地震の多くが直下型地震である。中国で発生する地震は、日本で多く発生する震源が比較的深いプレート型の地震ではない。その震源が浅く、局所的に大きな被害を出す地震が多い。

(2) 大規模地震

近年、中国で発生した過去の大規模地震は、次の通りである。

① 唐山地震

1976年7月28日、中国北東部に位置する河北省の唐山市付近を震源として、M7.8の地震が発生した。当時、中国国内で有数の工業都市であった唐山市は甚大な被害を受け、人口約100万人のうち15万人近くが亡くなり、全建物の94%が倒壊するという壊滅状態になった。唐山市外も含めた死亡者数は、公式記録では約24万人で、この多くは壊れた建物のレンガの下に埋もれた圧死であった。他にも、負傷者80万人という空前の被害がもたらされた。

唐山市は地震に対する建物の耐震設備をほとんど備えていなかったが、これには2つの理由があった。

第一に、当時東部地域に暮らしていた住民が、地震に対する防災意識が

低かったことである。1920 年に中国西部の寧夏海原で震度 8.5 の大地震が起こったことがあったが、それ以来、西部地域では地震が幾度か起こったが、東部において被害の大きい地震が起こったことはなかった。そのため、中国北東の唐山市民は地震に対する防災意識が低く、防衛措置を設けなかった都市であると推測される。

　第二に、耐震規範で地震に対する防災措置を要求されていなかったことである。中華人民共和国が成立してから、建設部は地震のことを重視していたが、耐震基準の設定を詳細に行っていたのは、震度 9 以上の地震が発生する可能性がある地域であった。そして、唐山市の震度区分は 6 度に指定されており、比較的弱い地震しか発生しないと考えられていた。

　以上の理由から、唐山市は地震に対して防災計画をしていなかったと推測される。その結果、建物は、レンガ造りのものが多く、耐震強度が不足していて、多くの被害が発生した。

　唐山市は大きな被害を受けたが、中国全土から集められた専門家によって、復旧計画が立てられ、従来の被害を受けやすい高いビルの多い大都市から、ほとんどが低い建物に姿を変えることで、現在は十分高い水準で耐震基準を満たしている。実際に、唐山市の耐震基準は 1976 年当時の震度 6 から、北京と同様の震度 8 に定められている。

② 四川大地震

　四川大地震は 2008 年 5 月 12 日に発生した中国・四川省汶川県を震源とするマグニチュード 7.9 の直下型地震であり、阪神大震災の 30 倍のエネルギーが生じたとされる。この地震による被害は、死者 69,222 人、行方不明者 18,176 人、負傷者 347,171 人、家屋倒壊数が 216,000 戸、損壊家屋数が 415 万戸であり、直接経済損失は 8523 億元であった。この大地震で、各業界の企業は深刻な経済損失を受けた。

四川省の統計によると、四川大地震において、全省 16,280 社が被災し、直接経済損失は 997.8 億元に達した。上場会社 66 社の中で、三分の一は地震の影響を受けていた。四川大地震の破壊力が大きかったので、四川省の周りの省にある四川、甘粛、重慶といった地域でも損害を被った会社が51,429 社で、直接経済損失は 200 億元を超えた。

③ 雲南省の地震

2014 年 8 月 3 日の日本時間 17 時 30 分に、雲南省で地震が発生した。震源は、地下 10km の地点で規模は M6.2 であった。死者は 589 名、行方不明者が 9 人、負傷者は 2,401 名であった。四川大地震と同様に、インド・オーストラリアプレートがユーラシアプレートに衝突したことが原因である。17 万世帯の住宅が被害を受け、全損が 29,000 戸、半壊住宅が 42,000 戸、一部損が約 10 万戸にのぼった。

(3) 地震保険

生命保険と農業保険においては、原則として地震の免責はなかったため、地震による損害においても他の自然災害と同様に保険金が支払われていた。しかし、1958 年には、社会主義政策の遂行のため、全ての保険事業が全国的に廃止されていた。また、1980 年には保険事業が再開され、中国の農業保険は、自然災害による農業収穫量の減少による損害をてん補する保険として、1982 年の改革開放後に販売が再開されていた。

農業保険は、現在、民生部（日本の厚生労働省に相当）と農業部が監督し、補助金を出す中で民間保険会社が販売している。ほとんどの国内生命保険会社は、保険の適用範囲に地震を含めている。生命保険（期間生命保険、終身生命保険など）、傷害保険、医療保険、旅行事故保険などを含む、人の身体と生命を保険の対象とする生命保険には通常、地震のカバーが含まれる。

一方、民間の損害保険会社の設立が認められた 1980 年から 1996 年において
ては、財産保険はすべての自然災害に保険責任を負うとされていた。しかし
ながら自然災害が多発し、保険収支が赤字になる保険会社が出てきたため、
その後、財産保険は地震、津波などの自然災害に対して、免責になっていた。
「地震付加保険」が、2000 年 7 月から、中国保険監督管理委員会によって、
認可されていたが、リスクが大きすぎるため、保険会社が保険を販売する際
に説明しないことが普通であった。また、保険契約者は、地震保険の保険料
も割高であるため、保険加入の際に排除することも多かった。その結果、「地
震付加保険」の存在が市場で長期に亘って、認知されていなかった。

　また、中国政府は、2001 年から中国保険監督管理委員会を中心に地震保
険制度についての研究を実施し、2008 年の四川大地震を契機に、財政支援
を含む地震災害保険事業を促進した。そして、2016 年 5 月 17 日に中国都市・
農村部住民住宅の地震巨大災害保険の実施案を発表した。それに基づいて、
45 社の保険会社が共同保険プールとして成立し、地震リスクへのカバーが
提供されることになった。

　この地震保険の対象は、都市・農村部住民の住宅である。また、この地震
保険は、定額保険プランであり、国家地震局や民生部が定めた国家基準に基
づいて、各地域における農村住宅保険の保険金支払い方法も考慮して、保険
金額を算出する。その保険金の支払は、原則として、国が定める建築品質基
準（耐震基準を含む）を満たす建築物本体および室内の付属設備を主な対象
とする。また、破壊性をもつ地震動やそれによって生じた津波、火災、爆発、
地盤沈下、土石流、土砂崩れなどの二次災害が主な保険責任の対象となる。

　この地震保険の基本保険金は、都市部住民の住宅では 1 戸あたり 5 万元、
農村部住民の住宅は 1 戸あたり 2 万元とする。この保険金額は、住宅の全体
構造、平均再建コスト、災害後の補償・救援水準など各状況を総合的に勘案
し、都市・農村別に定められた。

表 38　住宅地震巨大災害保険

区分	内容		
補償範囲	被保険者の住宅及び室内の付属施設（室内の飾りやでサイン、室内の財産、付属の建築物が免責）		
補償責任	破壊性地震[53]振動による津波、火災、火山噴火、爆発など		
保険金額 破壊等級： Ⅰ：賠償なし Ⅱ：賠償なし Ⅲ：保険金額の50% （半損） ⅣとⅤ：保険金額の100%	最低額： 城鎮住宅：5万元 農村住宅：2万元	最高額： 都市住宅：100万元 農村住宅：100万元	
保険料	最低4元 注：地域、リスクの程度、建築施設の構造によって、保険料の基準が異なる。		

出典：三井住友海上火災保険（中国）有限公司

　地震保険の保険金は、操作の簡素化や急速な普及を図り、定額保険プランとした。また、支払保険金は、保険金額を基準とし、国家地震局や民生部が定めた国家基準を参考に、保険金額を算出する。また、家屋の破損度に応じて5段階に設定されたレベル別に保険金が調整される。つまり、破損度がⅠ級とⅡ級の場合、ほぼ損傷がないとみなされ、保険金は支払われない。Ⅲ級（中程度の破損）の場合は、保険金の50%が支払われる。破損度がⅣ級（深刻な破損）およびⅤ級（全壊）の場合は、保険金は満額支払われる。なお、地震以外にも津波、火災、爆発、地盤沈下、土砂崩れなどの二次災害も対象となっている。

---

[53] 国家地震部門が公表し、M4.7級または烈度Ⅵ及び以上の地震。

02 台風・洪水

(1) 災害の発生

中国はユーラシア大陸の東に位置する国で、約960万k㎡という世界第4位の国土を有している。その広大な国土は、東西に約5,000キロメートル、南北に約4,000キロメートルあり、それゆえに一つの国の中でも、場所によって気候が大きく異なっている。

南端のハイナン島はサバナ気候、本土の南部は温暖冬季少雨気候・温暖湿潤気候、西武の山脈地帯はツンドラ気候が広がっている。また、モンゴルに隣接する地域にはゴビ砂漠が広がっており、砂漠気候となっている。中国東北部は亜寒帯冬季少雨気候になっている。ハイナン島を含む南部は夏になると、モンスーンの影響で、高温になるとともに、降水量が増加する。さらに、赤道近くで発生した台風が接近するため、暴風雨にさらされることもある。また、台風の影響で沿岸部は高潮の被害も考えられる。一方、東北部は緯度が高いものの、乾燥しているため、豪雪による被害は多くない。

まず、台風について、中国沿岸地域は台風の進路と重なることがあるため、度々台風の被害に見舞われる。2009年8月には、台風による大雨で土石流が発生し、4省で約880万人が被災した。その後も、2018年、2019年には連続して台風が上陸し、大きな被害を出している。特に、2019年には2009年同様、台風による大雨で土石流・土砂崩れが発生し、120万人が避難する事態になった。

洪水について、中国では大雨による洪水の被害が発生している。2015年5月に江西省で50年に1度という規模での洪水が発生した。2016年には、江北省で豪雨による洪水が発生、省全体で130人が死亡した。2018年、新疆ウイグル自治区で集中豪雨による洪水が発生し、20人が死亡、8人が行方不明という被害が発生した。また、この豪雨では、ダムの一部が決壊している。

また、中国で2020年6月から続いている豪雨による洪水で、長江（Yangtze River）流域の広範囲で冠水が発生した。その結果、濁流による堤防の決壊、家屋の浸水といった被害も出ており、多くの住民がボートやいかだに乗って避難した。中国政府によると豪雨による死者・行方不明者は少なくとも141人に上り、2020年7月だけでも1,500万人近い人々が避難を余儀なくされた。長江流域では毎年、夏季の降雨と上流に位置するチベット（Tibet）高原の氷河が解け出すことにより洪水が起きた。

中国政府内でこれら「洪澇（洪水・冠水）災害」を管轄するのが「応急管理部」である。同部は地方政府との連携により災害管理を行うと同時に被災地・被災民に対する救援活動を支援している。

表39　中国における台風・洪水

発生年月	被害
2009年8月	台風8号による大雨により中国浙江省で土石流が発生。同省のほか福建省、江蘇省、安徽省で6千戸以上の家屋が倒壊。約880万人が被災。
2015年5月	激しい雨により、江西省で50年に一度の規模の洪水が発生。その他の省でも、道路の冠水や土砂崩れ、土石流が発生。
2015年8月	大型の台風13号が中国福建省に上陸。土砂崩れや土石流により、14人が死亡、4人が行方不明、18万人以上が避難。
2016年7月	河北省で豪雨が続き、洪水や土砂崩れが発生。省全体で130人が死亡。
2018年8月	西部新疆ウイグル自治区で集中豪雨による洪水が発生。20人が死亡、8人が行方不明。
2018年9月	大型で強い台風22号が中国広東省に上陸、2人が死亡した。同省では約245万人が避難。

2019 年 8 月	大型で非常に強い台風 9 号が中国沿岸部の浙江省に上陸、大雨による土砂崩れや土石流により、32 人が死亡、16 人が行方不明。浙江省、上海、江蘇省、山東省などで 120 万人が避難。
2020 年 7 月	大雨により長江上流で洪水が発生。重慶市、貴州省、広西チワン族自治区、湖北省、湖南省、江西省、安徽省、江蘇省で集中豪雨が降り、水位が高い状況が発生した。

▌出典：各種資料から抜粋

（2）農業災害保険

　1949 年に設立された中国人民保険会社は、1950 年から、1,384 頭の農耕用の牛を対象にして、山東省、四川省、北京市において家畜保険を初めて実施した。当時では、農耕用の牛が農民の一番大事な財産であったためである。この家畜保険を展開するために保険合作会社が設立され、家畜保険に任意に加入した農民は少額の基金を支払うことを通じて合作会社の社員になった。保険合作会社は県の会計事務所に再保険を購入した。自然災害もしくは病気が発生して、保険合作会社は、その収入が支出に追いつかない場合に、人民保険会社から金を借りることができた。また、一部地域に国有農業銀行が家畜保険合作会社に対する専門の貸付金を提供することもあった[54]。

　1951 年からは、家畜保険が次々と全国各地で試行され、1952 年になって、1400 万頭の牛が保険に加入していた。その中で、40 万頭の牛が死亡し、保険金が農民に支払われた。当時、一頭当たりの牛の保険金は牛の市場価格の 8 割に定められ、2 割が農民自ら負担していた。その後、この保険金が少ないという意見があるために、保険金が牛の市場価格の 10 割まで引き上げられた。しかし、農民が牛を大切にしなくなるモラルハザードが発生したため、

---

[54] 覃梦妮（QIN Meng-ni）『中国における農業災害保険の普及要因に関する研究』Tohoku University, 2015。

改めて保険金が牛の市場価格の 8 割まで調整された。

　その後、農業災害保険は、綿花や煙草、水稲、トウモロコシなどに拡大され、中止されたこともあった。2007 年には、中央財政は、初めての農業保険掛金の補助として、21.5 億元を拠出した。試行プロジェクトに対する保険掛金の補助は、中央政府、省・自治区、市・県という三つ単位で行われた。加入農家が実際に負担する掛金は、掛金総額の約 20% のみである。農業災害保険を経営する保険会社に対し、政府は営業税減免を与えた。また、2012 年に農業災害保険に関する法律、「農業保険条例」が公布された。

　農業災害保険に対する補助は、中央、省、市 / 県、農民など各関連部門が「共同負担」で行われた。中央財政は、国家の経済と人民の生活にかかわる農産品の重要度によって、品目別に補助額が決まっている。具体的には、水稲や小麦、トウモロコシ、綿花、搾油原料の作物など主要な農産品に対する補助額が約 35 ～ 68% であり、種豚や乳牛など主要な家畜に対する補助額が約 40 ～ 80% であった。各省・直轄市・自治区は 25 ～ 50%、市・県は 15 ～ 40% の補助金を負担する。その結果、農民が負担する掛金は総額の約 20% 相当となっていた。

　農業災害保険試行プロジェクトには、全国各地に様々な経営モデルがあり、その代表的な経営モデルは以下の五つが挙げられる。第一に、政府出資モデルとして、地方政府が出資して、専門の農業保険会社を設立するモデルである。例えば、上海の安信農業保険株式会社が挙げられる。第二に、商業保険会社モデルとして、政府主導の下で、商業保険会社が農災害業保険を経営するモデルである。北京市や河北省などといった大部分の省・自治区は、このタイプの経営方式を採用している。例えば、北京の安華農業保険株式会社が挙げられる。第三に、相互会社（互助）モデルとして、郷・県レベルで、農民を中心に設立した農業保険合作会社が農業災害保険グループを形成し、農業災害保険を経営している。市・省レベルで相互制の保険会社が設立され、

農業災害保険業務を計画し、調整するモデルである。例えば、黒竜江省の陽光農業互助保険会社が挙げられる。第四に、共保モデルとして、専業の農業保険会社の代わりに「政府の支持を得る農業災害保険共保体」を設立するという経営方式である。例えば、浙江省の共保モデルが挙げられる。第五に、政府・保険会社連合モデルとして、保険会社が政府とともに、農業災害保険を経営しているモデルである。その代表として、安徽省の Guoyuan 農業保険会社である。Guoyuan 農業保険会社は 12 の国有企業により 2005 年に設立された。

　農業災害保険制度は、次のような特徴がある。 第一は、大部分の地域において、農業災害保険は、その補償の基準として、収穫量ではなくコストを採用している。コスト基準とは、収穫量に関わらず、原則的に種や肥料、人件費など農業生産コストのみを補償する。第二は、穀物の種類または地域によって、強制加入である。農作物は、重要な糧食作物と一般的農作物に分けられ、重要な糧食作物は、水稲や小麦、トウモロコシなどのように、国家の経済と人民の生活に緊密に関わっている。そのため、これらの重要な糧食作物を強制的に保険に加入させることによって、加入農家の収入や国の穀物市場の安定に貢献してきた。また、北京市や上海市などの先進地域における農民は、任意に加入できるが、安徽省などの経済力が比較的に低水準の省は、全省強制加入を実施している。第三は、農業災害保険に加入した農家には、その加入期間に保険対象の作物や家畜に対する記録や報告が求められる。例えば、家畜保険の場合に、当地で 1 年以上飼育された家畜に関し、保険責任範囲内の病気の有無、栄養状況などを、県クラスの検疫部門の免疫手順により接種され記録・報告が求められる。第四は、協保員制度が設けられている。協保員とは、農業災害保険の業務に協力する人である。協保員は多くが村の住民であり、保険会社に雇われた後、様々なトレーニングを受け、農業災害保険業務の円滑な遂行のために協力する。

03 サイバーリスク

(1) サイバーセキュリティ法

　サイバーセキュリティ法は、2017年6月1日に、法人や個人の権利、そして中国の主権確保と安全保障を目的として制定された。まず中国は、独自のサイバーセキュリティ概念を持っており、日本やアメリカ、欧米諸国のものとは大きく意味が異なる。中国のサイバーセキュリティは、サイバー空間を自由なものとして捉えており、脅威は国民の生活基盤となっている国家重要インフラに対するサイバー攻撃であるとしている。しかし、一方で中国やロシアは、サイバー空間はできるだけ政府が管理すべきものと捉え、国内体制を脅かす情報であるかどうかを政府が判断し、それに該当するものは全て脅威とみなす。国民の言論と思想の統制につながりかねないと他国に批判されることもあるが、中国は年々この傾向を強めている。

　サイバーセキュリティ法の内容としては、個人情報の保護、機密情報の保存、法的責任の罰則などがある。国外へのデータ移転も原則的に禁止された。また、このサイバーセキュリティ法の対象事業者はネットワーク運営者と規定されている。これは、社外にウェブサイトを開設するなどのサービスを提供していない場合でも、社内外を問わず、ネットワークを介して情報をやり取りしていれば該当する。その結果、中国に存在するほとんど全ての企業が該当することになる。さらに重要情報インフラ運営者は中国当局の徹底的な監視下に置かれることも規定された。しかし、この法が企業のIT管理に対する責任について明確な指針を示したことの意義は大きい。

　この中国サイバーセキュリティー法の概要は、表40の通りである。

　この中国サイバーセキュリティー法の対象となる事業者は、表にもある「ネットワーク運営者」と「重要情報インフラ運営者」である。同法では、「情報収集、保管、交換、処理するシステムコンピューターおよびその他の情報端末並びに関連する設備からなるシステム」を「ネットワーク」と定めている。

表 40 中国サイバーセキュリティー法の概要

区分	内容
個人情報の保護	中国国内での個人情報の収集、仕様、保護に関する要件が明確化された。
ネットワーク運営者	これに該当する事業者は、セキュリティーにかかる責任を負うことが明確化された。
重要情報インフラ運営者	これに該当する事業者は、重要情報の保護を名目に中国当局の強い統制を受けることが明確化された。
機密情報の保存	中国国内で収集、生成された個人情報やデータは、中国国内で保管することが義務付けられた。
国外へのデータ移転	国外へのデータ移転は原則的に禁止されることが明確化された。
セキュリティー製品の認証	重要なサイバー設備やセキュリティー製品については中国当局のセキュリティー認証が義務付けられた。
法的責任と罰則	サイバースペースにおける中国当局の強い権限が規定され、違反者には高額な罰金を含む罰則が与えられることが明確化された。

出典：各種資料から抜粋

また、これを所有、管理、提供する全ての人を「ネットワーク運営者」と定めている。

　日本や欧米諸国でネットワーク運営者という言葉を使う場合、主に通信事業者、無線通信事業者、インターネットサービス提供事業者を指す。しかし、中国サイバーセキュリティー法では、これらに加えて、中国でITネットワークや情報システムを保有し、運営するあらゆる組織および企業が含まれる。

　ネットワーク運営者の主な業務として、次のことが定められている。第一に、中国の国家規格に基づくセキュリティー要件を満たすこと、当局の監査

を受け入れること。第二に、利用者に実名を登録させること。第三に、国家の安全を維持し、犯罪の捜査を行うために公安当局を技術的にサポートすることなどである。

そして「ネットワーク運営者」の中でも、当局によって「重要情報インフラ運営者」と認定された事業者はさらに厳しい要件を課せられる。重要情報インフラ運営者の対象は、公共通信、情報サービス、エネルギー、交通、水資源、金融、公共サービス、電子行政に関わるあらゆる事業者である。そしてデータが破壊されたり機能しなくなったり漏洩したりした際に、国家安全保障、国家経済および公共の利益に大きな影響与える恐れのある事業者などもその対象に含まれる。

重要情報インフラ運営者と認定された場合は、ネットワーク運営者の義務に加え、次のことが義務づけられる。重要の役職者にかかる身辺調査の実施、中国当局によるセキュリティー監査を経たネットワーク製品やセキュリティー機材の導入、個人情報や重要データを他国に移転される際には当局によるセキュリティー評価を受けることなどである。この基準の下では、政府機関ではウィンドウズの使用も認められないといわれている。これら2つの対象事業者の関係と与えられる義務は、表41の通りである。

このように、ハッカーによるサイバー攻撃の脅威にさらされてきた中国は、中国サイバーセキュリティー法という法律を施行することで対策をとってきた。対象となる事業者に規制や義務を課すことで、将来起こると予想されるリスクの回避を目指しているという点で、この法律もリスクマネジメントの1つであると言える。しかし、この法律には批判的な意見も見受けられ、市民の言論や思想の統制を強化することが人権の侵害にもつながるという厳しい意見も出ている。

表41　中国サイバーセキュリティー法における運営者の義務

区分	運営者の義務
ネットワーク運営者	・中国の国家規格に基づくセキュリティー要件を満たす ・当局の監査を受け入れる ・利用者に実名を登録させる ・公安当局を技術的にサポートする
重要情報インフラ運営者	上記の義務に加え ・重要の役職者にかかる身辺調査の実施 ・セキュリティー監査を経たネットワーク製品やセキュリティー機材の導入 ・データを移転する際に当局によるセキュリティー評価を受ける ・自社ネットワークの定期検査の実施

出典：各種資料から抜粋

(2) サイバーリスクと保険

　中国サイバーセキュリティー法が実施される前に、チューリッヒ保険（Zurich China）、AIG美亜保険とアリアンツ保険がサイバーリスクに対する保険を発売していた。

　外資系の保険会社がサイバーリスクに対する保険を発売していたが、そのすべての保険商品が財産保険の特約として、販売された。

　その後、2017年5月、中国国内初のネットワーク情報安全総合保険である「ネットワーク安全保険[55]」が発売された。また、2018年4月、中国公安部第3研究所と平安産業保険の連携で、「ネットワーク安全保険」（網安保[56]）が販売された。

55　https://www.dbappsecurity.com.cn/show-62-69-1.html

56　https://www.cnmstl.net/insurance/insurance?rel=2

表42　**外資系各会社のサイバーセキュリティ保険**

発売年	会社	保険商品	補償内容	その他
2013 年	チューリッヒ保険	プライバシー保護総合保険	商業機密漏れ、クライアント情報漏れ、雇用者個人情報漏れ	-
2015 年	アリアンツ保険	ネットワークセキュリティー保険及び名誉保険	インターネット詐欺、情報盗み、ネットセキュリティーによる営業中止や設備損害の費用	賠償金額が最高 1 千万ユーロ
2015 年	AIG 美亜財産保険	企業ネットワークセキュリティー保険	情報漏れ、ネットウイルス、雇用者によるデータへの悪意損害、データの盗みなど	-

┃出典：各社のウェブサイト

表43　**中国の国内のサイバーセキュリティ保険**

発売年	会社	保険商品	補償内容	その他
2017 年 5 月	安衡情報と衆安保険[57]	ネットワーク安全保険	悪意プログラミングの侵入、2 サイバー攻撃、情報に関する破壊事件	契約者の分類： A 類：政府、事業団体、企業（国有と民間） B 類：民間中小企業 保険期間：1 年 最低保険料：2 万元 最高賠償額：300 万元 購買資格：従業員の数と営業収入によって厳しく制限されている

---

57 安衡情報会社：中国国内安全サービス企業、衆安保険：中国最初のインターネット保険会社

| 2018 年 4 月 | 公安部第 3 研究所と平安保険 [58] | 網安保 | サイバー脅迫、データ復旧費用、インターネット安全防衛費用、事故前の検測費用など | 契約者：主に中小企業
保険料：5 万元
賠償金額：60 万元 |

出典：各社のウェブサイト

表44　中国の金融・商業サービスに対するサイバーセキュリティ保険

発売年	会社	保険商品	補償内容	その他
2009 年 12 月	中国太平洋保険と交通銀行の連携	ネット銀行アカウント窃盗保険	ネット銀行アカウント窃盗による損失	保険料水準：5 元、10 元、50 元、100 元 補償金額：5 万元、10 万元、50 万元、100 万元
2014 年 4 月	華泰財産保険と京東金融の連携	個人アカウント安全保障保険	インターネットにおける個人アカウントの資金安全リスク	最高賠償金：50 万元
2015 年	平安財産保険	平安銀行カード窃盗保険	注：個人名義の下のすべての銀行カード及びネット銀行アカウントの窃盗によるリスク	保険期間：1 年 保険料：28 元から300 元 補償金額：5 万元から100 万元
2016 年	衆安保険とアリババ	データ安全保険 [59]	サイバー攻撃によるデータの損失や情報の漏れ	最高賠償額：100 万元 保険加入資格：アリババのサイバーを利用する人に限定

出典：各社のウェブサイト

58　https://www.cnmstl.net/insurance/insurance?rel=2
59　https://cn.aliyun.com/product/dsi

近年、中国では、ネットに基づく電子決済、E–Commerce、ネットランディング (P2P) など、金融やネット商売に関する経済活動が拍車をかけて、展開されている。この金融・商業サービスに対するサイバーセキュリティ保険において、外資系の姿が見られないが、国内の会社は保険を発売している。

　これらの保険では、主に個人アカウントやカード、またはデータの窃盗による損害が補償されている。

04　パンデミック

(1) パンデミックの歴史

　これまでの歴史を振り返ると、人類は幾度となくパンデミックの恐怖にさらされている。1346 年から 1353 年の「ペスト（別名：黒死病）」は、アフリカ、アジア、欧州で猛威を振った。科学者等は、この大流行で、7500 万から 2 億人が死亡したと推測している。実際、アイルランドに所在するコーク大学のマーク・アクトマン博士率いる研究チームが 2010 年にネイチャージェネティクス誌に発表した論文では、6 世紀、14 世紀、19 世紀に世界に大きな爪痕を残した 3 回のペスト大流行は中国が発生源とされている。世界保健機関 (WHO) によると、ペスト菌に感染することで引き起こされるペストは、商船に侵入したネズミのノミを介して大陸間に感染が広がった可能性が高いというのが科学者等の見解である。

　これまでの新型インフルエンザのパンデミックは、1918 年の「スペインかぜ」、1957 年の「アジアかぜ」、1968 年の「香港かぜ」と 2009 年新型インフルエンザの世界的流行などがある。これらのうち、「アジアかぜ」と「香港かぜ」は中国が発生源であることが明らかになっている。また、「高病原性鳥インフルエンザ (H5N1、H7N9)」のヒトへの感染、「SARS（重症急性呼

吸器症候群）」も中国が感染源であるとされる。

　「スペインかぜ」は 1918 年に始まり、世界中で史上最多である 2,000 万人から 5,000 万人の死者をだし、史上最悪の疫病とも言われている。米国疾病予防センター（CDC）は、世界中で約 5 億人が「スペインかぜ」を発病したとし、その数は当時の世界人口のおおよそ 30% にも及ぶほど膨大であった。この数字は、第一次世界大戦での死者よりも多い。また、このパンデミックによる大惨事は第一次世界大戦を終戦へ導いたという説もある。当時は、第一次世界大戦の渦中だったため世界中で情報が統制されており、中立国であったスペインでの流行が全面的に報じられたことでこの名称がついた。「スペインかぜ」流行の発生地については中国、フランス、米国中西部などさまざまな場所の説が提唱されており、科学者の間で論争が続いている。

　「アジアかぜ」は 1957 年 2 月に中国大陸奥地に出現したインフルエンザウイルスである。このアジアかぜは、シンガポール、台湾、マニラから流行が報告された。そして人口密度の高いシンガポールや香港に伝わり、そこで新たなインフルエンザウイルスに変異したことが明らかになった。その後 6 か月未満で、世界中で症例が確認された。この「アジアかぜ」によって、世界中で 200 万人以上の死者が発生した。「アジアかぜ」の際には、1918 年の「スペインかぜ」の時と比べ、医学の進歩やインフルエンザウイルスに関しての知識が急速に進歩していた。加えて WHO の世界インフルエンザサーベイランスネットワークが 10 年の稼働実績を有しているなど、感染症対策が進歩していた。そのためワクチンは使用可能になったが、数が限られており世界中で使用するのは不可能であった。人が密集を避けることがパンデミックを防止できる唯一の手段であった。

　「香港かぜ」は 1968 年に中国（香港）で発見された。感染はヒトとブタとされており、またヒトとブタの間でも相互に感染した。これは以前のインフルエンザウイルスのパンデミックと比べて流行の伝播は緩やかであり、また

軽症かつ致死率も低かった。世界での死亡数はおよそ 100 万人であった。

　SARS は 2002 年 11 月 16 日に、中国南部広東省で非定型性肺炎の患者が報告されたことが始まりで、北半球のインド以東のアジアとカナダを中心に 32 の地域や国々へ拡大した。中国では初期に 305 人の患者（死亡例 5 人）が発生し、2003 年 3 月の始めには旅行者を介してベトナムのハノイ市での院内感染や、香港での院内感染を引き起こした。同年 3 月 12 日に WHO は、全世界に向けて異型肺炎の流行に関する注意喚起（Global Alert）を発し、本格的調査がされ、原因不明の重症呼吸器疾患として severe acute respiratory syndrome（SARS）と名づけ、「世界規模の健康上の脅威」と位置づけ、異例の旅行勧告も発表した。

　2009 年新型インフルエンザの世界的流行（Pandemic 2009H1N1）は、2009 年春頃から 2010 年 3 月頃にかけ、豚由来インフルエンザである A（H1N1）pdm09 型インフルエンザウイルスの人への感染が世界的に流行した事象である。発生源はブタの間で流行していた豚インフルエンザウイルスとされ、これが農場などで豚から人に直接感染し、それから新型ウイルスとして人の間で広まったとされている。

　中東呼吸器症候群（Middle East respiratory syndrome；MERS）は、MERS コロナウイルス（MERS-CoV）により引き起こされるウイルス性の呼吸器疾患である。2012 年に中東へ渡航歴のある症例から発見された新種のコロナウイルスによる感染症であり、イギリス・ロンドンで発見された。MERS-CoV は、ヒトコブラクダに風邪症状を引き起こすウイルスで、ヒトに感染すると重症肺炎を引き起こすと考えられている。これは、サウジアラビアで発生したとされており、感染源がヒトコブラクダであるとされた。

　2019 年 11 月 22 日に中華人民共和国湖北省武漢市で「原因不明のウイルス性肺炎」が初めて確認され、その後は武漢市内から中国大陸に感染が拡がり、中国以外の国家と地域に拡大していった。新型コロナウイルスの特徴は

これまでの重症急性呼吸器症候群（SARS）や中東呼吸器症候群（MERS）等と同様と思われていた。しかし、これは、過去にない潜伏性の高さから、人類の経済活動を利用して急速に感染を拡大し、2020年1月30日に世界保健機関（WHO）は6回目となる「国際的に懸念される公衆衛生上の緊急事態（PHEIC）」を宣言した。この新型コロナウイルスによるパンデミックは、2021年1月現在、終息していない。

(2) 伝染病と保険

　中国では伝染病予防治療法（2004年改定版）に基づいて、伝染病を甲類・乙類・丙類に分類している。新型コロナは、SARSと同様の「乙類伝染病」に指定され、予防・コントロール措置は、ペスト、コレラ（甲類）と同レベルとすることも発表された。これによって、感染者の隔離治療、濃厚接触者の隔離・経過観察を強制的に行うことが可能となった。

　伝染病予防治療法によると、隔離治療を拒んだ場合や無断で治療を放棄した場合、公安当局が医療機関と協力し強制隔離を行うと定めている。また、地方政府レベルで、娯楽施設の封鎖、住民の活動の制限や停止、授業・出勤・企業の経営活動の停止、一定地域（省レベル）の封鎖も可能としている。一方、大規模、中小規模の都市や省・自治区などを跨った幹線道路、交通などの封鎖については、国（国務院）が決定する。なお、2020年1月23日には武漢市およびその周辺地域が封鎖されている。

　新型コロナウイルスは、法定伝染病に指定され、感染地域の封鎖、住民の活動や行動の制限、感染者や濃厚接触者の隔離治療などが法律（伝染病予防治療法）に基づいて実施されることになった。また、法定伝染病の指定とともに、国が公費補助を発表、それを受けて、武漢市は病院での窓口負担なしを発表した。それは、新型コロナと診断されて治療を受けた場合、医療費の自己負担部分については公費で補助するというものである。

① 中国における地震の特徴と地震保険について説明しなさい。

② 中国における台風や洪水と保険について説明しなさい。

③ 中国におけるサイバーリスクとそれに対応する保険などについて説明しなさい。

④ 中国におけるパンデミックへの対応について説明しなさい。

Banks, E., *Alternative Risk Transfer* (John Wiley & Sons, Ltd, 2004).

Ben Ammar, S., Braun, A., Eling, M., *Alternative Risk Transfer and Insurance-Linked Securities: Trends, Challenges and New Market Opportunities* (Institute of Insurance Economics I.VW － HSG, University of St Gallen, 2015).

Business Accounting Council, "Standards for the Evaluation and Audit of Internal Control over Financial Reporting" (15 February 2007)

COSO, *Enterprise Risk Management—Integrated Framework (Executive Summary Framework)* (September 2004)

COSO, *Enterprise Risk Management—Integrating with Strategy and Performance* (June 2017).

Culp, C.L. *The Art of Risk Management* (John Wiley & Sons Inc, 2002)

Doherty, N.A., *Integrated Risk Management* (2000)

Donald Riggin(2013), *Guide to Captives and Alternative Risk Financing (Commercial Lines)*, The National Underwriter Compan

Financial Services Agency, *Financial Inspection Manual*

Fraser, J., Simkins, B.J., *Enterprise Risk Management* (John Wiley & Sons, Inc., 2010)

Gallagher, R.B., "Risk Management: A New Phase of Cost Control", *Harvard Business Review* (1956)

Hull, J.C., *Risk Management and Financial Institutions* (John Wiley & Sons Inc, 2018)

Hongmu Lee, *Risk Management － Fundamentals, Theory, and Practice in Asia--*, (Springer, 2021)

Internal Accounting Subcommittee, Corporate Accounting Council, "On Standards for Evaluation and Audit of Internal Control over Financial Reporting" (8 December 2005)

ISO, *International Standard IEC/ISO 31000* (2018)

ISO, *International Standard ISO 31010* (2009)

George L. Head, ed.(1988), *Essentials of Risk Financing, Vol. II*, Insurance Institute of America

George L. Head, Michael W. Elliot, Jame D. Blinn(1993), *Essentials of Risk Financing, Vol. I*, Insurance Institute of America

Id. (1993), *Essentials of Risk Financing, Vol. II*, Insurance Institute of America

Lane, M. *Alternative Risk Strategies* (Risk Waters Group, 2002)

Lee Miyeon(2017), Hong Jongho, Kim Kwang Yul, "Estimating Damage Costs from Natural Disasters in Korea", *Natural Hazards Review*, Vol.8(4)

Margaret W. Tiller, John J.Kelly, George L. Head(1988), *Essentials of Risk Financing, Vol. I*, Insurance Institute of America

Id. (1993), *Essentials of Risk Financing Vol. I* and II, Insurance Institute of America, 1993.

Id. (1998), *Essentials of Risk Financing Vol. I*, Insurance Institute of America, 1998.

Michael W. Elliott(2012), *Risk Financing*, The Institutes.

Ministry of Economy, Trade and Industry, *Business Continuity Planning Guidelines* (2005)

Moeller, R.R., *COSO Enterprise Risk Management—Establishing Effective Governance, Risk and Compliance Processes* (John Wiley & Sons Inc, 2007)

Moeller, R.R., *COSO Enterprise Risk Management—Understanding the New Integrated ERM Framework* (John Wiley & Sons Inc, 2007)

Perin, M., "Innovative Weather Bonds Get Cool Reception From Investors" *Houston Business Journal* (21 November 1999) (www.bizjournals.com/houston/stories/1999/11/22/story7.html)

Shrivastava, P., Mitroff, I.I., Miller, D., Miglani, A., "Understanding Industrial Crises", *Journal of Management Studies* (1988)

Taleb, Nassim Nicholas, *The Black Swan* (2006)

Willet, A.H. *The Economic Theory of Risk and Insurance* (1951)

イ・ギヒョン外 (2015)『売掛債権保険の適正引受規模の算出に関する研究』

上田和勇編著『リスクマネジメントの本質』同文館出版、2017 年 4 月。

上田和勇『事例で学ぶリスクマネジメント入門（第 2 版）』同文館出版、2014 年 3 月。

同　上『企業倫理リスクのマネジメント』同文館出版、2014 年 9 月。

同　上『企業価値創造型リスクマネジメントその概念と事例』白桃書房、2007 年 5 月。

大谷孝一編著『保険論（第 3 版）』成文堂、2012 年 5 月。

大野雅博『天候デリバティブ』シグマキャピタル、2004 年 6 月。

可児滋『金融と保険の融合』金融財政事情研究会、2013 年 8 月。

亀井克之『リスクマネジメントの基礎理論と事例』関西大学出版部、2011 年 4 月。

同　上『現代リスクマネジメントの基礎理論と事例』法律文化社、2014 年 12 月。

韓国国会 (2017)『災難保険運営実態と財政運用分析』

同　上 (2019)『災難被害支援制度現況と財政所要分析』

同　上 (2020)『Issue と論点』第 1658 号

韓国行政安全部 (2021)『2020　災害年報 (自然災難)』

金泉株式会社『企業におけるリスクファイナンス手法』2014 年 7 月 25 日。

久保寛展「格付け機関の歴史的生成過程」『福岡大学法学論叢』2016 年 12 月。

経済産業省 リスクファイナンス研究会「リスクファイナンス研究会報告書〜リスクファイナンスの普及に向けて〜」平成 18 年 3 月。

小林正宏・安田裕美子『サブプライム問題と住宅金融市場』住宅新報社、2008 年 10 月。

鈴木 久子「Insurance Linked Securities (ILS) がもたらす変化 ―資本市場による保険リスクの引受け―」損保ジャパン日本興亜総研レポート、2017 年 3 月。

シン・ドンホ外 (2015)『社会災難政策保険の導入及び災難保険管理運営体系改善方案の研究』保険開発院

損保ジャパン日本興亜総研レポート、2012 年 9 月。

多田 修「活況を呈し始めた保険リンク証券への期待 ―キャットボンドを中心とした動向―」

土方薫『保険デリバティブ』日本経済新聞社、2001 年 10 月。

同　上『総論天候デリバティブ』シグマベイシスキャピタル、2003 年 1 月。

覃梦妮 (QIN Meng-ni)『中国における農業災害保険の普及要因に関する研究』Tohoku University, 2015 年。

中出哲『損害てん補の本質』成文堂、2016 年 3 月。

内閣府『事業継続ガイドライン ―あらゆる危機的事象を乗り越えるための戦略と対応―』2013 年 8 月。

西田 玄 (2018)「災害対策関係法律をめぐる最近の動向と課題」『立法と調査』No.404、参議院常任委員会調査室・特別調査室。

松井俊浩『IoT セキュリティ技術入門』日刊工業新聞社、2020 年。

日吉信弘『代替的リスク移転（ART）』2001 年 6 月 21 日。

李洪茂『リスクマネジメント論』成文堂、2019 年。

同　上『리스크관리론』博英社、2020 年（한국어판）。

同　上『风险管理论』博英社、2020 年（中国語版）。

同　上『保険論』第 2 版、博英社、2022 年。

李洪茂（Hongmu Lee）

早稲田大学商学学術院教授。

早稲田大学大学院商学研究科博士後期課程修了。

博士（商学）（早稲田大学）

専門は、保険論、損害保険論、リスクマネジメント論

◆主要著作◆

『リスクマネジメント論』成文堂、2019 年。

『리스크관리론』博英社、2020 年（韓国語版）。

『风险管理论』博英社、2020 年（中国語版）。

『パーソナル・リスクマネジメントと保険』博英社、2021 年。

『保険論』第 2 版、博英社、2022 年。

Risk Management -- Fundamentals, Theory, and Practice in Asia--, Springer, 2021.

International Comparison of Pension Systems: An Investigation from Consumers' Viewpoint （共編著）, Springer, 2022.

現代のリスクファイナンシング入門

－ 基礎理論から各国の実際の事例まで －

初版発行 2024年 10月 31日

著　　者　李洪茂
発 行 人　中嶋啓太

発 行 所　博英社
　　　　　〒 370-0006 群馬県 高崎市 問屋町 4-5-9 SKYMAX-WEST
　　　　　TEL 027-381-8453 / FAX 027-381-8457
　　　　　E・MAIL hakueisha@hakueishabook.com
　　　　　HOMEPAGE www.hakueishabook.com

ISBN　　　978-4-910132-78-5